新时代艺术与传播实战系列丛书

辩论技能提升全解析

王安白 ◎ 著

四川大学出版社
SICHUAN UNIVERSITY PRESS

图书在版编目（CIP）数据

辩论技能提升全解析 / 王安白著. — 成都：四川
大学出版社，2023.9
　　（新时代艺术与传播实战系列丛书 / 唐维升，殷俊
主编）
　　ISBN 978-7-5690-6377-6

Ⅰ. ①辩… Ⅱ. ①王… Ⅲ. ①辩论－研究 Ⅳ.
① H019

中国国家版本馆 CIP 数据核字（2023）第 192316 号

书　　　名：辩论技能提升全解析
　　　　　　Bianlun Jineng Tisheng Quan Jiexi
著　　　者：王安白
丛　书　名：新时代艺术与传播实战系列丛书
丛书主编：唐维升　殷　俊

选题策划：王　冰　吴近宇
责任编辑：吴近宇
责任校对：罗永平
装帧设计：墨创文化
责任印制：王　炜

出版发行：四川大学出版社有限责任公司
　　　　　地址：成都市一环路南一段 24 号（610065）
　　　　　电话：（028）85408311（发行部）、85400276（总编室）
　　　　　电子邮箱：scupress@vip.163.com
　　　　　网址：https://press.scu.edu.cn
印前制作：四川胜翔数码印务设计有限公司
印刷装订：四川五洲彩印有限责任公司

成品尺寸：185 mm×260 mm
印　　张：15
插　　页：1
字　　数：274 千字

版　　次：2023 年 11 月　第 1 版
印　　次：2023 年 11 月　第 1 次印刷
定　　价：58.00 元

扫码获取数字资源

四川大学出版社
微信公众号

目　　录

一　认识你自己：辩论与我

二　众声喧哗的时代：辩论的前世与今生

三 纸上得来终觉浅：辩论的那些事

四　众里寻他千百度：资料的查阅

五　凡事预则立：开门如何见山

六 怀疑是无限的探求：于无疑处有疑

七　尾声不"尾"：分歧与意义

八　坐山岂止观虎斗：内行评门道

夫辩者，将以明是非之分，审治乱之纪，明同异之处，察名实之理，处利害，决嫌疑。焉摹略万物之然，论求群言之比。以名举实，以辞抒意，以说出故。以类取，以类予。有诸己不非诸人，无诸己不求诸人。

《墨子·小取》

一

认识你自己：辩论与我

1 辩论为什么从质疑开始？

说到辩论，我们或许会想到宋代著名词人辛弃疾，他有一首《丑奴儿·书博山道中壁》，上阕为："少年不识愁滋味，爱上层楼，爱上层楼，为赋新词强说愁。"虽然这里说的是少年人生阅历有限，不知愁为何物，但这种情景与辩论也有几分相似之处。青年学生处于自我意识形成期，喜欢争辩就是他们的一大特点，通过争辩，表明自我的存在，或者叫"刷存在感"。但是，争辩不是观点的争吵，而是证明的过程，证明就需要知识，需要阅读相当数量的资料来充实自己的知识库存，于是，成了"爱上网络，爱上网络，为觅新词强搜索"，喜欢用一些"新词"来展示自己与众不同的个性与风采。再来看看辛稼轩，青少年风华正茂、乐观自信，为什么偏偏"爱上层楼"去"强说愁"？大抵因为快乐总是相似的，忧愁却各有不同。登高望远，由此可以"念天地之悠悠，独怆然而涕下"，可以"不畏浮云遮望眼，只缘身在最高层"，当然，也可以"少年壮志不言愁"，更可以"问苍茫大地，谁主沉浮"。其实，不论是无愁说愁，还是有愁不言愁，反正，我言故我在，我辩故我在，人们都渴望把自己的想法与大家分享，于是，辩论就成了分享自己观点、思想、理念的最佳方式，辩论在校园里就如火如荼地开展起来。

青年学生喜欢辩论，可能跟他们的天性有关。刚上小学的时候，我们还不能离开父母，甚至上学都依靠父母接送；对所面对的事情还没有完整的判断能力。比如，小学毕业了上哪所中学？病了是去药店买药还是去医院看医生？这些都由父母决定。慢慢地，随着年龄的增长，我们开始不太对父母百依百顺了，对周围的世界也开始问"为什么"了，说得书面点，也就是开始质疑了。所谓"质"，就是辨别；而所谓"疑"，就是困惑，合在一起的意思就是：对感到困惑的问题进行辨别、分析。事实上，在我们的成长过程中确实充满了困惑：有学习上的困惑，有和同学相处的困惑，有对外面世界的困惑，有对自己的困惑，等等。这些困惑常常会引起我们的质疑，转化为"为什么"。

其实，成长过程中从来都伴随着困惑，可以这样说，没有困惑就没有成长，这是正常现象。正因为有了困惑，才激发了我们的好奇心，去对问题进行质疑。古往今来，许多著名的思想家、科学家都推崇质疑的态度。孔子曾经说过："疑是思之始，学之端"；亚里士多德也说过："思维是从疑问和惊奇开始的"；法国著名哲学家、数学家笛卡尔推出怀疑一切的"系统怀疑的方法"，提出了著名的"我思故我在"原则；马克思年轻时也将"怀疑一切"作为他的座右铭。古今中外，许多伟人、名人都擅长质疑，都从质疑中探求未知、发现真理；也因为质疑，他们有了自己的独特见解，从而奠定了自己在专业领域中的领先地位。

英国作家洛·史密斯曾经说过："对于处在成长过程中的人来说，大辩论就是大解放。"这个"大解放"就是思维的扩展、视野的开拓，而这个"处于成长过程中的人"就是我们的青年学生。成长中的每一天都有很多新鲜事，都能激发我们质疑的兴趣。于是，我们聚在一起，你一言我一语，就这样辩论起来。这种辩论，不是按照老师划定的范围、设定的路径进行的，而是相互质疑，随机应对，不考虑能否得出正确的答案。这样一来，就完全放开了自己的思维。

我们的社会现在越来越开放进步，也越来越复杂多元，青年对世界的质疑也随之越来越强烈。因为我们常常会出现判断上的困惑：似是而非，似非而是，真是"像雾像雨又像风"。其实，这没有关系，应该视其为锻炼自己质疑能力的机会：你可以完全根据自己的观察和思考做出判断，至于判断得正不正确，并不重要，重要的是：你自己在判断。

质疑应该是从不轻信开始，正是不轻信，才会有质疑；正是有质疑，才会不轻信。二者相辅相成。

著名诗人北岛有一首诗名叫《回答》，摘取片段与大家分享：

......

冰川纪过去了，

为什么到处都是冰凌？

好望角发现了，

为什么死海里千帆相竞？

我来到这个世界上，

只带着纸、绳索和身影。

为了在审判之前，

宣读那些被判决的声音。

告诉你吧，世界，

我—不—相—信！

纵使你脚下有一千名挑战者，

那就把我算作第一千零一名。

我不相信天是蓝的，

我不相信雷的回声，

我不相信梦是假的，

我不相信死无报应。

……

2 辩论为什么会给我们带来乐趣？

在生活中，我们常常会专注于自己喜欢的某些事情，有时甚至还会对其上瘾，因为从这些事情中我们获得了乐趣。比如，有的人喜欢打游戏，有的人喜欢唱歌，有的人喜欢下棋，有的人喜欢远足，有的人喜欢看书……因为喜欢，所以快乐。如此，我们的课外生活才丰富多彩。

其实，辩论本身也是一种乐趣，通过辩论，可以充分向大家展示自我形象。作为一种对抗性的智力游戏，辩论将游戏参与者分为正反两方，双方所持的立场观点针锋相对，于是便唇枪舌剑起来。以唇为枪，以舌为剑，这杆枪、这把剑以什么材质打造？这才是最重要的。在这里，材质就是知识和技术了。为了证明自己的立场观点，就要查阅大量与立场观点有关的资料，于是，网上"寻他千百度"，即使"为伊消得人憔悴"也在所不惜，因为喜欢就是乐趣。接着，将查阅到的资料经过解读，转化成"枪"和"剑"的材质，这样，唇枪舌剑才会在和对方的碰撞中产生智慧的火花。

由于辩论是在公开场合中以竞赛的形式展开的，那些参加比赛的同学会在大庭广众之中雄辩滔滔，一展自己的口才。作为莘莘学子，还有什么比这更刺激，更过瘾的？站在辩论赛场上，面对对手和台下观众，口若悬河、指点江山，好一副"舍我其谁"的气派，洋溢着放飞青春的情怀，此时此刻，难道不是人生一大乐趣？

总结起来，辩论之乐在于三个方面：博弈之乐、表现之乐、交流之乐。

一是博弈之乐。博弈本意就是下棋，这是一种复杂的智力游戏，比如象棋、围棋，下棋双方以战胜对方为目的，于是就要挖空心思、殚精竭虑，将自己的智力发挥到极限；辩论也是一样，也要搜索枯肠。首先，你需要上网查阅资料，那可是"'网'漫漫其修远兮，吾将上下而搜索"，于是你"网里寻他千百度""搜尽奇峰打草稿"，正陷入"山重水复疑无路"时，却"蓦然回首"，那资料却在桌面显眼处。其次，是辩题背景解读。比如，你方的辩题是：舆论之于司法利大于弊。那么，你首先要"知己"：舆论是什么时候开始介入司法活动的、舆论介入司法有没有法律或政策规定，有哪些典型案例在审判过程中受到舆论的积极影响……同时，你也要"知彼"。比如，司法与舆论的关系、司法独立与舆论监督的关系、有哪些典型案例在审判过程中受到舆论的负面评价……当然，对方也会如此这般，总之，你完全可以最大限度展开想象的翅膀，在信息的空间里自由翱翔。

你带着问题查到了一大堆资料，这时，要从这些资料中提取自己需要的东西，这个过程也充满了乐趣。哪些有用？哪些无用？你要进行筛选，这个筛选的过程也是锻炼你的判断能力的过程，判断要有依据或标准，这个依据或标准在现实中是没有的，只能由你自己来确立，一切由你决定，这是养成独立判断能力的机会。确立了依据或标准，你就更清楚自己要选择哪些东西了。当然，你在选择的时候，恐怕也要考虑对方是如何选择的。你选择的东西对方也能看到，同样，对方选择的东西你也能看到，于是，在资料的选择上也体现了博弈的乐趣——资料的博弈之乐。

辩题其实就是一个句子，构成这个句子的是词语，也就是概念。汉语往往一词多义，为了使这些概念不至于多义，就需要进行定义，并即把它确定下来，以免产生歧义。同样，对方也要对这个概念进行定义，猜测是否和你的定义一样。比如

"人格"这个概念就很宽泛，有心理学的、社会学的、伦理学的、经济学的、政治学的、法学的，等等，这就需要预测，这也是一种乐趣——定义的博弈之乐。

辩论就是逻辑之辩，也就是"讲道理"。道理大家都懂，关键是如何"讲"，如果讲得不好，再简单的道理也会让听者一头雾水。比如，还是前面那个辩题"舆论之于司法利大于弊还是弊大于利"，不论哪一方，都要明白：舆论之于司法有利有弊，需要证明的是：为什么利大于弊或者为什么弊大于利。这一下，双方就要把道理"讲"出来，而且都需要竭尽全力让对方不能自圆其说，于是，辩论的逻辑博弈之乐便应运而生。

按照比赛程序，辩论的最后一环是对这场辩论进行总结，这要求辩手明确列举出双方在这场比赛过程中存在的主要分歧，这个有点难度。难就难在承担总结任务的辩手在整个比赛过程中必须竖起耳朵倾听，否则，大脑一片空白，真是"欲说还休，欲说还休"了。在这种情况下，接下来的可不是"却道天凉好个秋"，而很可能是"也许似乎大概是，然而未必不见得"。这种以其昏昏却企图使人昭昭的陈述，将摧毁你的队友此前精彩的辩论，这个"咎"就有点难辞。其实，最后的发言往往会产生奇效，因为你可以抓住对方的漏洞鞭辟入里，当然，对方也会如此。于是，就有了总结的博弈之乐。

总之，辩论给我们带来了很多乐趣，当然也带来了很多惊险。因为它不可预测，你不知道对方出什么牌，对方也不知道你方出什么牌，而且双方都在绞尽脑汁猜测对方，甚至猜测对方在猜测什么……于是，你来我往，针锋相对；那种冲动，那份快意，真是"此中有真意，欲'辩'已忘言"。

二是表现之乐，也就是文字表达之乐与语言表达之乐。

文字表达之乐在于上台与对方辩论之前，先得准备一些具体的东西，比如发言稿、要向对方提出的问题、对对方可能的问题的回应，等等。这些都很难在台上随机应变、临场发挥。常言道：台上一分钟，台下十年功。换成辩论，那就是台上辩论30分钟，台下准备30万字。这些字如果读出来，大约需要17个小时。要把这30万字的内容压缩提炼成千把字、几千字，这个过程自然也很有味道。首先要通过阅读判断哪些资料价值不大，以便把它们剔除，这如同筛筛子，把30万字放在上面反复地筛，最后"吹尽黄沙始见金"。在这个过程中，你可以根据你自己的理解随心所欲地选取或淘汰，我的文字我做主，岂不快哉？

把这30万字提炼出来还不够，还要把它们制作成文本。比如，立论陈词和总结陈词，这两大陈词各用时 3 至 4 分钟，每一个文本一千字左右，还有一些问题和回答的设计，差不多三四千字。有趣的是，这还不能用作文式的语言，而应该用自己比较习惯的语言，或者说能体现自己个性的语言。我们平时表达差不多使用两套语言，一套是课堂上用的，跟课本一样，比较书面化；另一套是课余生活中用的，跟自己一样，比较有个性。我们在大庭广众之下往往使用书面语言，比如演讲、发言。而辩论虽然也是在大庭广众下进行，却不主张使用书面语言，而主张用最能体现自己个性的生活语言。这一下就有趣了，我们的生活语言是什么？一时半会儿可能还弄不清楚，因为"只缘身在此山中"。事实也是这样，我们自己说话往往只知道说出了意图，而没有留意这些话是怎样说出来的。那么辩论就要求用自己的语言撰写文本，对于习惯了用书面语言作文的我们，无疑是一大乐趣。

用自己生活中的语言撰写文本，是因为你的这个文本不是向观众的眼睛展示的，而是通过你的声音传递到观众的耳朵里的。什么样的语言听起来容易被接受、被理解？当然是个性化的、生活化的语言。这种语言一般不使用华丽的辞藻，因为生活中你不可能用这类辞藻来表达，否则，你将被人怀疑患有心理疾病。在撰写文本的时候，辩手将不再使用书面语言，而是用自己的个性化语言。尽管平时我们使用这种语言的频率大大高于书面语言，却很少将其用于文本写作，而现在要它来写作，这应该是一种很奇妙的感觉，而奇妙带来乐趣。本来，对自己的语言本应运用自如，可多年来的作文训练，使我们有时不会使用自己的语言表达自己的思想了，到如今，需要用自己的语言撰写文本时，竟然不知道如何写了，这似乎是一个悖论：不会用自己的语言写出自己的思想。

另一个是辩论中问题的文本写作，也就是把辩论中向对方提出的问题写下来。可别小看这些问题，辩论中最讲究提问。一个问题，用哪种方式表达最有力度，这要进行比较和选择。根据不同的情况量身定做，就要想一想自己提问的习惯，尽量整理出符合个人习惯的提问方式，这个整理的过程本身就是一种乐趣。同学们请想一想，在我们的学习中，有哪一项活动要求我们必须用符合个人语言习惯的方式提出问题？

辩论表现之乐的另一乐就是有声语言表达之乐，也就是开口说话之乐。这个"口"不是信口开河的"口"，而要根据对方的情况开，要有的放矢地开。不仅如此，还要开得有特点、有个性，让观众不仅听见你说什么，而且欣赏你怎么说。这有点像相声和小品，都是通过故意违反逻辑规律制造"笑"果，但并不是所有相声小品演员的"笑"都必然导致观众充分肯定的"果"。原因就在于表演者怎么说。同样的话，我们说和郭德纲说，"笑"果可能大相径庭。在辩论过程中，辩手需要尽显本真，或庄重严谨，或幽默风趣，或亦庄亦谐；如此多样的语言全在变幻莫测的辩论博弈中，这足以使我们乐在其中，不仅"独乐乐"，而且如孟子所说，"与人乐乐，与众乐乐"。既如此，则何乐而不为？

这种语言表达之乐，在具体的辩论赛过程中也有所不同。比如在立论陈词时，语言往往应该娓娓道来，节奏适中，不疾不徐，既不高亢，也不低沉，这就要求立论陈词的辩手性格沉稳，他的发言既要表达自己的个性，也要让观众知晓所表达的内容。还有一种表达之乐，即是在提问和答问中享受质疑和答疑之乐。由于个性不同，辩手在提问时也各不相同：有的急火快攻，有的文火慢炖；有的快刀斩乱麻，有的庖丁解牛；有的单刀直入，有的旁敲侧击。总之，个性不同，风格各异。值得一提的是，这种表达和演戏不同，演戏在于"演"剧本中的某个角色而不是演员本人，演员要模仿角色的语气说话。而辩论是"演"你自己，必须将最真实的你表现出来，尽管这个"最真实"还有瑕疵，还有缺点，但正因为如此，才显得"最"真实，就像阳光下的建筑物有阴影一样。

三是交流之乐。辩论中的交流是通过"争吵"来实现的。赛前，是队友之间的"争吵"；赛中，是跟对手之间的"争吵"。这种"争吵"式交流的乐趣在于促进沟通与了解，增进与队友、对手的情感。在大学生辩论中，思想碰撞产生智慧的火花，有时甚至也产生出情感的火花。

我们先说队友交流之乐，这种交流有时因思路的契合而令人如沐春风，但更多的时候因观点的冲撞而产生暴风骤雨，甚至飞沙走石、天昏地暗，其强度和烈度不亚于与对手的较量。有时，为了一个概念的认定，甚至一个字怎么用最恰当，队友都可以争得声嘶力竭、面红耳赤。当遇到难题无解时，一个个或睁大双眼，或紧锁眉头，或闭目面壁，或仰望星空。突然，不知谁灵感突发，一声长啸：难题被破解了！队友们欢呼和欢笑。也有这样的时刻，主持人宣布比赛结束，队员们对本方表现自我感觉严重偏低，但又对主持人抱以期待，希望从他口中宣布本方获胜；于是表面上不失矜持，而内心里又在暗暗"化力量为悲痛"。评委点评完毕，主持人嘴里说出"现在，我宣布"的时候，队员们以僵硬的微笑等待噩耗，待说出"某方胜出"。本方胜出?！此时的你，总怀疑听错了，于是使劲掐大腿、掐虎口，幸福来得太突然了！为失败存储的伤心泪瞬间又化为胜利的热泪。

其次是与对手交流，这种交流分为场上与场下两种情况。场上的交流是程序性的，是辩论程序设定的。刚刚上场，双方队员礼节性地握手，这不是交流，而是装饰，用一种所谓的绅士风度掩饰双方内心的你死我活。换句话说，双方内心强烈的博弈冲动用握手微笑加以装饰，就如同体育竞技，即使是生死决战，开始之前也要春风满面。在辩论赛场上，双方姿态优雅地唇枪舌剑，有时候电闪雷鸣，有时候杨柳春风，总之，场上的交流随着双方辩手的博弈而有节奏地进行。在这种交流中，双方都渴望在你来我往中读懂对方，因为这跟成败密切相关，在我们的生活中，还有哪一种交流有如此强大的动力？而一旦比赛结束，对立状态解除，一切又归于常态，对手纷纷成了朋友。

3 辩论为什么有助于创新思维的养成？

曾有这么一句格言：雄辩启迪了思维，沉默激发了感情。可见辩论对于思维的重要作用：辩论使思维创新，思维使辩论深入。当今大江南北、长城内外，创新口号震天响，似乎不喊一嗓子创新，都不好意思说自己是当代青年。一般来说，凡是什么喊得响，就表明什么做得不是很好，含蓄地说，那就是还有进一步做好的空间。事实上，辩论要想不创新实在太难。为什么呢？我们举个例子，有这样一个辩题：**逆境更有利于成才 VS 顺境更有利于成才**。这个辩题的辩论文本资料在网上可以轻易查到，如果你抽到这个辩题的某一方，你愿不愿意从网上直接下载或者粘贴这些文本呢？想必不会，为什么？理由很简单，既然你能查到这些资料，你的对手也能查到。如果你照搬网上的东西，万一对方也预测你将会这样，对方会不会也照搬网上的文本呢？想必也不会。那么，他们另起炉灶，结果受伤的就是你。这种情况我也遇到过。当时，我们的辩题跟网上的完全一样，而且整个辩论的过程网上都有文字纪录，我们只要照单全收即可。我要求队员们不要看那些东西，而要自己动手。我预测，对方很有可能以为我们会照搬这个文本。在辩论赛上，他们果然如此，但我们陈述的观点完全出乎他们预料，而他们已经不能及时调整了，因为比赛正在进行，于是，他们只得硬着头皮按照他们准备的脚本比赛。请同学们发挥一下想象力，这样的比赛会是一种什么样的景象？

其实，辩论的创新也是被逼的，因为不创新，失败的可能性就徒然增加，除非对方也同步不创新。而现实则是你不创新，照搬别人的文本，势必被对方预测到，对方很容易找出破绽，这样，场上辩论赛的结局也就没有什么悬念了。所以，辩论要绞尽脑汁、不按对方的预测出牌，那么，就需要千方百计另辟蹊径，这就是创新。

当然，不照搬已有的资料，这只是辩论创新的一个方面。真正的创新，还需要转化成具体的操作，把它落实到辩论的每一个环节、每一个步骤。比如立论，定义概念虽然有一定之规，但双方都会在不违反定义规则的前提下，尽量将概念定义的底线设置为不能不利于本方，于是往往会出现"意料之外，情理之中"的情况。比如辩题"**诚信主要靠自律 VS 诚信主要不靠自律**"，关于"诚信"，双方的界定就有所不同：正方可能侧重于"诚"，而反方可能侧重于"信"，为什么？因为诚是一种内心的道德理念，难以制度化；而"信"可以建立信用制度，建立个人的信用等级。当年我们就经历过这场辩论，我们是正方"诚信主要靠自律"。在正式比赛时，反方的立论可真是创了一个大大的"新"：诚信既不主要靠自律，也不主要靠他律，诚信主要靠机制。此论一出，我方愕然，观众哗然，评委哑然。确实，谁也没有想到，反方会这样创新。可惜的是，反方只是在观点上另辟蹊径，而概念的定义却不清晰，论证的逻辑也不严谨，结果被正方抓住概念和论证这两个方面的漏洞而陷入被动。可见，创新不仅仅是观点上的创新，更在于如何使创新的观点自圆其说。

比如提问。辩论中提问是很重要的攻击方式，有些辩手在这方面很有创新意识，所提的问题往往令全场观众掌声四起。比如辩题"**美是客观存在 VS 美是主观感受**"，正方一位女辩手突然向反方一位男辩手发问："请问对方辩友，我美不美？"谁也没想到，这位女辩手竟然把自己的容貌当成问题抛给对方，反方说美或不美都不是，这种临场发挥的创新在辩论赛上可真是凤毛麟角。

还有总结陈词。一般来说，这一部分的创新难度大，因为第一部分指出双方分歧列举的是事实，不可能创新；第二部分是阐述意义，一般来说，意义属于价值范畴，也不可能另辟蹊径。然而，当年新加坡国际大专辩论赛上，复旦大学辩论队四辩总结陈词最后引用了著名诗人顾城的诗句：黑夜给了我黑色的眼睛，而我却用它来寻找光明。此语一出，全场掌声雷动，经久不息，于是成为经典，顺理成章被"高仿"。后来国内的辩论赛，一些人也不管辩题适不适合，总结陈词时总会在最后部分加一句"黑夜给了我……"，甚至连"中学生应不应该早恋"这样的辩论，总结时也引用这句话。这种对创新的非创新模仿，反而成了东施效颦。

　　说到这里，我也忍不住来一个总结陈词。定义告诉我们，所谓创新思维，是指以新颖独特的方法解决问题的思维过程，这种思维能突破常规思维的界限，以超常规甚至反常规的方法和视角去思考问题，提出与众不同的解决方案，从而产生新颖的、独到的、有社会意义的思维成果。这个定义里有这样一些关键词：新颖独特、突破常规、超常规甚至反常规、与众不同。这些关键词可以用三个字概括：新、独、异。而要做到这三点，就需要打破现有的条条框框。但打破不是随心所欲的，而是通过质疑来进行的，而这种质疑往往是于无疑处有疑。苹果熟了掉下来，是自然现象，从来没有人对此存疑。但牛顿就怀疑了，苹果为什么不往上掉而是往下掉？他顺藤摸瓜，"摸"出了万有引力定律。茶壶里的水开了，把盖儿顶起来了，自从用茶壶烧水以来，人们习以为常。可是有个叫瓦特的人偏要质疑：茶壶盖为什么会冒起来？结果"冒"出了蒸汽机，开创了工业革命。

　　由此可见，质疑是创新思维的要素，质疑并非来自天分，不是父母通过生物学的方式送给我们的礼物，而是我们来到这个世界后和它保持接触与互动获得的，辩论则是我们养成质疑的习惯与意识的有效训练手段。最后，我方认为：创新思维源于质疑，质疑的重要形式是辩论。

4　理工科专业的同学为什么也需要辩论训练？

　　有的同学问我："我的专业是理工科，我毕业后搞技术，是不是没有必要搞辩论训练？"这个问题很有意思，我试着按他的思路走下去：辩论应该和专业匹配，如果辩论跟专业无关，辩论训练就是浪费时间。现在，我试着用辩论的方式给予回应：从专业的角度出发，理工科专业有很多东西都没有必要学习，比如，礼仪、交际，甚至唐诗宋词，你看到哪本工科专业教材比如《建筑学概论》《计算机原理》中有李白、杜甫、柳永、苏东坡？但如此一来，理工科专业的同学有可能除了专业，一无所知。如果有一天，你所在的单位不复存在，或者你不愿意再留在这个单位，或者，有一个跟你专业无关但待遇不错的职位，你怎么办？是否死守专业，宁为专业全，不为待遇碎？如果这样，你如何谈得上适应社会？

　　不可否认，辩论对于相当多的专业，尤其是理工科专业的直接作用不明显。但是，不论你学什么专业，你首先是一个人，作为人，你要有人的最基本的"配置"：

人格，这表现在谈吐、礼仪、行为上。谈吐幽默风趣，自然会产生人际吸引力，而辩论可以训练谈吐；礼仪是展示一个人风度的最直接方式，彬彬有礼、儒雅大方，而辩论就是用规则强制双方必须以礼相待；辩论不仅要动口，也要动手、动脸，比如手势、表情等，辩论要求辩手着装整洁，举止文雅，站有站相，坐有坐相；尤其是表情，既不赞成做怒目金刚状，也不提倡做苦大仇深状，而是要努力做到与人为善，就算不是满面春光，起码也要和风细雨。

说到这里，现今或将来的理工科生，在工作岗位上都要跟别人往来，需要非专业的表达，比如上下级的交往、同事之间的交往等，这些交往跟专业并无关系。我们不妨做一个实验，模拟一下纯粹理工科专业的人际交往情景：

> 甲："请坐，好久没见到你了，近来可好？你觉得电源组件用于提供 PLC 运行所需的电源，可否将外部电源转换为供 PLC 内部与案件适用的电源呢？"
>
> 乙："谢谢，我近来还好。微处理器 CPU 是 PLC 的核心器件，CPU 因生产厂商各有不同，你说是采用市场销售的标准芯片呢，还是采用可编程序控制器专用芯片？"

如果来客是一名历史专业背景的言情小说作家，或者文学专业背景的律师，他对这种电子工程专家式的交际语言有何感想？

其实，辩论不仅仅训练外显的谈吐、礼仪、行为，更训练思维。对于理工科同学来说，科学技术需要创新，创新需要独立思考，独立思考则来自质疑和求异，而辩论就是训练这些思维品质的重要方式。华罗庚曾经说过："独立思考的能力是科学研究和创造发明的必备才能。历史上任何一个较为重要的科学创造和发明，都是与创造发明者的独立地深入地看问题的方法分不开的。"[①] 事实上，很多科学家的思辨能力和表达能力都很强。比如爱因斯坦，他有一句名言："这个世界最不可理解的是它竟然是可以理解的。"这句典型的思辨式语句看似是一个悖论，实则蕴含着深刻的哲理。华罗庚喜爱写楹联与诗，1953 年他随中国科学院出国考察，团长是钱三强，团员有大气物理学家赵九章等十余人，途中闲暇，为增加旅行乐趣，华罗庚便出一上联求对：

---

① 华罗庚：《我从事科学研究工作的体会》，《人民日报》，1955 年 3 月 1 日。

三强韩赵魏

片刻，人人摇头，没办法对出。他只好自对下联：

九章勾股弦

联中的"三强"，一是指钱三强，二是指战国时韩赵魏三大强国；"九章"，既指赵九章，又指我国古代数学名著《九章算术》，著名的勾股定理就出自该书。这副对联中的"三强"与"九章"均为双关语，而且全联数字相对，平仄相应，古今相连，堪称一副佳联。[①] 同样，世界上许多伟大的思想家并不以思想为唯一专业，比如前面提到的法国思想家笛卡尔，他同时也是哲学家、数学家、物理学家。有趣的是，英国伟大的思想家罗素，同时也是哲学家、数学家、历史学家，1950 年，他还获得了诺贝尔文学奖，他用优美酣畅的散文式语言和逻辑实证主义的明晰风格创作了大量影响深远的学术著作，包括《婚姻与道德》《数理哲学导论》《西方哲学史》《幸福之路》等。爱因斯坦是物理学家，袁隆平是杂交水稻之父，两位又都是小提琴业余高手，而他们的专业没有要求他们必须学会小提琴。

5　为什么"罗马不只一个"？

有一年，教育部评估组来我们学校评估，要求我用最简洁的语言概括我校的论辩文化，我想了想，用两句话回答：条条大路通罗马，而罗马不止一个。前一句是名言，后一句是我仿造的。这两句话的意思是：辩论没有所谓正确的答案。双方观点对立，并不存在对错之分，辩论不是为了证明我对你错，而是想方设法使对方难以甚至不能自圆其说。如果辩论有对错之分，那么持错误观点的一方如何辩论？这样对持错误观点的一方也不公平，因为这会逼着他们为了辩论而不得不顽固坚持错误的观点，因为他们必须为荣誉或脸面而战。如此一来，岂不荒唐？我们不妨假设一下，如果有这样的辩题，正方是"地球围绕太阳转"，而反方是"地球不围绕太

---

①　罗建宇：《华罗庚的文学功底》，《语言天地》，2006 年第 15 期。

阳转",反方怎么辩?但是为了将辩论进行到底,还得硬着头皮睁着眼睛说瞎话,于是诡辩派上了用场,这样一来,辩论就会变质为胡搅蛮缠。

所以,辩题本身不应该有对错真假之分,这就要求辩题具有不确定性,只有不确定的事物,才有辩论的价值。由此,辩论也就没有标准答案而只有过程。我们观看辩论赛,不论这场比赛是不是精彩激烈,比赛结束时,评委点评从来不表明哪一方正确哪一方错误,只是评说双方在比赛过程中的表现。其实,观众也并不以观点的对错论输赢,他们也知道,既然观点多元,那么答案也不止一个。条条大路都通向自己的"罗马",关键在路上,而不是在罗马。只有这样,辩论才好玩,才有味道,才过瘾。

我们今天生活在一个百花齐放的时代,每一种花卉都有它存在的合理性,思想也是如此。对于花卉,我们并不要求玫瑰散发出和紫罗兰一样的芳香,那为什么要求思想这个人类精神的太阳,哪怕它照耀着无数个体,却只准它有一种色彩呢?这是一个存在各种各样思想的时代,每一种思想如"每一滴露水在太阳的照耀下都闪现着无穷无尽的色彩"[①]。既然这样,我们就没有必要强迫每一滴露珠只能有一种"正确"的色彩,因此,我们可以说,即使"条条大路通罗马",但"罗马不止一个";也正因为罗马不止一个,每个人才有兴趣去定义自己的罗马,去按照自己的路径找寻自己的罗马。

6 为什么说辩论有助于学习?

一位美国资深辩论教练 Joe Bellon 这样说过:"参加辩论的学生们能够把广泛而复杂的信息综合起来,并且在辩论中锻炼了创造性,把学到的东西以不同的方式展现出来。"[②] 其实,关于辩论与学习关系的言论早已汗牛充栋,我这里主要说一说"为什么"。

学习不应该只是简单地记忆知识,而要学会把记忆的知识融会贯通。互联网时

---

① 中共中央马克思恩格斯列宁斯大林著作编译局:《马克思恩格斯全集》(第 1 卷),人民出版社,1975年版,第 111 页。

② 凤凰网资讯:《呤呤英语,9 年级的美国小老师,称霸了高级别辩论赛》,https://news.ifeng.com/a/20171212/54092876_0.shtml.

代，在电脑前轻轻点击鼠标，就可以轻而易举地获取你所需要的知识，传统的厚积薄发式学习已经不适应这个时代。过去的学习为什么偏重记忆？原因之一是那个时代存储知识的工具很简陋，比如书本、报纸，后来有了广播、收音机，但要把这些知识存储起来，还得依靠一个最古老也最便捷的工具，那就是我们的大脑。今天看来，从前人类的大脑差不多相当于现在的移动硬盘。如今互联网高度普及，知识全部放在网上，人们的大脑从简单记忆中解放出来，进一步加工和创造知识，于是知识海量增长——很多年前人们就已经在惊呼"知识爆炸"了。在今天，获取知识已不再是学习的主要目的，打开电脑，轻点鼠标，你就可以很方便地找到需要阅读的信息，甚至包括你不知道是否需要的信息。在这种情况下，创造性地学习已经成为我们今天的重要课题。只要举几个例子就可以说清楚，当今世界上最具有创新能力并且做出很大成就的不一定是学历最高的人：比尔·盖茨，大二就退学了；乔布斯，社区学院只读了半年就辍学了；扎克伯格居然只念到高中；而马云的学历算高的，也只是专科学校英语专业毕业；而莫言，以初中的学历成了作家，后来还获得了诺贝尔文学奖……

当然，这些都属于小概率事件，我们也并不是一定要证明学历越低越能创新，而是要说明，当今社会不再是学历本位，而是能力本位。能力当然需要知识，没有知识的能力只能是一般的技艺。今天，知识已不再仅仅是为了运用，更是为了创新。其实，创新也不是那么容易的，创新首先需要的是学会怀疑，要有质疑的能力，包括"于无疑处有疑"。这对于已经习惯了说"Yes"的我们可能有些不适应，可是，你只要上网查一查，就会发现，这个世界之所以文明进步，在很大程度上就是有一批敢于质疑、勇于实践的人，是他们为我们创造出了崭新的世界。

其实，质疑是辩论的本质，从广义上说，真正的学习主要不是存储知识，也不仅仅是理解知识，而是在质疑中选择知识，在选择中质疑知识。要掌握知识，就需要学会质疑，而辩论就是最有效的质疑。它可以帮助我们发现问题，这是学习中最重要的一环，是创新的前提。辩论还可以帮助我们对已有的定论进行逆向思维，有很多老生常谈的观点或理论，若对其进行逆向思维，或许可以发现新的天地。比如"愚公移山"这个寓言，愚公家门前有两座大山挡住了去路，于是愚公决定全家总动员挖掉这两座大山，最终这种精神感动了天帝，天帝派两个神仙把这两座山背走了。多少年来，我们一直为愚公这种锲而不舍的精神所感动，却从来没有想过：如果天帝视而不见，或者无动于衷，那么，他们全家世世代代的主要任务和劳动就用在挖山上了。还有，他们家解决出行问题，除了挖山，还有没有其他更可行的选项，比如搬家？这些问题，恐怕我们上到这一课的时候压根就没有想过。后来，愚公的事迹还真的成了辩论的内容，题目是：**愚公应该移山 VS 愚公应该搬家**。这个题目辩到现在也没有结论，可能还要一直辩下去。

同样的老生常谈，比如"书读百遍，其义自见"。中国古人读书主要在于悟，知是为了悟，而这个悟，不需要逻辑，只需要结合自己的人生经验，而每个人的人生经验都不相同，这个"义"也就千差万别。古人读书少有主张质疑的，比如一些典籍，被称为"经"，似乎成了绝对真理，不允许质疑。要求我们阅读前首先要认定它是正确的，然后逐字逐句反复诵读，然后悟出对本人以及任何人都有用的道理来。而今天如果再这样的话，就很难有创新了。

纵观历史，哥白尼、布鲁诺、伽利略、牛顿等，如果他们当年也是匍匐在前人脚下，照抄正确答案，不敢质疑，那我们现在不会知道他们的存在。"班门弄斧"这个成语想必大家都知道，但是，你知道还有一个"弄斧必到班门"的掌故吗？这个掌故的创造者就是大名鼎鼎的数学家华罗庚。1979 年 5 月，华罗庚应邀赴英国伯明翰参加世界解析数论大会。大会闭幕后，华罗庚接受伯明翰大学邀请，在该校讲学。他说：讲学，不能好为人师，讲学以学为主，讲的是把自己的观点亮出来，容易接受别人的意见，改进自己的工作，精益求精。[①]

当记者问及他准备参加哪些学术活动时，他微笑道："我准备弄斧必到班门！"原来他已经接到联邦德国、法国、荷兰、美国、加拿大等许多所大学邀请准备前往讲学。"我准备了 10 个数学问题，包括代数、多复变函数、偏微分方程、矩阵几何、优选法等。我准备这样选择讲题，A 大学是以函数论著名的，我就讲函数论；B 大学是以偏微分方程著名的，我就在 B 大学讲偏微分方程……"[②]

记者于是赞叹："你真是艺高人胆大！"他说："这不是艺高人胆大，这是我一贯的主张。"接着，他详细解释道："中国成语说，不要班门弄斧，我的看法是：弄斧必到班门。对不是这一行的人，炫耀自己的长处，于己于人都无好处。只有找上班门弄斧（献技），如果能够指点指点，那么我们进步能够快些；如果鲁班点头称许，那对我们攀登高峰，亦可增加信心。"[③]

---

① 梁羽生：《笔下花》，中国友谊出版公司，1990 年版，第 201 页。
② 梁羽生：《笔下花》，中国友谊出版公司，1990 年版，第 201—202 页。
③ 梁羽生：《笔下花》，中国友谊出版公司，1990 年版，第 202 页。

现在，我们来个逆向思维，如果我们弄斧永远不敢去班门，那么，我们的弄斧技术可能永远徘徊在自己的理解之内，因为你没有参照，没有目标，不了解大师的水平到底如何，不知道自己和大师在哪些方面存在差距，这个差距有多大，等等。事实上我们发现，我国古代很多技艺在传承上往往一代不如一代，最后失传，某种程度上也可能跟不敢"班门弄斧"有关。

7　为什么说辩论有助于形成独立人格？

先说什么叫人格，从概念看，人格有很多种定义，社会学的、伦理学的、心理学的、经济学的、政治学的、法学的，等等。我们这里采用社会学的定义。人格主要是指人所具有的与他人相区别的独特而稳定的思维方式和行为。独立人格是指人具有独立性、自主性、创造性。它要求人们既不依赖于任何外在的精神权威，也不依附于任何现实的力量，而是具有独立判断的能力和独立自主的精神。还有一种解释是：独立型人格是自主性比较强，有独立意识的一种人格，表现为习惯独立思考，独立实践，控制情绪的能力较强，且有较强的理性能力。

这些定义可能有些枯燥，理解起来有难度，没关系，你只要抓住其中几个关键词就可以了：独立、自主、创造。这三点应该就是独立人格的本质。

其实，我们每个人都希望自己的人格是独立的，尤其是当代青少年。幼儿时，完全依附于父母。到了小学高年级，开始怀疑，总是爱问"为什么"，有些问题在家长看来似乎幼稚可笑却又难以回答，比如："为什么天是蓝的？"家长一时语塞，于是以"小孩子一边玩去""不要胡思乱想"搪塞或打发了。到了初中阶段，孩子接触到的世界越来越大，了解的知识越来越多，但问题并没有因此减少，反而越来越多。这如同一个圆圈，如果圆圈内为已知，圆圈外为未知，则圆圈越大，已知增加的同时，未知增加得更多，正如古希腊哲学家苏格拉底说："我比别人知道得多的，不过是我知道自己无知。"

大学生在身体茁壮成长的同时，对这个世界的好奇心也在逐步增强，这种增强往往以质疑的方式表现出来，这种质疑不是不相信，而是通过质疑训练自己的认知能力。当然，质疑的方式多种多样：有托着腮帮眺望窗外静思，有在荒郊野外奔走呼号，有同学之间争论聊天，有在寝室"卧谈会"上踊跃发言……这些方式有助于我们养成质疑的习惯。这种质疑跟独立人格有关系吗？关系很密切，独立人格中最重要的部分就是独立思考，而独立思考在于"对任何事情都要问一个为什么，都要经过自己头脑的周密思考，想一想它是否合乎实际，是否真有道理，绝对不应盲从，绝对不应提倡奴隶主义"①。事实上，不可能任何事情都能问出一个为什么，这段话的意思就是，对任何事情要用"问一个为什么"来表示不轻易相信。这种能力正是我们当代大学生最需要的。

我们知道了质疑的用途，那么，如何质疑呢？方法很多，最有效的应该是辩论。

可以说，辩论将质疑发挥到了极致，它用一种竞赛即辩论赛的方式，使双方站在对立的立场上，以相互质疑为主要手段展开和推进辩论。首先，辩题是对立的，比如前面列举的**"愚公应该移山 VS 愚公应该搬家"**，正方就要质疑反方愚公搬家的合理性，反方也要质疑正方愚公移山的合理性。同样，正方要回应反方对移山合理性的质疑，反方也要回应正方对搬家合理性的质疑。简单说，就是有攻有守。你在攻击对方的同时也要抵挡对方对你的攻击。经过这样的训练，你就会发现，自己对事物的态度发生了变化，不再像以前那样别人说什么是什么，而是先过滤信息，对那些自己认为值得质疑的事物有所保留，甚至进行验证。更重要的是，通过辩论的训练，你不仅养成了质疑的习惯，而且提升了质疑的能力，这就为你的人格独立奠定了思维基础。

8 为什么辩论有助于锻炼人际交往的能力？

这个问题乍一看，似乎有些令人匪夷所思，辩论嘛，无非是两方对垒，互不相让，这也算人际交流的话，那吵架岂不是更是人际交流了？我们暂时不回答这个问题，先来了解一下辩论的形式。

辩论主要有两种交流方式：一是队友之间的交流，二是对手之间的交流。队友，即一条战壕的战友，自然会结下战斗的友谊。但是，辩论的友谊跟战壕的友谊不完全一样，辩论的交流主要表现在赛前对辩题的讨论中。一个辩题，赛前需要做

①　中共中央文献研究室：《毛泽东著作专题摘编》（上册），中央文献出版社，2003年版，第194页。

大量的工作，那可真是"台上一分钟，台下十年功"。查阅了一大堆资料，对资料的解读大家各有各的看法，甚至是截然对立的，于是，就有了说服队友的冲动。这一下麻烦来了，搞辩论的，一般都难被说服，于是就争论。开始双方还比较理性，都用逻辑、事实、理论来说服对方，后来发现无效，情绪逐渐占领大脑，争论变成了争吵，吵着吵着，突然觉得这样不对，情绪控制能力发挥作用，于是回归理性。因为不管如何争论，最终必须达成共识，不然没办法上台比赛。怎么达成共识？先是冷静下来，各自分别列出自己经过争论以后的观点（相信经过争论，观点应该有所调整），再把这些观点进行比对。先集其中之同，求最大公约数，然后寻求其中之异，再对异进行筛选，剩下的重点攻关。相信经过这样的程序，你在讨论中学会了从不同观点中求出最大公约数，"存同解异"，进而达成与观点相左者的协调。

比如这样一个辩题"诚信重在自律还是重在他律"。不论你是哪一方，你都要思考：当前我国社会诚信水平如何？诚信建设自律和他律分别用在哪些方面？国内外诚信建设方面是否有可资借鉴的东西？这些问题足够全队上下争论不休了。

我曾经有过这样的经历，在讨论某一辩题时，开始队员们还如绅士、淑女般温文尔雅，彬彬有礼地各自陈述自己的观点。陈述完毕，对队友的观点进行评析时，讨论的分贝数开始增加，面部肌肉横向运动。最后已经不是说话了，而是"黄河在咆哮"。但是，这种高分贝数没持续多久便稳定下降，最终回归常态，头脑的热度也随之降低，讨论于是柳暗花明又一村，进入理性阶段。大家各自降低音量，提出自己的理由，同时也倾听队友对你的理由的反驳，如此往复。今天不行，那就明天再来；明天不行，那就后天再来……终于在临近比赛的某一天，基本达成共识。几次比赛之后，队员们友谊的小船在辩论的湖面上自然而然地荡起了双桨。

其次是与对手的交流。跟队友的交流不一样，你与对手之间不存在观点的求同，也就不可能就双方观点达成共识。在这种情况下，交流主要在于尊重和欣赏：尊重对方表达自己观点的权利，相信对方观点应该有其合理性，辩驳不能针对对方辩手的动机和人身，只能针对观点进行质疑；对对方的精彩之处给予适当的肯定，甚至对对方某位辩手的风度气质表示肯定，由此，相见恨晚或者惺惺相惜之情便浮上心头。

对抗式交流，可以使我们学会尊重对手，学会倾听对方的发言，甚至学会欣赏对方，由此养成"和而不同"的君子之风。这是现代文明的特征：尊重对手，容忍歧见。辩论队的很多队员，他们的一些朋友都是曾经针锋相对的对手，有的甚至成为莫逆之交。

为什么会和对手成为朋友？因为双方有很多共同的话题，当然首先是辩论方面的，然后由辩论生发，随着话题的拓展和深入，发现双方有越来越多的共同点。尤其重要的是，双方的三观居然如此相似，这可是构成友情的核心要素。这方面可以类比的著名事例莫过于羽毛球运动员林丹和李宗伟，两人几十次决赛交锋，亚军多半是李宗伟，而李宗伟却从未生出"既生瑜何生亮"的情结，而是一如既往地与林丹场上交锋、场下交心，真正做到了心心相印。事实上，在辩论赛中，也有许多对手成为好友至交的事例。

9 性格内向、不善言谈者为什么也能辩论？

性格内向不等于不会思维，不善言谈也不等于不会表达，只要具备一定的条件，再加上对辩论有兴趣并且愿意参加，性格内向者也可以"善言谈"。这三个条件如下：

第一，性格内向者只是不太愿意或者不太擅长将自己的观点公开表达，而辩论双方的观点都不是自己的，是抽签决定的，所以，内向者不必为自己的观点负责，这样就可以放下包袱，轻装上阵。

第二，一旦当了辩手，就如同过了河的卒子，只有奋勇向前，事已至此，你不能再犹豫徘徊，情急之下，只能匆忙打开思维的大门，让思维在逻辑中前行，哪怕跟跟跄跄。

第三，在比赛中，你是辩手，不得不站起来，当着众人的面表达本方的立场，或者反驳对方，总之你必须发言。

如此这般多次的实践，你的性格也许依然内向，因为"江山易改，本性难移"，但你的思维与表达能力却今非昔比。我担任学校辩论队教练二十几年，队员中既有性格外向、热情、奔放的，也不乏性格内向、含蓄、委婉的，还有不外不内的。从数量上看，性格外向和性格内向的都不多，更多的是不外不内的。从辩论赛的表现看，队员的性格似乎与辩论能力没有多大关系，甚至有一位平时不爱说话的队员，竟然在一次全国性比赛中被评为最佳辩手。

思索，就是跟自己争论。在很多情况下，思索就是头脑中的辩论，两种不同的观点在自己的头脑中相互质疑，相互补充，最终使思维深化。

10 现代社会为什么需要能言善辩、能说会道的人才？

以前农业社会相对封闭，是一个熟人社会，人们生于斯长于斯，抬头不见低头见，相互之间知根知底，不需要多少表达，一个眼神、一个浅笑、一个手势，一切尽在不言中。还有，中国传统文化比较注重内敛含蓄，相信行为重于言说，即行胜于言。比如孔子就告诉他的弟子子路："刚、毅、木、讷，近仁。"① 就是说，刚强、坚毅、本分，可这个"讷"，有两个义项，一是说话迟钝，二是说话谨慎。"君子敏于行而讷于言"② 从这句话来看，这个"讷"应该是说话谨慎；子还曰："君子矜而不争，群而不党。"③ 君子应该矜持不争论，合群而不结党；子曰："巧言令色，鲜矣仁。"④ 花言巧语，装出和颜悦色的样子，这种就是仁心少。子还曰："巧言乱德，小不忍则乱大谋。"⑤ 花言巧语要搞乱德行，小事不忍就会搞乱大事。由此可见，孔子对能言善辩还是持不置可否的态度。

在此，我也想借辩论质疑一下，都说孔子所说的"讷"不是说话木讷，而是说话谨慎，对此，质疑有三：

一是当时言论自由，思想解放，所以，或许完全没有必要"讷"。

二是当时都百家争鸣了，凡是有点想法或思想的人，都唯恐自己的观点不被大众听取，有时候为了"取宠"，还可能挖空心思"哗一下众"。

三是也没有证据说明孔子本人说话一直谨慎，比如他说"苛政猛于虎"；他又说"唯上智与下愚不移""唯女子与小人难养"。

可见，伟大如孔子，他的言论也有一些不是瞻前顾后才表达的，可见他自己的言论也并非都表现出"讷"，那他为什么要如此强调"讷"呢？

在我看来，其实，我们有这样一个"讷"的传统，"逢人只说三分话，未可全抛一片心"，"言多必失，祸从口出"。于是，就出现了这样的场景：本来可以畅所

---

① 《论语·子路》。
② 《论语·里仁》。
③ 《论语·卫灵公》。
④ 《论语·学而》。
⑤ 《论语·卫灵公》。

欲言，却偏要言不由衷，或者顾左右而言他，甚至尽在不言中。今天"讷"已经不再为我们所推崇，这是一个自我表现的社会，表现才是硬道理，你若一味地"讷"，别人就不会了解你、理解你。过去说某人满腹经纶，茶壶里煮饺子，肚子里有货；而现在，满腹经纶只能充当"移动硬盘"，这些"经纶"只会填充你的腹，对社会并没有产生显性的效用。社会需要的是你腹中的经纶能做出贡献，创造价值。有人也许会用"腹有读书气自华"作为论据，证明满腹经纶同样有用，至少可以实现"气自华"。那么，我们把苏轼的这首诗全盘照搬，看看东坡先生的真实意思是什么。

和董传留别

苏　轼

粗缯大布裹生涯，腹有诗书气自华。

厌伴老儒烹瓠叶，强随举子踏槐花。

囊空不办寻春马，眼乱行看择婿车。

得意犹堪夸世俗，诏黄新湿字如鸦。

这首诗的内容是：尽管生活中身着粗布，但满腹诗书自然光彩夺人。厌恶陪伴老先生清谈，过着清苦的日子，于是强行跟随举子们参加科举考试。囊中羞涩不置办"看花"的马，但会看"择婿车"。考试中榜可以向世人夸耀，中榜的诏书上写着自己的名字。由此可见，苏轼并没有因"腹有诗书"而沉浸于"气自华"的自我陶醉之中。他很清醒，这满腹诗书不能自娱自乐，必须向社会推出自己，必须获得权威的肯定。那就必须参加科举，中榜就是社会对他"满腹诗书"的充分认可。那个年代，除了科举，确实没有其他实现自我价值的路可走。古代尚且如此，在今天，我们更需要主动向社会推销自己。

现代社会更开放，是一个陌生人社会，人员流动频繁。一个人要在社会上安身立命，就要想方设法让他人了解自己，你要向他人表现自己，最直接的办法就是语言表达。过去我们还比较强调满腹经纶，现在这种理念早已落伍，哪怕一个 2G 的 U 盘可以存储的信息都比一个人一辈子的阅读量还要大得多。而且，现代社会对人的评价也发生了变化，茶壶煮饺子已经过时，人们不再关心你的茶壶里有多少饺子，而是以你倒出的饺子数量来判断你的价值，显然，能言善辩、能说会道会更加有利于倒出你茶壶里的饺子。

说得现实一点，你在学校里读书，不论你读到什么程度，本科、硕士、博士，你最重要的事情就是找工作，而找工作就得面试，尤其是考公务员，除了笔试还有面试，如果你没有经过口头表达训练，就很难在面试中获得好成绩。而且，即使面试过关考上了公务员，在职业生涯中，也离不开口头表达。首先和工作对象交流需要口头表达，如何表达，在很大程度上决定了表达效果。除了和工作对象交流，还有同事之间的交流，等等。当然，在工作中你也许有权保持沉默，但这很容易影响你的职业发展，领导和同事都难以了解你的真实思想和理念，无法看到你的工作业绩，当然也就无从对你进行评价，更不要说赋予你更多或更大的职责。

11 为什么辩论能促使我们学会尊重对手？

我们也许有过把对手当敌人的历史，不但不尊重敌人，而且还要打翻在地再踏上千万只脚，让他永世不得翻身，结果再也没有人敢充当对手了。没有了对手的世界很寂寞，我们于是反思，开始懂得尊重对手的重要性，并且慢慢学会甚至习惯尊重对手，而辩论可以在其中发挥重要作用。

首先，辩论有一套规则保证双方至少不能诋毁对方，否则就要扣分；如果一方对另一方进行攻击，将被扣除一定的分数。比如你看到对方对你的问题不是很理解，你急了，冲口而出："对方辩友，你竟然连这个都不知道？""你是真不知道还是装不知道？"这分明是故意对对方的智商进行负面评价。从价值层面，你不尊重对手；从技术层面，你有轻率证明的嫌疑。

其次，辩论是将自己置于大庭广众之中、众目睽睽之下，面子就显得很重要了。如果这个时候不礼貌，不照顾对方的面子，这会给评委和观众留下不好的印象，这种印象也会影响到评分。所以，为了给评委和观众留下好印象，哪怕平时性格火爆如张飞李逵，这个时候也要极力温文尔雅，给评委和观众留的印象好了，哪怕最后输了，也是只输比赛不输人。

尊重对手首先是习惯问题，这就需要不断地重复某些行为或动作，比如，向对方微笑，对女生用语温柔，不能用手指向对方，发言能站直就不要弯腰，发言完毕要说"谢谢"……这些看起来是小事，却是辩论规则的一部分，一旦违反就要被扣分，谁愿意为了这些细节被扣分呢？开始可能是自我强制，告诫自己千万不要违反规则，强迫自己做出自己不习惯的礼貌表情和动作，经过多次这样机械重复，慢慢地这些表情和姿势就成为自然，辩手也就养成了尊重对手的习惯。

在辩论中，这种尊重也通过这样一些程序或规则来体现：首先，规定双方发言的时间均等，以体现比赛的公平，若一方时间已到还不停止发言，那就扣分；其次，要求双方不得有人身攻击，否则扣分；再次，双方要注重仪态表情，否则扣分。而分数是衡量胜负的硬指标，起码，为了不被扣分，就必须尊重对手，久而久之，尊重对手也就成了习惯。

当然，如果尊重仅仅是通过对扣分的恐惧来维持，那么这种尊重不是发自内心的，其道德含量稀薄，一旦遇到规则有漏洞，或者执行不严格，违规现象就有可能死灰复燃。所以，在习惯了规则的同时，还要将规则内化于心，上升到信念的高度，唯其如此，才有可能将尊重铭刻在内心深处，毕竟，一个懂得尊重对手的辩手也能够获得对手的尊重。

12 为什么辩论在社会中的作用越来越大？

东汉著名思想家王充曾经说过：造论著说之文，当"发胸中之思，论世俗之事"。王充说的是写作议论文的时候，要抒发胸中的思想，论述世俗的事情。其实，这也可以借用到辩论上。辩论与议论文有很多共同的基因，那就是"论"，论时事、论事理、论天下，可谓"指点江山，激扬文字"。事实上，辩论曾经对社会转型产生过无与伦比的作用，先秦的百家争鸣就使中国思想发展上了一个台阶。只是"罢黜百家"以后，辩论的作用被大大削弱，其已不再具有先秦的规模和气派了。而今，社会越来越开放，价值取向越来越多元，多元就必然有不同，不同必然有对立，对立必然有辩论。这是一个不争的事实。只要在网上浏览一下，就会发现，经常有不同观点的争论，此起彼伏、如火如荼。比如，"外婆"应不应该改成"姥姥"？要不要对老师行跪拜之礼？家长可不可以私自翻看子女的日记？等等。这些争论本身就是我们思想活跃的表现，同时，通过争论，人们也能加深对问题的认知以及对其他群体的理解。一个社会的和谐，在一定程度上就是通过争论或辩论，为最终形成共识奠定良好的思维基础。

　　微观上看，这个社会是一个竞争的社会，辩论就是一种重要的竞争方式。常言道，"是骡子是马，拉出来遛遛"。于是，在政治领域就有了竞选辩论，在研究领域就有了学术辩论，在经济领域就有了商务谈判，择业求职就需要竞聘面试，老师上课就有了课堂辩论，甚至辩论还成为一些企事业单位内部的文化活动，成为单位的特色品牌。比如，我本人所在的学校，二十多年来学生的辩论活动一直蓬勃发展，不但校内辩论经久不衰，而且在全国也屡获佳绩，甚至还代表中国高校参加国际辩论赛，这样几十年辛勤耕耘，终于形成了在全国高校中独树一帜的特色论辩文化。而今，辩论已在各级各类学校成为一种常态的文化活动，成为学校的办学特色，并且学校还将辩论推向社会，服务社会。这一方面说明辩论越来越受到社会各界的欢迎，另一方面也说明即使是比赛的辩论，也会对社会辩论的普及和提高发挥作用。而且，可以相信，辩论适用的范围远不止这些，随着社会的发展，辩论在各个领域将发挥越来越大的作用。

13　为什么要在辩论中学会辩论？

　　讲到学习，我们自然而然会想到书本，想到课堂，想到老师的循循善诱，等等。总而言之，其实还可以有其他的学习方式，那就是辩论。辩论主要注重的不是知识而是能力，这些不是通过书本就能学到的。就好比游泳，你肯定要学习和掌握游泳技巧，但不会有哪位学习者仅仅钻研《游泳学概论》或《游泳技巧手册》之类的教科书，也不会有哪位游泳学习者敢这样说："我在下水之前就学会了游泳。"人只有在游泳中学会游泳，这一点古人早就看出来了："纸上得来终觉浅，绝知此事须躬行。"

　　辩论值得我们潜心学习的地方主要是实际操作方面，比如如何查阅资料？如何判断辩题类型？如何立论？如何设计问题？如何回应提问？如何总结？如何礼仪？等等，都需要在辩论的实践中加以训练和培养。这是不是说，辩论完全可以不需要书本知识？如果承认这个说法，我就将陷入悖论：我正在写一本学习辩论不需看书的书。事实上，辩论并非不需要书本知识，只是说书本知识不是辩论学习的主要内容。辩论作为一项专门的技能，也有自己的一套体系，既然是体系，就必然需要知识来构筑，这里面包括一些最基本的知识和原理，但这仅仅是满足"知"的需要，而更多则是"行"的实践，无知便无行。在这个意义上，辩论的学习主要应该通过辩论实践本身实现，书本知识只是起到帮助认知的作用。比如，要学习如何查资料，我们要学习关于资料鉴定和分类方面的知识。但更重要的，是上网输入你设定的关键词，点击鼠标，在展示出来的资讯目录中选择你觉得有价值的篇目，然后再点击打开，这一套程序作为知识确实有点小儿科了，但如果真正在网上实践，可能就不是小儿科而是疑难重症了。

　　一开始辩论，人总会吞吞吐吐，思维跟不上，面对对方的质疑，甚至大脑一片空白，如果初学者没有这些反应，反而不正常了。第二次辩论，如果还是跟第一次一样，那么说明辩论的路还得走下去，当然要当辩手，参加大型比赛，这就不能只靠简单的思维训练了。就像驾驶，你学会了开车是一回事，但要参加二级方程式比赛或者巴黎－达喀尔拉力赛，可能就是另一回事了。

14　辩论为什么主要是训练思维而不是表达？

　　有人以为，辩论二字都有"言"，而且在辩论赛中双方都是唇枪舌剑，于是得出结论：辩论主要是口才的训练和培养。其实，辩论二字虽然都有言字旁，但是，言为思之声，我口言我思，我思自我辩。马克思曾经说过："语言是思想的直接现实。"语言和思维是融为一体的，没有无语言的思维，也没有无思维的语言。其实，任何训练都不仅仅是口才的训练，因为任何口才都离不开思维。比如相声小品，别以为只是说说笑笑，其实思维很复杂，有的相声小品的批判性思维很有深度，比如相声《如此照相》，小品《主角和配角》，看似嘻嘻哈哈，实则鞭辟入里。至于演讲，那就更考验演讲者的思维了，比如主题演讲《祖国在我心中》，一般演讲者都是忆苦思甜、新旧对比，这本身就是满满的正能量，应该充分肯定，可一些观众不感兴趣，为什么？边际效应，听得多了，再好听的言语都会腻味。这就需要进行求异思维，就是想办法与其他演讲者内容差异化，只有这样，才可能引起观众的注意。

　　辩论当然也要口才，但这种所谓的口才更多的是带有表达者的鲜明个性，训练的目的在于：如何擦去长期熟读课文而形成的学生腔和书面语，显现出自己本来就有的个性化的语言，即显露本真。辩论不仅是口才的表演，不仅是语言的较量，更是思维的较量，思想的交锋。其实，所谓表演，就是表演者要按照脚本进行，表演者扮演的不是本人，而是脚本规定的某个角色，包括角色的语言、姿势、动作，以及内心世界等。而辩论则是真实表达个人的思想，既然是个人的，那么就应该是个性化的，加之你不可能知道对手将在辩论中说什么，因此，辩论在很大程度上需要临场发挥。

辩论要进行思维训练，这种思维主要是"逆向思维"或"求异思维"，它是对司空见惯似乎已成定论的事物或观点作反向思考的一种思维方式，也就是"反其道而思之"。当众人都朝着一个固定的方向思考问题时，你朝着相反的方向思索，"众人皆正我独反""众人皆顺我独逆"。最著名的例子就是司马光砸缸，有小朋友掉进大水缸里，常规的思维就是跳进水缸救人，而司马光却是用石头把水缸砸破，让里面的水流出来，那位落水的小朋友自然就得救了。这就是典型的逆向思维。

有这样一道趣味题：四个相同的瓶子，怎样摆放才能使其中任意两个瓶口的距离都相等呢？可能我们折腾了很久还找不到答案。那么，办法是什么呢？原来，把三个瓶子放在正三角形的顶点，将第四个瓶子倒过来放在三角形的中心位置，答案就出来了。把第四个瓶子倒过来，多么典型的逆向思维啊！

洗衣机的脱水缸，它的转轴是软的，用手轻轻一推，脱水缸就东倒西歪。可是脱水缸在高速旋转时，却非常平稳，脱水效果很好。你知道吗？当初设计时，为了解决脱水缸的颤抖和由此产生的噪声问题，工程技术人员想了许多办法，先是加粗转轴，无效；后加硬转轴，仍然无效。最后，他们来了个逆向思维：弃硬就软，用软轴代替硬轴，成功地解决了颤抖和噪声两大问题。这是一个由逆向思维而诞生创造发明的典型例子。

既然有逆向思维，与其对应的自然就是正向思维，这是指常规的、常识的、公认的或习惯的想法与做法。而逆向思维是对传统、惯例、常识的反叛和挑战，它有助于克服思维定式，破除由经验和习惯造成的思维僵化。当然，我们在肯定逆向思维的同时，并不否定正向思维的作用，事实上，思维不应该单一化，如果罢黜"正向"，独尊"逆向"，势必导致逆向思维走向偏执和僵化。所以，在思维的广阔空间里，各种思维都有存在的理由，都有运用的空间。我们推崇逆向思维，是因为辩论确实需要这种思维方式。不知你发现没有，创新思维就是对传统、常规、惯例、常识的质疑和挑战，在这一点上逆向思维就是创新思维，而辩论的主导性思维就是逆向思维，由此可见，辩论不仅是常规思维的训练，而且是创新思维的训练。

15 为什么有人担心学了辩论到时候会顶撞领导？

曾经有同学和家长向我表示过这种忧虑，甚至还有人煞有介事地描述那些打过辩论赛的同学，毕业后在工作中如何把领导辩得下不了台，这些现象似乎告诉我们：辩论容易影响就业，影响职业前途。

对此，我试着用辩论方式进行辩驳：

第一，从统计上看，学了辩论顶撞领导没有数据支持，这很容易以偏概全，因为不学辩论也有顶撞领导的。

第二，没有充分论据说明学辩论和顶撞领导之间存在必然关系。如果这个关系成立，那么，辩论是否就成了顶撞领导之术？

第三，顶撞领导应该是个人性格问题，跟掌握了某种思维方式没有必然关系。以我们学校为例，辩论几十年出了很多优秀辩手，他们在工作中得心应手。

当然，还可以第四、第五等多条理由排列下去，我们还是来讲道理摆事实吧。前面我们用大量的篇幅说明辩论重在思维，即逆向思维训练，这是创新必备的思维。如果我们毕业后不是铁了心从事体力劳动，那么，这种思维对我们的工作应该大有裨益的。我们从事脑力劳动，靠的就是思维，思维方式决定了工作的创造性和创新性，逆向思维应该是做到这两点的不二法门。我们的辩论队员，包括全国冠军，他们毕业后在职场中都充分运用在辩论中养成的逆向思维，不少人深受领导器重，先于其他同龄人脱颖而出。为什么他们在辩论场上唇枪舌剑而在职场上就变得温文尔雅？很简单，人是环境的产物，任何人都会主动适应环境，不然，你很难生存和发展。这个道理不需要强力灌输。在辩论场上，双方处于对抗状态，这是竞赛，当然需要质疑与反驳。这就像拳击，双方在比赛中打得难解难分，是不是意味着他们在生活中也会如此，见到领导就报以老拳？

当然，前文那种对辩论的误解也告诉我们一个事实，就是有的同学缺乏职业修养，不遵守职场规则，我行我素，以为是张扬个性。任何职业，都有自己的职业规范，不能由着自己的性子。作为教练和老师，我还是要着重声明：辩论只是训练思维的一种方式，千万不要把辩论用于职场中的人际交往。

二

众声喧哗的时代：辩论的前世与今生

16 人类为什么要辩论？

自从人类有了语言，就有了辩论，或者说吵架、争吵、争论、争鸣等。原始社会有没有辩论？因为没有确凿的证据，所以无法证明。根据现有的研究，关于论辩术的文字记载，最早见于古埃及的莎草纸上的一份文献，内容是教人如何去讨好有权势的人，这个时间应该是公元前3000多年，距今5000多年。古希腊《荷马史诗》中，也有对辩论的宏伟场面的描述，为此，古希腊人把荷马尊为"演讲术之父"。当然，证据确凿的辩论，应该是兴起于公元前500年到公元前400年的古希腊辩论活动，那时的辩论可谓名家辈出、群星璀璨。古希腊著名的辩论家有赫拉克利特、普罗泰戈拉，当然还有苏格拉底。中国先秦时期，辩论也是大热门，诸子百家争鸣。"鸣"不是难事，难在"争"，这需要能力。很神奇，诸子几乎人人能言善辩，而且论题广泛，品种齐全。这差不多就是一个思想市场，可是真正的买方市场在何处？酒好也怕巷子深，所以诸子四处推销自己的学说。诸侯是顾客，顾客就是上帝，诸子争着在国君面前吆喝自己的产品。当然争鸣的百家只是一个概数，这其中还有一家专门研究争鸣思维的，叫名家，著名的人物有公孙龙和惠施。当然，孟子、庄子、墨子等都是辩论大家，纵横家代表人物张仪、苏秦就更是如此了。

我们还是回到刚才的话题上来，他们为什么要辩论？

我们先来看看他们辩论的是哪些问题。古希腊辩论家们辩论的问题多半和现实物质生活比如衣食住行无直接关系，主要是人及人类与自然的关系等抽象的问题。

当然，还有更抽象的哲学命题，比如"人不能两次踏入同一条河流"（赫拉克利特）、"人是万物的尺度"（普罗泰戈拉）、"我知道自己无知"（苏格拉底）。他们的辩论还有一个重要的作用，就是对城邦的政治议题进行讨论，通过不同观点的争论，最后付诸表决。在中国，辩论派别包罗万象，有治国理政的法家，有战略战术的兵家，有道德伦理的儒家，有开荒种地的农家，有兼爱非攻的墨家，有修身养性的道家，有阴阳五行的阴阳家，有合纵连横的纵横家，当然更有"白马非马"的名家，这些"家"的理念或观点都无一例外在争论中产生，在争论中形成，也在争论中发展。

正因为有各不相同甚至对立的观点，才自然而然形成了观点的对撞，有撞击才有争鸣。这里开始设问：这些观点来自哪里？答：来自他们对自己内心世界和外部世界的强烈的好奇心，这种好奇心一般与他们的切身利益无关，就是为了好奇而好奇，这驱使他们对所见所思质疑，比如"人性本善还是人性本恶"？这跟他们自身利益没有多大关系，可这并不妨碍他们辩论得如火如荼。

当然，也有为功利而辩的，比如古希腊的政治辩论，就是为了公共决策而辩，这是城邦民主的一个既定程序。而在中国先秦时期，也有一些"子"学得文武艺，需要货与帝王家，产生回报，获取收益，因此他们四处奔走，向诸侯推销他们的思想观点。最著名的当数张仪和苏秦，据说二人还是同门师兄弟，师从鬼谷子，一个主张连横，一个主张合纵，那可是针锋相对、旗帜鲜明，他们分别奔走于各诸侯国，以图自己的强国理念为国君接受，并且产生巨大的政治效益。

纵观人类历史，人类从来就很难观点一致，从来就有争论。从个人来看，每个人看这个世界往往会受到自己的态度和经历的影响，天下没有完全相同的看法，就像天下没有完全相同的两片树叶一样，于是就有了仁者见仁、智者见智的说法。交流是人类的基本功能和需要，不同的观点更需要交流，当然，这种交流往往以对话展示，而这种对话的最有效方式就是辩论。再从群体看，各个民族在历史长河中形成了具有本民族特色的文化，这种文化内部也存在不同的观点，也需要交流，而交流中不可避免会产生冲突，这就需要通过辩论来明确双方的分歧，并且由此寻找协调或妥协的基点。比如，唐宪宗派使者迎接佛骨，信佛一时成为长安时尚。这个时候，有一个叫韩愈的人不媚俗、不从众、不趋同，敢唱反调，冒着犯上的风险，毅然上书《论佛骨表》，对佛的虚妄不实进行了多方面言辞激烈的批判，以图阻止皇帝信佛。由于文章中一些言辞比较尖锐，宪宗很生气，要处死韩愈，幸得几位重臣说情，韩愈最后被贬为潮州刺史。这篇文章就是辩论文稿，只不过，他将皇帝当作辩论对手了。后来，佛教与儒学最终有机融合，用今天的话说，就是佛教本土化、中国化了。中国进入近代以来，这方面的碰撞冲突更加频繁，东西方文化在中国交汇，相关的辩论也应运而生，于是引发了关于"中体西用"的争论、全盘西化与食古不化的冲突，等等。这些辩论今天对我们仍然有所启发。

如今，随着科技的发展，人类的认知能力越来越强，但是人类面临的问题没有因此而减少，反而随着社会的进步而增加，因此，对问题的辩论也会同步增加。想一想，这很有意思，人类的问题往往会因为问题的解决而增加，于是形成了一个悖论：人类对某个问题争议越大，其解决的速度也就越快；而解决得越快，新问题出现的速度也就越快。比如，尽管我们人类现在已经进入人工智能时代，但问题来了，人类未来会不会被人工智能控制？人工智能对人类是利大于弊还是弊大于利？甚至还可以把这个问题上升到哲学层面：科技越进步，人类是更自由还是更不自由？由此可见，在创新成为标志的当今时代，科技的每一次创新在带给我们便捷生活的同时，也会让我们对科技潜在的弊端保持警惕，从而对此进行争论或辩论。既然人类创新永无止境，那么，在这个意义上，至少为此而产生的辩论也将永无止境。

17 百家争鸣为什么是中国历史上规模最大的辩论？

先秦时期，诸侯割据，人心散了，队伍不好带了，周天子说话没人听了。各国都在千方百计壮大自己，一方面防止自己被别国吞并，另一方面企图吞并别国，用今天的话说，就是弱肉强食、丛林法则。就是在这种时候，与政治纷争相对应的，是思想文化史上的百家争鸣。当然，这个百家不是一个确数，而只是一个概数或者形容词，关键不在于有多少家在争鸣，而是各家争鸣已蔚然成风。当时各国都想在短时间里成为强国，因此急需理论和策略，于是，一些有理想、有抱负或者有野心、有企图的读书人都四处向诸侯兜售自己或自己的学说。当时书写工具很贵，竹简刻起来费时费力，这些"除了一张嘴什么都没有"的"子"们肯定花费不起，于是跋山涉水风餐露宿，风尘仆仆从一个诸侯国赶往另一个诸侯国，向国君陈述自己治国理政的策略。而这除了内容的可行性，还要看口才。通过和国君的讨论或辩论，或者和观点不同的其他"子"当庭对辩，最后谁使君王不仅口服而且心服，谁就大功告成。没看见吗？那位挂六国相印的苏秦，是何等的成功？

相对来说，孔子就没有这么幸运了，一是他的学说是仁义道德一类伦理理念，不主张研究具有可行性的对策或技巧之类，而当时各国朝思暮想的是如何成为强国。孔老夫子不识时务，跟君王大讲星辰大海，阔论诗和远方，却闭口不谈君王急需的刀枪剑戟、富国强兵。你说，那些国君谁愿意买他的账？二是他可能并不喜欢炫耀自己，他也承认自己比较"讷"，自然没有哪个国君愿意静下心来洗耳恭听他的"讷于言"。于是，孔子及其随行人员在诸侯之间辗转奔走，四处推销，时常饥肠辘辘，连伙食都成了问题。有一次在途中甚至还遭遇不明真相的群众围攻，这些群众居然不知道仁义道德的重要意义。你看看人家苏秦张仪，个个混得有头有脸，吃香的、喝辣的，大约待遇也不会低。这一下正反对比，更加促进了先秦辩论事业的普及与发展，有些"子"看出了门道，在努力使自己的理论功利化的同时，还勤学苦练口才，以便能将功利化的理念以诸侯们愿意接受的表达方式进行兜售。

先秦的辩论不仅规模庞大，而且辩论的内容也相当广泛，天文地理、国家大政、稻菽桑麻、鸡毛蒜皮，可谓是上辩天，下辩地，中间辩空气。各家学说、各派理念、各种观点，五彩缤纷、铺天盖地、应接不暇，那真是一个众声喧哗的大时代！正因为有数量庞大的"子"们相互竞争，才有了儒家、法家、道家、墨家、农家、兵家、名家、阴阳家等学派与学说层出不穷，一直到今天都在影响着我们的生活。如果大家有兴趣，可以读一读《孟子》，里面有很多篇章就是孟子口若悬河地与梁惠王进行辩论，最终将其说服。当然，还可以读一读名家的公孙龙和惠施的著名诡辩，公孙龙的那匹白马为什么不是马？再想一想惠施和庄子在濠水的桥上看水中鱼时，相互又是如何抬杠的。

18　先秦诸子为什么都喜欢辩论？

前面我们说了，先秦辩论如此发达，一方面是得益于当时的政治环境，开放包容，兼收并蓄，什么样的观点都可以存在，没有谁来规定哪一种观点应该独尊，哪些观点需要罢黜，这不是明摆着让各种各样的思想泛滥吗？不过，这无关紧要，重要的是有没有哪一位国君接受你的观点，并且将其用于治国理政，也就是说，你的观点是不是被国君购买。如果没有，你的观点再怎么放之四海而皆准，再怎么立竿见影，均没有意义，君王是否接受是检验你的观点是否有用的唯一标准。另一方面，如此宽松的环境自然促使各种思想如雨后春笋般疯长，长出来就要卖出去，于是，推销思想的技术也作为一种专业快速形成。诸子深知酒好也怕巷子深，再好的思想如果没有人需要就产生不了效用，也就体现不了思想的价值以及思想制造者的价值。社会为思想者提供了无限广阔的思想市场，同时也有严格的验收机制，验收的标准就是经世致用。但是，由于实践具有滞后性，不可能如化学试纸般一实践就能检验出来，于是辩论就成了推销思想的利器。只有说服了君主，自己的理念学说才有可能被君主用于实践，关键是如何说服君主。这就要通过一系列逻辑推理和归纳演绎，环环相扣，让君主实在找不出瑕疵，想不出反对的理由，最后成交。

其实，诸子百家并非家家都想把自己的思想货与帝王家，有的只是为了向社会表达和传播自己的理念或学说。但是，无论是货与帝王家，还是公共表达或传播，这些思想的制造者们总是千方百计宣传和推销自己，而最便捷的宣传和推销方式就是动口，即口与口的较量。为了说服对方，或者使对方的观点不能自圆其说，就得想方设法在技术上狠下功夫，这样就无心插柳，带动了逻辑学的发展，出现了专门研究思维逻辑的学派——名家。可惜的是，这一派研究的不是推销思想的辩论术，而是一种高度抽象的逻辑或诡辩。但是，并不是每一位学者都善辩，比如，韩非子就天生口吃，真的是"思"在心里口难开。但是，口不行就锻炼手，最终练出了笔上生花的能力，他的文章字里行间展示出强大的逻辑力量，深得秦王嬴政赏识，其学说终于被秦王采纳。

在诸子百家中，墨家、纵横家、名家、道家都以善辩著称。儒家也有孟子以好辩和善辩名闻天下。《庄子》中一些纯粹的说理文章比较注重逻辑推理，经常运用类比层层推论，但是，如果仔细分析其推论过程，发现其在逻辑上也不是那么严谨。比如《马蹄》《骈拇》《胠箧》等篇，都是以一个假设条件为前提开始论述，问题是这些假设条件本身能不能成立，也有待证明。于是悖论出现了：一个还需要被证明的判断，如何成为另一个推理的前提？打个比方，如果人是长生不死的，那么，人类尽可以挥霍自己的生命。这就是一个假设条件的推理，现在的问题是：人怎么可能是长生不死的？请证明。同样，还可以举出若干类似的事例。

19 为什么有人说孔子不太喜欢辩论？

有人根据孔子的一些言论就断定他对辩论不是很感兴趣，的确，孔子曾说过："巧言令色，鲜矣仁。""巧言令色"即花言巧语，这也表明言说者动机不纯，属于贬义词；而能言善辩表明一个人的表达能力，至少是中性词。孔子把"鲜矣仁"与"巧言令色"挂钩，就是指那些花言巧语假装和颜悦色的人仁心很少。孔子主张"君子敏于行而讷于言"，"敏于行"说明思维和行动要敏捷；至于"讷于言"，比较主流的说法是指说话要慎重，因为言必行，行必果，要对自己的言论负责。我认为，其实孔子也未必"讷"于言。

根据上述分析，可以看出，孔子并非不喜欢辩论，他可能是出于自己的偏好而比较喜欢"讷"，或许是出于对自己的言论负责，所以要"讷于言"，因此，这个"讷"到底是谨言慎行，还是说话迟缓，确实不好定论。但孔子同时要求行动和思维敏捷，这也间接肯定了敏捷的重要性，而敏捷的思维自然可以通过辩论养成。事实上，孔子的言论处处体现了他敏捷的思维，不然，《论语》如何会成为千年经典？

据说，孔子与老子前后有过八次辩论，辩论的内容主要是仁义道德，现根据《庄子·天道》记载，将这场辩论以白话文展示，时间是公元前 518 年的某一天：

孔子将要西行，准备把自己的著作存入王室经典中，弟子子路给他出主意："我听说周王室管理文典的史官老聃，已经辞职回老家隐居，先生要藏书，不妨在路过他家时向他咨询一下，听听他的意见。"

孔子："好吧。"

孔子去洛邑王城拜见老子，但老子不同意孔子的要求。于是，孔子便演绎鲁国君《十二经》以说服老子。

老子打断孔子的言说："太烦琐！想听听论述的要点。"

孔子："要点在仁义。"

老子："请问，你说的仁之义是人的本性吗？"

孔子："当然是。君子如果不仁，就不能成就其名声；如果不义，就不能立身社会。仁义的确是人的本性，难道还有别的说法吗？"

老子："再请问，什么叫仁义？"

孔子："中正而且和乐外物，兼爱而且没有偏私。这就是仁义的实情。"

老了："哦！你后面这许多话几乎都是浮华虚伪的言辞！兼爱天下，这不是太迂腐了吗？对人无私，其实正是希望获得更多的人对自己的爱。先生，你是想让天下的人都不失去养育自身的条件吗？其实，天地原本就有自己的运行规律，日月原本就存在光亮，星辰原本就有各自的序列，禽兽原本就有各自的群体，树木原本就直立于地面。先生，建议你还是按照自然的状态行事，顺应规律去进取，这就是极好的了，又何必如此急切地标榜仁义，这岂不就像是敲锣打鼓追捕逃亡者，锣鼓声越大逃亡者跑得越远吗？嗯！先生你这是扰乱了人的本性啊！"

如果上述对话真的是孔子和老子的辩论，那么应该说，老子处于攻势，占了上风，而孔子处于守势，消极被动，如此一来，孔子喜欢"讷"的理由就充足了。如果你是孔子，面对老子的这一番宏论，你准备如何反驳？

20 辩论为什么应该被列入中国传统文化之中？

说到传统文化，我们自然会津津乐道于先秦的百家争鸣，事实上，我们只是将注意力集中在"百家"，对于"争鸣"则没有引起足够的重视。事实上，没有争鸣，就没有百家，在这个意义上，百家是通过争鸣"争"出来的。目前来看，史书上对争鸣的介绍有限，但这并不妨碍我们对传统的论辩文化做一番简要的梳理。

实际上，除了诸子百家的学说，先秦的百家争鸣本身就是一种很了不起的文化现象，这跟差不多同时期的古希腊很相似，正是这种争鸣，把中华文化提升到一个很高的境界，形成一座迄今没有被超越的文化上的珠穆朗玛峰。其后的两千多年里，辩论虽然规模和气势不可跟先秦同日而语，但辩论的火种还在，一直绵延不绝，比较有名的有以下几次。

西汉盐铁之议。要知道盐和铁在当时都是"政府专卖"，当时汉昭帝在位，中央政府召开了一次由盐铁官营问题所引起的有关国家政策的辩论大会。贤良文学之士与桑弘羊意见不一，他们就汉王朝的内外政策尤其是盐铁专卖政策进行了激烈的辩论。这次辩论还涉及农业的基本政策，对社会现状的估计和对伦理道德观念的理解以及如何看待古与今的关系等问题，辩论议题相当广泛，应该说，这是先秦以后第一次具有重大意义的宫廷政策性辩论。

南朝齐梁时期著名的思想家范缜，是一位坚定的无神论者，曾和佛教徒们进行过两场激烈的辩论，均获全胜。第一场是永明七年（489），以萧子良为首的佛门信徒与范缜展开了一场大辩论。萧子良问范缜："你不信因果报应说，那么为什么会有富贵贫贱之分？"范缜答道："人生如同树上的花同时开放，随风飘落，有的花瓣由于风拂帘帷而飘落在厅屋内，留在茵席上；有的花瓣则因篱笆的遮挡而掉进粪坑中。殿下就犹如留在茵席上的花瓣，下官就是落于粪坑中的花瓣。贵贱虽然不同，但哪有什么因果报应呢？"萧子良虽不以为然，却无法驳倒范缜这番有理有据的答辩，竟无言以对。第二场甚为壮观，这是一场由官方主办的关于哲学与宗教的辩论。梁武帝萧衍亲自发《敕答臣下神灭论》的敕旨，重新挑起论战，并写了《与王公朝贵书》，响应者有临川王萧宏等六十四人，纷纷著文围攻范缜，范缜并不畏惧，据理反驳。最后，与范缜辩论者之一的曹思文不得不承认自己"情识愚浅，无以折其锋锐"。

北宋时期有一场举世闻名的政治辩论。宋神宗继位，由于国库空虚，引发了王安石和司马光二人在神宗面前的激烈辩论，下面摘录一段白话文：

> 王安石：造成国家财政状况不好的原因，是没有善于理财的人，这并不是当务之急。
>
> 司马光：你所说的善于理财者，不过是巧立名目，加重老百姓头上的捐税而已。
>
> 王安石：事情不是这样，只要善于理财，就可以不增加捐税仍使国库充盈。
>
> 司马光：天下哪里有这个道理？天地所生的钱财万物，不在民，就在官，想方设法从老百姓那里巧取豪夺，这比增加捐税还坏。

王安石的这个观点遭遇了两难困境：充实国库，社会才能稳定，那就要向民众抽税；但如果向民众抽税，就会加重民众负担，社会就不稳定。这个问题应该是个千年难题。同学们在中学时都应该读过王安石的《答司马谏议书》，这封写给论敌的信，展示了王安石尊重对手的论辩风度，时至今日，当年辩论的内容或许不再被记起，但其辩论的风度已成为千古美谈。

南宋时期有一场著名的哲学辩论会。双方辩手都是大名鼎鼎的人物，一方为朱熹，另一方为陆九渊。朱熹大家都知道，而这位陆九渊也不是等闲之辈，为宋明两代"心学"开山鼻祖，与朱熹齐名，可是二人的见解却多有不合。于是，淳熙二年（1175），朱熹与陆九渊相约在江西上饶鹅湖寺一决高下，双方秉持各自的哲学观点展开了激烈的辩论。按今天主流的说法，陆九渊属主观唯心论，而朱熹则属客观唯心论，一开始二人还摆事实讲道理，随着交锋渐渐激烈，双方争执不下，结果辩论真的"唯心"了，情绪占了上风，以至于互相嘲讽，最后各自怀揣一腔怨恨不欢而散。这就是中国思想史上有名的"鹅湖之会"，从此中国思想文化史上有了"理学"与"心学"两大学术派别，"鹅湖之会"也因此被后人比喻为具有开创性的辩论会。

中国近代史上的辩论那就更多了，影响最大的有四次。

第一次是19世纪末维新派与守旧派的辩论，辩论主要围绕三个问题进行：要不要变法？要不要兴民权，实行君主立宪？要不要倡西学，改革教育制度？

第二次是1905—1907年保皇派与革命派的辩论，这次辩论也主要围绕三个问题进行：要不要以暴力推翻清政府？要不要实行民主政治？要不要改革封建土地制度？

第三次是1915—1917年前期新文化运动的辩论，辩论的问题主要是：民主与封建特权，科学与迷信，新道德与旧道德，新文学与旧文学。

第四次是1919年问题与主义的辩论，一方为胡适，一方为李大钊。

到了今天，辩论就更多了，对我们产生重大影响的当数1978年的真理标准大讨论，这是一场全国性大辩论。总辩题就是：实践应不应该成为检验真理的唯一标准？在这个总辩题下，还有无数的分辩题，比如：计划经济是否有效？外资来中国办厂算不算榨取剩余价值？个体户雇佣员工是不是剥削？李谷一的《乡恋》算不算靡靡之音？电影中的接吻镜头应不应该剪掉？男中学生可不可以穿喇叭裤、戴蛤蟆镜、蓄矢村头？女中学生可不可以穿短裙、抹香水、烫卷发？等等。现在看起来，这些问题确实好笑，甚至荒诞：这些也算辩题？但在当年这可是石破天惊、骇人听闻。当时比较权威的说法是，这关系到国家的前途和民族的未来。全国上下都为这些问题辩得面红耳赤，其激烈程度不亚于今天的任何一场辩论赛。不过，还真的应了那句"真理越辩越明"，经过这场历时好几年有无数辩手参与的大辩论，人们的思想意识回归常态，为其后的改革开放奠定了坚实的民意基础。

由此可见，辩论在中国历史上从来就没有缺席，而且辩论的范围也很广泛，从先秦的学术思想之辩到后来的政治、经济、文化、教育，等等，都是辩论的辩题。看起来似乎辩论一直在绵延，但事实上，这些领域的辩论都是小范围内的政策性辩论，而最重要的辩论即思想领域的辩论却很少出现。为什么？因为自汉武帝以后，独尊儒术，其他学派要么被罢黜，要么销声匿迹，要么沦为陪衬，基本上不再具有与儒家平等辩论的资格与能力了。

21 董仲舒为什么要提出"罢黜百家，独尊儒术"？

一直以来，我们都对董仲舒提出的"罢黜百家，独尊儒术"耿耿于怀，就是因为他提出这个政策，既压制了其他思想，也使儒家学说走向僵化，这个评价差不多成了定论。正好，前面我们说到质疑，那我们就现炒现卖，试着对这个定论进行一番质疑吧。

首先，我们看一看董仲舒提出"罢黜百家，独尊儒术"的背景，也就是说，他是在什么情况下提出这个政策的？这是了解问题的必由之路。历史教科书告诉我们，秦朝灭亡后就是楚汉相争，当时天下大乱，生产力遭到极大破坏，人民流离失所。后来刘邦打败项羽结束战乱建立了汉王朝，应该说，汉朝是建立一片废墟之上的。六十多年后，到了汉武帝时期，虽然经济得到了一定的恢复，但思想文化还处于一盘散沙状态，整个社会没有共识。这就需要有一种思想学说来稳定民心、凝聚共识，成为社会的主流价值观。那么，哪一家学说最有资格成为主流价值观呢？我们来比较一下先秦的各家学说：法家肯定不行，秦朝二世而亡才几十年，教训深刻；道家主张消极无为，也不合适；墨家理念是"兼爱""非攻""尚贤"，境界方面还不够高；兵家呢，"兵者，诡道也"，这怎么行？农家属于技术型，缺乏价值理念；名家是辩论，属于思维方式，当然不能作为主流价值观。比来比去，只有儒家具有成为核心价值观的资格。从这个意义上，我们应该承认，董仲舒提出的"独尊儒术"是符合历史潮流的，这已为后来中国文化发展的事实所证实。汉武帝慧眼识珠，果断地采纳了他的建议，结束了先秦以来"师异道，人异论，百家殊方"的局面，将"儒术"上升到国家意识形态的高度。此后两千多年，其间虽有朝代更迭，但儒家学说的国家意识形态地位没有动摇。值得注意的是，作为国家意识形态的儒家学说，其解释权却不属于皇帝，而属于儒生。

我们承认董仲舒"独尊儒术"具有合理性，但并不因此认为他"罢黜百家"同样合理，相反，他的"罢黜百家"的主张的确没有道理。我们来推测一下，董仲舒"罢黜百家"的主张可能是建立在这样的假设上：

第一，确定独尊儒术后，如果不罢黜百家，那百家势必如野草般蔓延泛滥，很有可能威胁到儒家的正统地位，百家甚至覆盖了儒术，那岂不天下大乱？

第二，独尊儒术便于全国民众认同，如果还有其他学说存在，势必分散民众的注意力，到时候民众各信其是，没有统一的思想，岂不乱套了？

第三，因为要独尊儒术，所以必须罢黜百家。这叫修剪枝蔓，突出主干；或者叫除去杂草，蓄留庄稼。可惜，董仲舒老先生忽略了这样一个道理：一种思想不可能独秀，但绝对有可能独萎。

现在我们对上面列举的三种假设一一进行分析，第一种假设的可能性是存在的，只要有不同的思想存在，就必然有竞争，有竞争也就有被战胜或取代的风险，避免这种风险最有效的办法就是罢黜这些不同的思想。第二种假设，这种靠罢黜其他思想来保持某种思想处于独尊的做法，实际上是剥夺了民众接收不同信息的权利，最后只能导致其思想僵化，发展停滞。第三种假设，凡是不能成为主流价值观的学说都没有存在的必要，这似乎扼杀了其他思想存在的权利。正如一棵大树，不论有多大，也不能因此否定其他灌木和野草存在的价值，正是这些不起眼的植物，才与大树共同构筑起了和谐平衡的生态环境。其实，韩非子早就说过："是以泰山不让土壤，故能成其大；河海不择细流，故能就其深。"常言道，真理越辩越明，如果连辩的对手都没有了，真理跟谁去辩？又怎样明？

经过前面的分析，我们似乎可以得出这样的结论：当年董仲舒先生如果仅仅提出"独尊儒术"，应该没有错。其后两千多年，中国传统文化正是在以儒家学说为核心价值观的引导下走向灿烂辉煌的，迄今还影响着我们的精神生活，所以我们应该大力弘扬、全面复兴优秀传统文化。然而，另一方面，成也萧何，败也萧何。董仲舒认为，要独尊儒术，就必然"罢黜百家"，把罢黜百家作为独尊儒术的前提条件，结果导致了思想的单一化。儒家学说自宋以后渐渐走向僵化。到了晚清，面对西洋文化的冲击不堪一击。我们知道，先秦时期的儒家学说肯定人性，甚至张扬人性，可是到了后来为什么会走到反面呢？原因就在于罢黜了百家。一种很开放的思想学说后来竟然成了束缚人性的枷锁，这一锁就是好几百年，一直到现代，五四时期，有人终于忍受不了这种束缚，于是跳将出来，高呼：打倒孔家店！这一下又走向另一个极端：似乎中国这么多年的积弱积贫都是孔仲尼造成的。孔子哪里知道他的学说会僵化成这个样子？他生前穷困潦倒，就是因为自己的学说不被诸侯采纳，卖不出去，连吃饭都成了问题。把责任推给老祖宗，这是没有出息和不自信的表现，自己落后了，不反躬自省，子孙不肖，难道祖宗有责？

22 先秦诸子中为什么孟子的辩论更有说服力？

孟子的弟子对孟子说："外面的人都说您好辩。"孟子说："我哪里好辩呢？我是不得已才跟他们辩。"（"予岂好辩哉，予不得已也。"）为什么会"不得已"？翻开史书，请看春秋战国时期，当时很多学说都是出于诸侯强兵富国的需要设计的，在那个充斥功利主义的时代，孟子反其道而行之，大谈仁义道德，大谈统治的合法性，有哪个国君愿意买这个账呢？但是，孟子并不气馁，坚持自己的学说，不为利益改弦更张，通过雄辩的口才说服国君接受自己的学说，最终，他在梁惠王那儿获得了成功。确实，孟子很喜欢辩论，他的著作《孟子》篇幅并不长，可其中精彩的章节简直就是一场场辩论赛的文字版。而且，孟子辩论的对手范围也很广，有一国之君，有上流社会的公卿大夫，有不同学派的学者，甚至还有平民庶人，总之，只要发现问题或观点具有可辩性，他就滔滔不绝地和对手辩论起来，而不在乎对手是谁，这就有点类似苏格拉底。

孟子好辩的另一面是善辩，最著名的现场辩论就是孟子和梁惠王的辩论。孟子想说服梁惠王与民同乐，不要独自享乐。他一见面就问：大王，听说你很喜好音乐？梁惠王措手不及，急忙掩饰："寡人非能好先王之乐也，直好世俗之乐耳。"这一下道出了真相，他原来喜好的不是先王的音乐，而是世俗的流行音乐。所谓先王的音乐就是古典音乐，是属于上流社会的高雅音乐，梁惠王堂堂国君，竟然如此低俗，这让他窘迫不已。接着，孟子一步步紧逼，使得梁惠王步步被动，最后不得不赞同孟子提出的与民同乐。

如果对手不接招或者顾左右而言他怎么办？孟子自有一套应对之策，这在孟子见齐宣王的过程中表现得淋漓尽致。孟子劝说齐宣王施行儒家仁政，齐宣王早已知道孟子的意图，就是不接招。

一开始，齐宣王就问孟子："和邻国交往有什么讲究吗？"孟子答："有。只有有仁德的人才能够以大国的身份侍奉小国，所以商汤侍奉大国，周文王侍奉昆夷。只有有智慧的人才能够以小国的身份侍奉大国，所以周太王侍奉獯鬻，越王勾践侍奉吴王夫差。以大国身份侍奉小国的，是以天命为乐的人；以小国身份侍奉大国的，是敬畏天命的人。以天命为乐的人安定天下，敬畏天命的人安定自己的国家。《诗经》说：'畏惧上天的威灵，因此才能够安定。'"

孟子的这一番大道理说得齐宣王犯晕，齐宣王有些不耐烦，说道："先生的话可真高深呀！不过，我有个毛病，就是逞强好勇。"

孟子见招拆招，说："那就请大王不要好小勇。有的人动辄按剑瞪眼说：'他怎么敢抵挡我呢？'这其实只是匹夫之勇，只能与个把人较量。大王请不要喜好这样的匹夫之勇！"孟子举了周文王和周武王作例子，说文王和武王的勇使天下百姓安定。他马上又把齐宣王进行类比："如今大王如果也做到一怒便使天下百姓都得到安定，那么，老百姓就会唯恐大王不喜好勇了啊。"

齐宣王发现自己处于被动，于是又找出一个理由："我有个毛病，我喜爱钱财。"孟子针锋相对，说："从前公刘也喜爱钱财。《诗经》说：'收割粮食装满仓，备好充足的干粮，装进小袋和大囊。紧密团结争荣光，张弓带箭齐武装。盾戈斧钺拿手上，开始动身向前方。'因此留在家里的人有粮食，行军的人有干粮，这样才能够率领军队前进。大王如果喜欢钱财，也能想到老百姓也喜爱钱财，这对施行王政有什么影响呢？"

爱好钱财的理由也被孟子驳回去了，齐宣王干脆使出最后的撒手锏："我还有个毛病，就是好色。"我看你老孟如何应对。孟子并没有惊讶，不紧不慢地回应："爱好女色并非什么毛病，以往周文王的祖父就很好色，但他非常勤政。那个时候，男女都能适时婚配，内无大龄未嫁怨女，外无大龄未婚旷夫，老百姓都能过上正常的夫妻生活。大王您在自己好色的同时，只要能够认真考虑并满足老百姓的需要，又有谁会指责您呢？"

经过这三个回合，齐宣王这一下可真的理屈词穷、哑口无言了。

可以这样说，正因为有孟子这样一位能言善辩的亚圣，才使儒家学说不遮蔽于战国的硝烟，不沉寂于众声的喧哗。他用雄辩将儒家学说思辨化，由此捍卫并且发展了儒家学说，将儒家学说推向一个崭新的高度，孟子学说在这个高度上屹立了两千多年而不动摇，可见其底蕴之深、之厚、之重，这在很大程度上来自他的严谨的逻辑性。遗憾的是，后来的儒家继承者们少有孟子这种思辨精神，有的更多是考据和演绎，结果，把孔孟思想僵化为结构严谨、内容刻板的义理和章句。

23 "白马"为什么"非马"?

前面我们说过，百家争鸣中有一家专门研究辩论和语言表达的逻辑性，这就是名家。

名家，是先秦时期诸子百家之一，以思维的形式、规律和名实关系为研究对象的哲学派别，所以称"名家"，也称"辩者""察士"。名家以擅长辩论著称，他们在辩论中比较注重分析名词与概念的异同，重视名与实的关系，开创了中国的逻辑思想探究。

以今天的眼光看，名家相当于逻辑学家，专门研究人的思维形式，遗憾的是，他们的研究往往侧重于诡辩。比较著名的诡辩就是名家大咖公孙龙的"白马非马"。公孙龙是赵国平原君的食客，平原君何许人也？乃是赵国最高领导人赵武灵王的儿子、赵惠文王之弟。有一天，公孙龙从平原君那里牵一匹白马出关被拦阻，他便以"白马非马"这个命题跟守关卡的人辩论起来，守关人自然辩不过他，公孙龙就牵着马出关去了。现在让我们来看一看，公孙龙是怎样论证"白马非马"的呢？

第一，从概念的内涵看，"马"这个概念是指马的形态，凡是具有马的形态的都叫作马。"白"这个概念是指颜色，白马是马的形态再加上白的颜色，也就是白颜色的马。可见，马与白马是两个不同的概念，所以"白马非马"。

第二，从概念的外延看，"马"这个概念的外延包括一切的马，所以黄马、黑马都在其中。而白马的外延仅限于白色的马，那么，黄马、黑马不在白马之内，所以，白马非马。

第三，从个性与共性的关系看，马的共性与白马的共性不一样，马是一切马的本质属性，但不包括颜色，只是"马之为马"；白是一切白色的共性，而不是马；马是一切马的共性，而不是白。白马指白色的共性加上马的共性。所以，白马非马。

读到这里，相信你一定能找到破解这个诡辩的钥匙。

《白马非马》译文：

　　问：白马不是马吗，对不对？

　　答：对！

　　问：为什么呢？

　　答：所谓"马"，指的是马的形状，白马是指马的颜色，颜色跟形状自然是不同的。所以说，不同的概念就有不同的规定，白马与马也是不相同的。

　　问：有白马，不可以说是没有马。既然不可以说没有马，那么白马不就是马了？既然有白马可以称为有马，又说白色的马不是马，这是什么原因呢？

　　答：如果想要得到马，黄马、黑马都可以满足你；如果想要得到白马，黄马、黑马就不能满足你了。假如白马就是马，那么，想得到马和想得到白马就完全一样了。如果想得到马和想得到白马没有区别，那么，为什么黄马、黑马有时说有马而不可以说有白马呢？这就明显地说明要求得到马与要求得到白马是完全不同的。所以，同样一匹黄马或黑马可以说有马，而不可以说有白马。所以，白马区别于马，这是再清楚不过的事理。

　　问：按你的说法，马有了颜色就不同于马了。可世界上没有无颜色的马，那么，能说世界上有颜色的马都不算是马吗？

　　答：马本来有颜色，所以有白马。假如马没有颜色，就只有"马"而已，怎么能称其为白马？规定马是白色的马，这就跟"马"有区别了。所谓白马，是限定白色的马，限定白色的马自然与马是有区别的，所以说白马非马。

　　马，跟"白"没有关系；白，也跟"马"没有关系。把"白"和"马"两个概念结合起来，变成一个新的概念，这当然是不可以的。所以，认为白马是马，是不对的。

　　问：照您看来，有白马就是有马，但是，能够说"有白马就是有黄马"了吗？

　　答：当然不可以那样说。

　　问：既然承认了"有马区别于有黄马"，就是把黄马与马区别开来了，这就是说黄马非马了；既然把黄马与马区别开来，反而要把白马与马等同起来，这不就是叫飞鸟沉到水里飞翔那样好笑吗？这是十足的逻辑混乱。

　　答：认为有白马不能说是没有马，这是不去考虑"白马"而就马形来说的。但是，"白马"却是与马相结合而不能分开的概念，因此，作为白马的概念不能称为马。称为"马"的，仅仅是以马形而称为马，而不能以白马称为马。因此，称为马的概念，是不能作为任何一匹具体有色之马的概念的。

从思辨的角度，这场辩论的专业水平在今天看来也是很高的，可以想象，当时这场辩论的听众绝非等闲之辈，不然，那简直就是如听天书，因为论述的都是极其抽象的逻辑关系，普通人没办法听懂。这场辩论成了中国思想史上的经典，集中表现了古代中国论辩思维的精华。可惜的是，此后名家被列入罢黜名单，这种经典的辩论也成了中国思想史上的绝唱。

24 惠施为什么硬要对庄子说"子非鱼"?

相信有一段故事大家都耳熟能详，它出自《庄子·秋水》。庄子与惠施两位都是辩论高手，也是至交。一天，他们俩在濠水的桥上游玩，濠水清澈见底。庄子看见鱼在河中游来游去，于是"文艺"起来，高兴地对惠施说道："你看，这些鱼儿在水中游得多么悠闲自在，它们真快乐啊。"惠施质疑："你又不是鱼，你怎么知道鱼快乐呢？"庄子被拉回现实，收起笑容，投入论辩："你不是我，你怎么知道我不知道鱼快乐呢？"惠施咬住不放，反驳道："我不是你，固然不知你；你本来就不是鱼，你不知道鱼的快乐，应该是可以肯定的！"庄子此时不再争辩，而是冷静归纳："请回到我们最初的话题上来，开始时是你说'你怎么知道鱼快乐'，说明你已经知道我知道鱼快乐才来问我，只不过问我是怎样知道的，那我告诉你，我是在濠水的桥上知道的。"

从纯粹辩论的角度看，庄子是在偷换论题，他把惠施所说的"你怎么知道鱼快乐"，偷换为惠施已经知晓了庄子"知道鱼快乐"，只是不知道庄子是怎样知道鱼快乐的。事实上，惠施的本意应该是：鱼的情感我们是不知道的，你是通过什么办法知道鱼的情感的呢？

这是典型的相互抬杠，事实上，鱼儿本无所谓忧乐，庄子是从美学的角度，把自己的审美情趣投射到水中的鱼儿上。鱼儿其实不具有"快乐"这种人类独有的心理体验，只是它在水中游泳的姿势与状态，投合庄子的审美情趣，于是庄子就觉得鱼很快乐。而惠施则是从生物学角度，认为鱼的快乐人不可能知晓和理解，因为鱼和人不可能建立起信息的联系。这时候，庄子却变换了"鱼的快乐人能否知晓"这个论题，转换为强调每一个人的审美观各不相同，你惠施不是我，自然不知道我知道鱼快乐；而惠施也不放松，立马归谬：如果你庄子的逻辑成立，那么你不是鱼，你也不可能知道鱼的快乐；此时庄子又变换了论题，变换成"你惠施知道了鱼儿快乐"，于是立马进行反驳：惠施"你怎么知道鱼儿快乐"，说明你也知道了鱼快乐，只是问我"是怎么知道的"。事实上，两人都是在诡辩，但这种诡辩在思维发展和深化方面却有着很大的价值，所以，这段对话成了中国传统辩论文化史上的一朵奇葩。

《庄子·秋水》原文如下：

> 庄子与惠子游于濠梁之上。庄子曰："鲦鱼出游从容，是鱼之乐也。"惠子曰："子非鱼，安知鱼之乐？"庄子曰："子非我，安知我不知鱼之乐？"惠子曰："我非子，固不知子矣，子固非鱼也，子之不知鱼之乐，全矣。"庄子曰："请循其本。子曰'汝安知鱼乐'云者，既已知吾知之而问我，我知之濠上也。"

25 为什么说名家对辩论思维的发展起到了奠基的作用？

先秦百家争鸣，争的是思想观点，争鸣者对自己的思想观点极其重视，而对如何"争鸣"则不是太讲究的，尤其是"争鸣"所使用的概念、判断、推理之类的研究，几乎无人涉及。尽管当时诸侯各国食客说客遍地走，但都希望短平快地推销自己的思想观点，没有谁在意推销的技术，而名家的横空出世在某种程度上填补了辩论方式方法上的空白。

说到"名"，自然会想到与之相反的"实"。在古代汉语里，"名"就是指事物的名称，也就是我们现在所说的概念，比如这个筒状的物件叫水杯，那个长方形的扁平物件叫手机，等等。而"实"就是"名"所指称的具体存在的事物。比如，水杯的"名"与水杯的"实"，作为"名"，水杯的内容包括：盛放液体的容器，材质为玻璃、塑料、陶瓷、金属等，其形态多为圆柱，上有开口，中空，以供盛物；而作为"实"，水杯是可见的、可感知的、具体的，比如，红色的塑料水杯，黑色的不锈钢水杯，高脚红酒杯，广口啤酒杯，等等。

现在，结合我们的化学知识，说一说"水"的名与实。水作为一个概念，它的内涵应该有这样几个方面：由氢、氧两种元素组成的无机物，其化学式为 H_2O；其物理状态为在常温常压下无色无味的透明液体。而作为"实"的水，就是可见的、可感知的、具体的水，比如河流、自来水、雨水等。这种关于概念"名"与实体"实"关系的研究在今天早已成为常识，在两千多年前，先贤们也注意到这里面的奇妙关系。这意义可大了，它标志着中国人第一次知道了把事物分为概念（名）与实体（实），从而将思维方式从思维对象中独立出来，换句话说，就是把事物的名称从事物实体中分离出来进行专门研究。

这个专门研究"名"的学派被称为名家，顾名思义，就是以争辩名称与实物或者说概念与事物之间的关系，从而形成一个学派（可见，那时候要形成学派很简单，只要你有一套与众不同的学说，自然就会独树一帜）。

由于他们常常将名与实剥离开来，因名而名，完全脱离了实体，脱离了事物本身，从而使辩论成了纯粹为"名"而辩，比如前面提到的"白马非马"。这种辩论看起来似乎没有什么实际意义，因为对现实社会问题的解决没有任何助益，而如果从思维发展的角度，还是有很大价值的。在中国辩论史上，他们第一次对事物进行抽象思考，将概念放在逻辑的平台上进行判断和推理。就这一点来说，他们对于辩论的理解一点不亚于同时代的古希腊人，这实实在在对我们民族乃至全人类的思维发展有着巨大的促进作用。

遗憾的是，古代的一些学者往往是基于"经世致用"而研究，也就是说，研究的成果要快速变现，要立竿见影，要立马变成生产力。而名家的"名实之辩"，既不能强兵富国，也不能导民向善；既不能创造经济价值，也不能产生社会效应，而且艰深晦涩，难度要比那些经世致用的研究大得多，这种费力不讨好的事谁愿意做？所以，一般的学者即使衣食无忧，也不屑于讨论和研究这种高强度杀伤脑细胞的"名实"问题，它甚至被指责为"诡辩之术"，汉代以后再无人研究，于是成了"绝学"，沉没在历史的深处。但是，辩论这种形式在中国几千年历史中还是绵延不绝，只是没有了名家对辩论的专项研究，这确实是一大缺憾。直到近代国门大开，西学东渐，我们蓦然回首，西学中的"逻辑学"就是两千多年前名家所讨论的问题，只不过"失传"了两千多年。早在公元前200多年，公孙龙就提出了"白马非马"的逻辑悖论问题，可惜他之后少有人研究，这一断就是两千多年。只能是遗憾复遗憾，叹息又叹息。

下面向同学们介绍几位名家：

邓析（约前545—前501），春秋末年郑国人，"名辨之学"倡始人，名家学派先驱人物。后人伪作的《邓析书》中，说他"操两可之说，设无穷之辞"，所以，"两可说"被认为是邓析的重要思想，这个"两可"就是我们常常说的"模棱两可"。据《吕氏春秋》记载，洧水发大水的时候，郑国有一个富翁被淹死，他的尸体被别人打捞走了。富翁家里人想要把他赎回来，但因为价格不合适，就去找邓析帮忙。邓析说："别急，他若不卖给你，还能卖给谁呢？"而捞到尸体的人也去找邓析帮忙，邓析对他说："别急，他若不找你买，还能找谁买呢？"

《吕氏春秋》中对这个故事有如下记载：

> 洧水甚大，郑之富人有溺者，人得其死者，富人请赎之，其人求金甚多，以告邓析。邓析曰："安之，人必莫之卖矣。"得尸者患之，以告邓析。邓析又答之："安之。此必无所更买矣。"

这是一个典型的悖论。同一个事实，邓析却推出了两个相反的结论，每一个乍一听都合乎逻辑，而合在一起就荒谬了。这其实就是买卖双方的博弈，有点像是囚徒困境。所谓囚徒困境，是假设这样一个境况：有两个共谋犯罪嫌疑人被关入牢房，相互之间被隔离起来而不能沟通，于是他们就要进行如下博弈：若二人都不揭发对方，则因证据不充分，每人坐牢一年；若一人揭发，另一人沉默，则揭发者因立功而获释，沉默者因不合作而坐牢十年；若互相揭发，则因证据确凿，二人均坐牢八年。由于两个囚徒都无法信任对方，担心自己保持沉默而被对方揭发，自己就会坐牢十年；如果自己揭发，对方不揭发，那自己可以立功释放，最差也就坐牢八年。因此倾向于互相揭发，而不是同守沉默。1950年，这个理论由美国兰德公司的学者提出。其实，早在2000多年前，邓析就已经在生活中使用这种博弈了。据记载，当时名家学者们经常会提出大量的悖论，然后再逐一解决，在解决的过程中展示名家的思维特征与思想内涵。

惠施（约前370—前310），战国中期宋国人，是名家思想中"合同异"的主要代表人物。惠施继承了邓析的"明辨之学"，提出事物同异关系的命题，他说："大同而与小同异，此之谓小同异；万物毕同毕异，此之谓大同异。"这就是名家著名的"合同异"之辩，意思是说，万物都彼此相似，又各不相同，但是，万物的相似性和相异性都是相对的。后人就把他这些看法称为"合同异"，惠施设定了一种绝对的参照系，把世间万物放在其中，彰显出它们相同或相异的相对性，由此推出一种人生观：天地一体，泛爱万物。

公孙龙（约前320年—前250），战国末年赵国人。公孙龙专注于对"名"的研究，是"离坚白"学派的领袖，著有《白马论》与《坚白论》，提出"白马非马""离坚白"等逻辑命题，这些命题使他名垂史册。他认为，对于"坚白石"，"视不得其所坚而得其所白者，无坚也"，"拊不得其所白而得其所坚者，无白也"，这是说，由于人的视觉与触觉有差异，所以，人不可能同时感知石头的坚硬与白的颜色。当然，更有名的就是他的"白马论"了，公孙龙对自己的这一成果毫不谦虚，他说："龙之所以为名者，乃以白马之论尔。"满满的自信与自豪。

26 "道"为什么"可道"，"名"为什么"可名"？

道家的思辨功夫不亚于名家，这从前面庄子与惠施关于"鱼之乐"的争论就可以看出来。道家著名的命题就是"道可道，非常道；名可名，非常名"，这是道家招牌式的名言，出自老子《道德经》。大约是因为古代书写和记录工具极其稀缺和简陋，文字都省着用，一个概念往往只用一个字表示。这样一来，字倒是省了，意思却一点没省，反而更复杂了。词语的内涵变得模糊不清，明明都是一个字，比如这个"道"，意思却大相径庭，真可谓像雾像雨又像风。也许有人问，既然大相径庭，为什么不用其他的字区分开来？可问题是，你拿这个字来区分，有可能跟那个字相同。也有人说这显现出内涵的博大精深。可是如果追问一下，博大在哪里，精深在何处，恐怕也只能用模糊语言加以搪塞，连概念的内涵和外延都没弄清楚，又怎么知道它博大精深？这似乎又是一个悖论。

那么，什么是"道"，什么是"名"呢，一查资料，不下几十种，用哪一种呢？有人说，道就是规律，是自然界的规律，是人生规律，还是社会规律；而名有两重含义，一是名利，二是表象。那"道可道，非常道；名可名，非常名"呢，是不是这样的：可以用语言表达的道不是真正意义上的道，可以给某个事物下的定义也不是这个事物意义上的名字？你不说我还有点清晰，你这一说，我离清晰反而越来越远。

解读一：

道是可知也可行的，但不是永久不变的道；名可以根据物件而定，但不是永久不变的名。

解读二：

可以传承的道理不是永恒的真理！可以叫出名字的事物不是永恒的事物！（那是什么呢？）

解读三：

"道"是可以去布道、实施、遵从的！但"道"并不局限于我们所讲的内容（片面），因此不要执着，要结合实际去实施。

世间万物我们都可以给它冠以名称或名号，但这个名号不代表事物的永恒的形态。世间一切万物都是变化的，不要执着于形名，要善于发现事物的本质和多面性。换个角度去看问题，可能会有完全不同的心境和结果。

解读四：

这里所说的道，并非说的道路的道，名词虽一样，意义却不同。所以：道的比喻非常绝妙，而对于道的理解应该知道其端倪，而解释的不同，是其绝妙之处！

事实上，如果进一步查阅，可列出的定义恐怕不下于三位数，可见，道虽然可道，名虽然可名，可解读起来就没有那么"可"了。当然，我们也可以给出这样的解释：有一千个读者，就有一千种解读，就有一千种"道可道，非常道；名可名，非常名"，这也是中国古代读书人强调阅读重在悟而不重在知的原因之一吧。

27 苏格拉底为什么称"我知道自己无知"？

曾经，苏格拉底的一个朋友到德尔斐神庙请示神谕，询问苏格拉底是不是希腊最聪明的人，这位朋友得到了肯定的答复。苏格拉底知道后十分诧异，因为他一贯以无知自居。于是，为了证明神谕不准确，他到处找"聪明人"对话，然而，结果令他大失所望，与他对话的那些据说聪明的人实在不怎么聪明。这个时候，苏格拉底终于悟出了神谕的深刻意涵：他之所以被认为是最聪明的人，不是因为他有知识，而是因为他知道自己无知。一个自以为智慧的人是不会再去追求智慧的，而一个自认无知的人才会对智慧专心致志，穷其一生热爱和追求智慧，从而不断趋近智慧，也就是说：匮乏产生需要，需要产生行动，关键在于你要知道自己匮乏在何处。如果从逻辑上解释，那就是：知道自己无知的人总是想知道他不知道的东西，或者说，正因为想知道他不知道的东西，所以才觉得自己无知。这听起来似乎有点像循环论证，但也说出一个深刻的道理：以无知的心态去追求知识（以无知求知）。这其实也是古希腊人对待知识的基本态度，正因为如此，人类才会走出丛林，走向文明。

其实，遍览古今中外，大凡有大智慧者，均抱持无知的心态追求知识，而且知识越多，越觉得自己无知，这正如一个圆圈，圆周越大，他的无知的边界也就越长。其实，孔子也曾经有过类似的言论，他说："吾有知乎哉？无知也。"① 由此可见，真正有大智慧的思想巨人，他们的思想都是相通的，都能深刻地体悟到：在知识面前，唯有知道自己无知，才有可能最大化地寻求知识。

辩论也是如此，之所以要辩论，在某种意义上也是因为知道自己无知。当我们拿到一个辩题时，不论这个辩题以前是否辩过，都应该秉持"知道自己无知"的态度，这可不仅仅是谦虚，而是实实在在的辩论需要。

首先，当我们拿到辩题时，我们有可能不完全知道甚至完全不知道这个辩题所涉及的知识有哪些，即使我们以前辩过这个题目，可知识每天都在更新，尤其是在今天这个互联网时代。

其次，当我们破解辩题时，我们永远不可能知晓与辩题有关的所有资讯，因为互联网上的信息浩如烟海，"弱水三千，我只取一瓢饮"，但是，这"一瓢"并不说明它必然充分代表了那"三千弱水"。

最后，当我们预测对方时，我们并不完全了解我们的对手，当然，我们可以通过各种途径了解对手的生辰八字、家庭背景、个人喜好等静态的信息，但我们无法了解他们对所持立场的想法、他们的思路、准备使用的资料、问题的设计等动态的

---

① 《论语·子罕》。

信息。

　　由此，对这三个方面的无知，极大地强化了我们的"求知欲"，"求知欲"也成为我们辩论的强大动力。

28 古希腊人为什么爱辩论？

　　据说，古希腊人比较崇尚战争、游猎和思辨，正因为有思辨的风尚，于是导致了一批人将辩论作为自己的职业。这些人一般出身贵族，不必为温饱奔波，只需要劳心，而思辨就成了最惬意的劳心活动。更重要的是，这种活动没有功利目的。贵族的财富为他们从事这项活动提供了充足的时间和物质保障。在古希腊人眼里，思辨是独立而崇高的。独立表明他们是自由的，在自由的状态下思辨，这正是创新所需要的前提条件，也促使古希腊的辩论以及逻辑学、哲学迅猛发展；而崇高则是由于他们智慧超群而被公众充分肯定，并且冠以巨大的荣誉。古希腊人崇尚知识和智慧，而思辨创造知识、提升智慧，所以他们被公众推崇。这些辩论爱好者的喜好总会在全社会产生示范效应，如此一来，他们的这些辩论活动就极大地促进了古希腊人思辨精神的养成与发展。

　　古希腊实行城邦民主制的政治体制，即所谓的城邦民主。这种民主有一大特色，那就是很多公共事务都要通过公众的辩论然后投票表决。这种政治生活方式慢慢形成了机制或模式，从而成为公众政治生活中的重要内容。当然，这也表现了大众对辩论的认同和推崇。为了使这种政治生活方式得以代际传递，古希腊人将辩论引入国民教育，让广大青少年在思辨中学习，在学习中思辨。值得一提的是，这种学习不是像今天这样课堂上老师讲、学生听，而是将辩论作为一种游戏活动，让这些青少年在游戏中体验和享受思辨的乐趣。在这种状态下，他们轻松愉快地认同了辩论的理念、掌握了辩论的技巧，久而久之，辩论与生活融为一体，又成为古希腊人的日常生活。

　　古希腊文化是欧洲文化的源头，作为古希腊文化重要内容的思辨，自然成为欧洲文化的重要组成部分。我们发现，欧洲许多伟大的思想家、哲学家，甚至包括自然科学家，其著作里常常闪耀着思辨的光芒，这一点在马克思的著作里有着充分的表现，请大家欣赏下面这一段话，出自马克思的《评普鲁士最近的书报检查令》，体会一下这段话字里行间体现出来的思辨的力量：

> 你们赞美大自然令人赏心悦目的千姿百态和无穷无尽的丰富宝藏，你们并不要求玫瑰花散发出紫罗兰一样的芳香，但你们为什么却要求世界上最丰富的东西——精神只能有一种存在形式呢？我是一个幽默的人，可是法律却命令我用严肃的笔调。我是一个豪放不羁的人，可是法律却指定我用谦逊的风格。一片灰色就是这种自由所许可的唯一色彩。每一滴露水在太阳的照耀下都闪现着无穷无尽的色彩，但是，精神的太阳，无论它照耀着多少个体，无论它照耀什么事物，却只准产生一种色彩，就是官方的色彩！

29 五四新文化运动为什么在某种意义上被称为辩论大赛？

辛亥革命推翻了封建帝制，但中国当时的问题并没有得到彻底解决，甚至又出现了很多新问题。许多志士仁人提出自己的解决路径，大家各持己见，质疑异见，这样一来，辩论应运而生，并且很快如火如荼。同时，中国当时全面对外开放，欧风美雨劲吹，各种舶来的、本土的或者中外"合资"的思想理念五花八门、激烈碰撞，按今天的说法，就是价值观念多元化。这一切，都以五四新文化运动作为高潮，它既是近代史和现代史的分界线，又形成了中国近现代史上最著名的全国性大辩论。辩论的问题很丰富，比如问题与主义之辩、复古和西化之争、文言与白话文之争、中体西用的争论、教育救国的争论，等等，是中国政治文化史上的一次重大辩论。我们来看一看当时"文言与白话"是如何辩论的，试着将这场辩论模拟成辩论赛的形式：

辩题：文言文应不应该废除？

正方辩手：梁启超、陈独秀

所持观点：文言文应该废除

反方辩手：林纾、姚鹏图

所持观点：文言文不应该废除

正方

梁启超："今人文字与语言离，其利病既娄言之矣。今人出话，皆用今语，而下笔必效古言，故妇孺农氓（田民），靡不以读书为难事，而《水浒》《三国》《红楼》之类，读者反多于六经。"

陈独秀："要拥护那德先生，便不得不反对孔教、礼法、贞节、旧伦理、旧政治。要拥护那赛先生，便不得不反对旧艺术、旧宗教。要拥护德先生，又要拥护赛先生，便不得不反对国粹和旧文学。"

反方

林纾："且使人读古子者，须读其原书耶？抑凭讲师之一二语，即算为古子？若读原书，则又不能全废古文矣。""古文者，白话之根柢，无古文安有白话？"

姚鹏图："鄙人近年……皆用白话体裁，……然总不如文言之简捷易明，往往累牍连篇，笔不及挥，不过抵文话数十字、数句之用。"①

也许当时的人没有意识到，正是他们的辩论改变了中国人几千年的表达方式，使中国人从此告别书面语与口头语截然分开的习惯，实现了"言文合一"，口头表达和书面表达合二为一。当然，这场大辩论也有局限性，比如有的论者把中国的积贫积弱全部归咎于儒家学说，甚至提出了"打倒孔家店"的过激口号；也有的论者认为中国的文言阻碍社会进步，提出废除汉字、推行罗马拼音字；等等。然而从辩论的角度，这些观点都应该有其合理性：儒家传统学说中确实有束缚人性尤其是女性的内容，而繁体字由于难认难记难写，在一定程度上阻碍了民众扫盲。这些观点都可以在辩论中进行证明或接受对方的反驳，当然，最终还是要靠社会的实践来检验。

30 思想解放运动为什么可以称为一场大辩论？

1978 年是我国改革开放的起点。刚开始，有人质疑：为什么要改革开放？以前搞的一套已经过时，束缚了社会生产力的发展。这主要体现在两个方面，一个是对内搞计划经济的限制，另一个是对外封闭、不能交流。我们都知道，这样的情况

---

① 青夏教育：http://www.1010jiajiao.com/gzls/shiti_id_7ece4c684222c3de6007f762f947e96c。

肯定不利于发展，所以，要改变这种局面，那就是对内改革不合理的制度和机制，对外打开国门加强交流。这些在今天看来是司空见惯的，在那个时候却是惊世骇俗的，有些人想不通。我们只要回顾那个年代流行的口号就知道了。

其中一些口号反映出来的理念，在今天我们会觉得荒诞不经，匪夷所思，而在当年，却相当于真理，谁也不会不敢不愿加以质疑。如果不破除这些过时的观念，改革开放就难以凝聚共识，即使强行改革也会磕磕碰碰。但是，思想观念的问题不能强迫，不能下命令，最好的办法就是讨论、争论、辩论。于是，一场全国范围内的思想解放大讨论开始了。一时间，全国上下，各色人等，纷纷加入这场讨论、争论或者辩论中。总的辩题是：实践是否是检验真理的唯一标准。当时可是热闹非凡，凡有人群处都有辩论。当然，这个辩题太宏大，于是在这样的大辩题下又分出若干小辩题，比如，"土地可不可以由农民个人承包经营""可不可以恢复农村集市贸易""可不可私人经营早点摊""可不可以发放奖金""允不允许外国资本进入中国""能不能穿西装、打领带""是否允许学生穿喇叭裤""女生的短裙可不可以过膝""可不可以听邓丽君的歌""应不应该废除结婚必须经过单位领导同意的规定"……这些辩题虽然似乎是上到天文地理、下到鸡毛蒜皮，但其内容在今天看来，稀松平常，甚至好笑。可是在当年，这些问题中的随便哪一个，都可以让参与者、旁观者辩得面红耳赤。尽管如此，随着争论的进行，情绪逐渐被理性代替，人们越来越冷静，大家慢慢达成共识，于是这些辩论的题目也随之消失。到后来，老问题越来越少，而新问题慢慢成为辩论的主题。这个过程正好说明，辩论可以有效地澄清认识上的误区，从而使"真理越辩越明"。经过这样的辩论，一定程度上推动全国上下形成了改革开放的共识，改变了"以阶级斗争为纲"的陈旧理念，确立"以经济建设为中心"的原则，从而确保我国改革开放顺利进行。

事实上，改革开放的过程，也是一个不断发现问题、不断对问题进行辩论的过程。比如，曾经有关于改革姓"社"还是姓"资"的辩论；这个问题解决后，新问题又来了，比如，"效率优先还是公平优先""发展经济和保护环境哪个更重要"。有的问题经过辩论达成共识，有的各自存异。在当代背景下，大学生的辩论也兴起了，比如，"大学教育更应该注重知识还是能力""网络语言对我们民族语言利大于弊还是弊大于利""青年成才的关键是自身能力还是外部机遇"……

31 当今社会为什么会辩论成风？

一个社会中，辩论要成为风气，至少需要以下条件：第一，是社会兼容并包，允许不同的观点并存，鼓励百花齐放，"并不要求玫瑰花散发出和紫罗兰一样的芳香"；第二，是人们利益诉求多样，不然，利益一致，理念相同，也就没辩论的必要；第三，是对社会问题或理念有不同的解读，其中有些解读处于对立状态；第四，这是最关键的，有了网络这个最高效便捷的传播工具，每一个人可以很方便地表达自己的观点或看法，做到"辩手不出门，辩尽天下事"。在现实中，我们也常常会看到，每当社会上发生什么事情，网络上立马就议论纷纷，众说纷纭、莫衷一是，不同的观点在网络上激烈交锋，真是令人应接不暇、眼花缭乱。

中国改革开放四十多年，在取得巨大进步的同时，也产生了一些问题。此时，存在决定意识，社会的快速发展有时会使一些公认的常识受到质疑。比如"法制能否消除腐败""应不应该废除死刑""安乐死是否应该合法化""家长可不可以翻看子女的日记""中学生早恋应不应该禁止""应不应该废除现行高考制度"等问题，更容易引起我们的好奇心，这也为辩论提供了丰富的资源。辩论要"成风"，就在于拥有多种多样的辩题，囊括社会生活的方方面面，使不同诉求的人可以有效地交流自己的观点。这里需要特别指出，这种网上的辩论具有很强的随机性和随意性，往往容易演化为网络语言暴力，或者虎头蛇尾、无疾而终。但正是以上原因，促进了现在我们常见的辩论赛这种制式辩论的"成风"。

制式辩论首先要看辩题有没有可辩性，即双方的辩论空间是否相等；其次要求辩论严格按规则进行，这样双方在使用时间和程序上相等；最后，要求辩手在比赛中临场发挥，而且每方辩手都要紧密配合。正是这些条件，才使这种制式辩论不仅在内容上能够吸引大众，而且形式和技术也具有观赏性，当下，不仅各级各类学校有辩论赛，企业、事业单位也在举办辩论赛，甚至连政府、军队、司法部门也搞辩论赛。总之，辩论赛越来越为人民群众和社会组织所喜爱，已经蔚然成风，这也表明了我们社会在思想观念和文化生活上的活跃。

就拿学校来说，可以说辩论已经风靡各级各类学校。以前辩论主要是在大学，而现在已经在中小学扎下了根，甚至开展得如火如荼，很多同学都是在辩论赛的陪伴下从小学、中学，一路辩到大学。当然，年龄不同，辩论的问题也各不相同。对于小学生，辩论的问题主要是跟自己的家庭与学习有关，比如，如果要提高成绩，周末该不该补课？应不应该允许小学生带玩具进校园？未成年人打电子游戏利大于弊还是弊大于利？做家务劳动应不应该要求家长给报酬？中学生的话题应该比小学生宽广一些，比如，中学封闭式管理有利于还是不利于学生成才？中学生留学利大于弊还是弊大于利？明星崇拜对中学生利大于弊还是弊大于利？而大学生的话题就更宽泛了，他们作为受教育程度相对高的新一代成年人，完全可以就社会各种各样的话题进行辩论。

纸上得来终觉浅：辩论的那些事

32 为什么说辩论不仅需要讲逻辑也需要讲情感？

有人以为辩论完全就是逻辑之辩，既然是逻辑之辩，那么在辩论中就不应该有情感的位置。讲情感是演讲与朗诵的事，目的在于以情动人，让观众感动；而辩论是以理服人，用理性的逻辑来证明或反驳，所以不需要情感。但我做了二十多年高校辩论队教练，参加过无数次辩论赛，还从来没见过纯粹只有逻辑不掺杂丝毫情感的辩论赛。或许，这样有理无情的辩论赛将来会出现，那就是当 AI 成为辩手的时候。AI 现在已经战胜了人类顶尖围棋手，照这个趋势，也许有那么一天，AI 有可能会在逻辑思辨方面和人类一争高下，到那个时候，AI 辩手可能很容易战胜人类。为什么？因为运算和推理是 AI 的强项，它可以在瞬时进行上万次选择，人类根本不是它的对手。但是如此一来，辩论也就失去了它的观赏性，没有观众喜欢看冷冰冰的逻辑较量。套用一句名言：无情未必真辩论。辩论并不只有冷冰冰赤裸裸的逻辑、事实和数据的整合，逻辑、事实和数据也并不是一定就毫无温度，因为表达这些东西的是人，而人是有情感的，辩手不是逻辑的化身，而是有血有肉的大活人，他不仅有自己的思想理念，也有七情六欲，在辩论过程中，他不可能完全不露出一点情感。

事实上，在辩论中，辩手往往会根据本方的需要，适当流露出情感，甚至有时也会情不自禁。比如辩题"**现代社会男女竞争是平等的 VS 现代社会男女竞争是不平等的**"，初看似乎没有什么情感空间，但如果深入挖掘下去，就会发现这个辩题里居然是情感的富矿。

下面我们试着来分析一下：

从正方来说，男女平等竞争可能更多从道德上立论，强调这种平等来自女性对权利的争取，并且通过纵向比较，忆苦思甜，与男女不平等竞争时期的情况进行比较，用这一点来获取情感上的共鸣。这也是有道理的。

而反方可能更多从事实上切入，以大量事例和数据证明现在事实上是"男女竞争不平等"。这个时候，反方辩手也应该流露出一些情感，如果辩手是女性，那就更是如此。正方当然也不可能满足于干巴巴的逻辑推理，必然要打情感牌。谁都知道，情感可以打动观众，只有以情动人才能更好地以理服人，完全无情容易导致观众反感，认为其缺乏同情心，缺乏人文关怀。

下面是这一辩题正方的一段发言：

> 在恋爱时，女同胞们是男人们的上帝，而上帝就会给她的子民们下各种各样的旨意。男人们只有勤快是远远不够的，还得随时往脑子里加润滑油，得揣摩上帝的心思，不能有半点不顺上帝的意。有些语言是上帝的专用术语，男人们得理解，但千万别跟着用。比如，上帝说"你这呆子，真是个木头人。你真坏"，你应该高兴才对，而不能傻傻地以为上帝在责怪你，更不能对她说同样的话。[①]

这一段话用了修辞中的比喻，将女性比喻为上帝，这种修辞本身就是文学的方法，而逻辑中是没有修辞的。这样一比喻，就一下子把女性放到至高无上的地位了，起码女性观众听起来心里舒服，于是，就把一个抽象枯燥的逻辑搞活了。如果我们把这段话用逻辑来加以陈述，会是什么情况呢？下面我们来试一试。

> 恋爱时，女性凌驾于男性，时常给男性指令。男性不仅要勤快，还必须能够准确地预测她的心思，也不能与她产生矛盾冲突。她的有些语言比较隐晦，你得仔细揣摩，不得理解有误。她有时贬你，比如说你是呆子，是木头人，这其实是对你的肯定，你必须高兴，但不能同语相赠。

---

① 道客巴巴：https://www.doc88.com/p-0083734051243.html?r=1.

如果你是观众，你喜欢听哪一段呢？

如果第一段话还不足以表示充沛的情感的话，那么在"美是客观的还是主观的"这个高度抽象的哲学辩论中，反方的总结陈词中有这样一段话：

> 我们爱生活，因为生活的故事上下五千年，叫人浮想联翩；我们爱自然，因为"万类霜天竞自由"，那是生命的礼赞！①

这里用了一个排比句，而且还押韵，将那种对生活、对自然的情感抒发得很有气势。如果用逻辑语言，会怎么样呢？大家不妨试一试。

虽然逻辑是辩论的经络和骨架，但也不完全是教科书上的那种形式逻辑，而是跟我们生活紧密相关的经验逻辑或生活逻辑。这样的逻辑不会使人感到枯燥乏味。正如相声小品，也是以逻辑为其经络，却人人喜闻乐见，因为它充溢着感情。

咱们来看一段郭德纲和于谦的相声：

> 郭：老爷子说了，我要做天下第一善人！老爷子还说了，天下穷人全管，我管不过来。
>
> 于：那怎么办？
>
> 郭：在我住宅方圆二十里地之内，不允许有穷人！
>
> 于：这就不容易。
>
> 郭：带着管家、带着工作人员就出去了。看见有穷人必须得问：过来，过来！看见有一女的抱着孩子哭，穿得衣衫褴褛。
>
> 于：怎么回事？
>
> 郭：女的哭诉：日子过不下去了。父母双亡，丈夫车祸，自己身体不好，孩子有病没钱治。这说着，老爷子听得眼泪哗哗的，吩咐道：快把她赶走，我心都碎了！
>
> 于：赶走啊？赶走不救了？
>
> 郭：二十里地之内，没有穷人！
>
> 于：那是没穷人，有穷人都被轰出去了！

---

① 百度文库：https://wenku.baidu.com/view/a6150776a417866fb84a8e3e.html.

　　郭：老爷子心善哪！

　　于：什么心善啊？①

从逻辑上说，这就是混淆概念。本来，在一般人的理解中，"不允许有穷人"应该是"不允许有人受穷"，结果被偷换成"不允许有穷人存在"。于是就产生了相声应有的"笑"果。其实，小品和相声就是靠故意违反逻辑规则，制造出荒唐的场景，来博取观众的笑声。

　　辩论的题目来自社会，来自我们的生活，同样也带有我们对社会生活的体验，以及这种体验所带来的情感。当然，在辩论中，起主导作用的是逻辑，所以，即使辩论不排斥情感，也不可能将辩论理解为情感之辩。同学们也可以模仿一下，完全的情感性辩论将是一种什么场景？

　　其实，辩论的这种逻辑不是赤裸裸的，而是在语言的陈述中时隐时现的；同样，情感也不是赤裸裸的，也只是在陈述中若隐若现的，含而不露。当然，总结时可能需要情感的集中表露，但也不可能是倾泻式的，只能是乐而不狂、喜而不泣、哀而不伤、悲而不愤。比如，辩题**"解决留守儿童问题的主要责任在家庭 VS 解决留守儿童问题的主要责任在社会"**，如果双方仅仅限于理性的逻辑推演，似乎显得有些冷血，太不近人情，孟子曾经说过：恻隐之心人皆有之。因此，双方不应该仅仅把这个问题看作是完全外在于自身的客观存在，把它完全排斥在我们的情感之外。合适的做法应该是在雄辩滔滔之中，流露一下对那些时刻盼望父母归来的留守儿童们的恻隐之心，人同此心，心同此理，设身处地，换位思考。事实上，"留守儿童"这个概念会让我们脑海中显现这样的形象：远离父母，与爷爷奶奶相伴，每到夜晚就思念父母，看着手机视频里的父母泪流满面……想着想着，我们心里也不禁一阵阵酸楚。

　　有这样一场大学生辩论赛，辩题是：青春贵在仰望星空还是脚踏实地。下面是双方一辩的部分发言：

　　　　正方一辩：这是一代又一代青年人应该肩负起的责任。当然，仰望星空不是让我们成为梦想家，没有一步登天也没有一蹴而就，踏实认真做事固然重

---

① 知乎：https://www.zhihu.com/question/39369539/answer/1112059347.

要，但是当一个人两鬓斑白，回顾人生，因为仰望星空而感到满足和欣喜的时候；当一个国家因为有一群仰望星空的青年而骄傲和自豪的时候，青春才显得无比格外绚烂、无比珍贵。

　　反方一辩：青春富于幻想、憧憬未来等特点，决定青春在于脚踏实地。青春是一个爱做梦的年龄。今天台下的观众年少时也想过成为一代巨星、金融大鳄甚至是政治首脑，但青春更应该是脚踏实地认真学习的时候，是理想信念确立的关键时期。想想柳公，冬练三九夏练三伏；想想屈原，洞中苦读诗经；想想囊萤映雪、悬梁刺股……无数古人今事，以身作则，告诉青年朋友青春实乃积累知识，积攒能量之期，唯有脚踏实地者才能学到一身本领。①

是不是所有的辩论都要表达情感呢？这就要看具体的辩题了，有的辩题情感含量高，当然需要有情感的表达，比如"**男人更累 VS 女人更累**""**网络语言之于民族传统语言利大于弊 VS 网络语言之于民族传统语言弊大于利**""**天灾比人祸更可怕 VS 人祸比天灾更可怕**"；而有的情感含量不高，比如，"**火车无座票应该打折 VS 火车无座票不应该打折**""**知识产权国际化对发展中国家利大于弊 VS 知识产权国际化对发展中国家弊大于利**""**中国应该对电影推行分级制度 VS 中国不应该对电影推行分级制度**"。像这类辩题似乎不用考虑表达情感，但无论如何，总得要想点办法"为赋新词强说愁"。一般来说，有这样两类辩题的情感含量不高：一类是专业性较强的辩题，比如，法律方面的"**实体法比程序法更重要 VS 程序法比实体法更重要**""**逻辑是法律的生命 VS 经验是法律的生命**"；经济方面的"**人民币在资本账户下的自由兑换应当加快步伐 VS 人民币在资本账户下的自由兑换不应加快步伐**""**财富来自生产 VS 财富来自交易**"；哲学方面的"**知难行易 VS 知易行难**""**美是客观存在 VS 美是主观感受**""**人性本善 VS 人性本恶**"。人都是有情感的，只有机器人辩论才可以没有丝毫感情。那么，在机器人参与辩论之前，我还是比较坚持这个观点：任何辩题，都应该有辩手的情感投入，因为任何辩题都与人有关。

　　当然，即使是非专业性的辩题，也不是所有的辩题都热情四溢、激情澎湃，这要根据辩题的内涵而定。比如辩题"**文化建设应先于经济发展 VS 经济发展应先于文化建设**"，它的情感含量并不丰富，而是一个政策性辩题，主要探讨两种事业的

---

① 摘自 2010 年"天伦杯"第 11 届西南政法大学校园辩论赛。

排序问题，确实难以情感化。很难想象，辩手们在辩这些辩题的时候会朗诵一些以"啊"字开头的抒情诗句。事实上，一些涉及政策时政的辩题也不太适合表达太多的情感。总之，无论如何，辩题来自社会，社会既有理性的一面也有感性的一面，任何辩题都不可能完全排斥情感，只是不以情感为主。如此说来，辩论不外乎就是：摆事实、讲道理、抒情怀。

33 为什么说规则是辩论的前提?

常言道：无规矩不成方圆，套用一下——无规矩不成辩论。我们先模拟一个没有规则的辩论场景：正方发言滔滔不绝，已经说了十分钟，似乎没有停下来的意思；而此时反方早已按捺不住，于是打断他的发言。正方抗议，说反方打断他的发言不礼貌，反方指出正方占用那么长的时间不合理。结果，辩论的方向发生逆转，变为发言延时与打断发言哪个合理或不合理的争论，而辩论的问题却被双方抛在了一边。可见，如果没有规则，辩手们就会各行其是，辩论很容易因无序而变成一团乱麻，真正成了"剪不断，理还乱"。

这种无规则的辩论可能持续了很长的历史时期，我们至今不知道古希腊辩论的规则是什么，也不知道当时他们的辩论有无按照规则进行。同样，我们也没听说过先秦诸子百家争鸣有没有制定规则。在找不出确凿证据的情况下，我们只好暂时根据臆想做出这样的判断：当时的辩论更多的是随兴而辩、随时而辩、随机而辩，至于规则，全看论辩双方的自律性，如果能够尊重对方，就可能让对方发言多一些，反之，则自己占用大量时间。到了近代，社会开放程度越来越高，人们的交往越来越频繁，不同观点的争论也越来越多。这一点在欧美国家尤为突出。早先，在实行议会制的国家里，议员们的职责之一就是在议会里辩论，由于没有规则，有的议员可能会把辩论发言搞成马拉松，时常一个人发言几个小时，甚至 10 个小时以上，议会辩论就成了战胜时间的比赛，而真正要讨论的问题却被搁在了一边，于是，就有人试着为辩论订立规则。1689 年，英国议会出现了一本手册叫作《议会》，已经开始出现一些议会发言的原则和规则的雏形。《议会》里这样规定：

同时只能有一个议题；

意见相左的双方应轮流得到发言权；

辩论的时候有人请求发言，主席应该先问他持的是哪一方的观点，如果其观点与上一位发言人相反，那么他有优先权（比如有若干人同时要求发言），主席必须请反方表决；

反对人身攻击；

辩论必须围绕当前待决议题。

如果发言人的言论显得与议题无关，而且其他与会成员已表现出了对此的反感（如嘘声），发言人的发言应该被制止。

美国在辩论规则建设方面也不甘落后，1787 年，美国的制宪会议开始制定宪法，有来自 12 个州的 55 位代表出席，他们立场各异，分歧严重，讨价还价，火药味浓厚，足足激辩了 4 个多月。会议期间，有人出言威胁，有人离场抗议。富兰克林曾说："我们几乎在每一个问题上都有不同意见。证明了人类之间的相互了解有多困难。为什么我们不请上帝来启发我们的理解力呢？"而正是在这种吵吵闹闹的气氛里，世界上第一部成文宪法——《美利坚合众国宪法》诞生了，这确实是人类历史上一件了不起的壮举。这部宪法产生的原因是多方面的，但其中的关键正是议事规则。大会在第二天专门制定了议事规则，从而保障了会议的有序进行。华盛顿作为会议主席，只做了三个简短发言：一个是宣布开始，一个是宣布结束，一个是提出一个附议。正是由于他对规则的尊重，最大限度保证了代表们平等地利用时间各抒己见。

由此可见，制宪会议的成功，某种程度上是规则的成功，当然，这些规则还比较粗糙，需要进一步细化。于是，有一位名叫亨利·马丁·罗伯特的美国人，于 1876 年出版了一部《罗伯特议事规则》，他的写作动机就是因为当时美国国会的辩论规则很不健全。比如，不同意见的议员在规定的时间里，只能和主持辩论的议长或委员会主席说话，而不能直接向自己的对手"叫板"。轮到自己发言时他们又故意拖堂延时，当别人发言时又随时打断，自己强行发言，或者在别人发言的时候插嘴。罗伯特认为长此以往，会将不"会"，于是到处收集资料，奋笔疾书，写出了一本内容丰富翔实的规则全集：有主持会议的主席的规则，有会议秘书的规则，当然，更多的是关于普通与会者的规则；也有针对不同意见的提议和表达的规则，有关辩论的规则，还有非常重要的不同情况下的表决规则，等等。

这里，我们看看罗伯特制定的关于辩论方面的规则，他在《罗伯特议事规则》里规定了四大刚性原则：

一、文明表达：禁止人身攻击，禁止质疑动机、扣帽子、贴标签。

二、一事一议：不跑题。

三、限时限次：不超时，禁止一言堂，比如设定每人只能发言 n 次，每次 m 分钟。

四、发言完整：不得打断别人的正常发言。

《罗伯特议事规则》的核心是"有话好好说"。其中重要的一条就是"不进行人身攻击，不以道德的名义去怀疑动机"。为什么"不怀疑动机"？罗伯特给出的理由是：

第一，动机不可证实，所有以道德名义进行的动机怀疑都只是推理；

第二，讨论的主题是某件事而不是某个人，对动机的怀疑偏离了议题；

第三，利己性是人类共有的本性，在不侵害他人和社会利益的前提下，追求利益最大化并不为过。

这为以后的辩论立下了规矩，有了辩论的"方圆"，后来的辩论规则大多和《罗伯特议事规则》有关，或者说是在他的基础上发展出来的，包括我们现在的辩论规则。

其实，罗伯特议事规则早在 20 世纪初期就进入了中国。孙中山先生亲自参考并翻译了《罗伯特议事规则》，写出了《民权初步》。遗憾的是，并没有引起人们的注意。1916 年，孙中山先生在《建国方略之三：民权初步（社会建设）》中说道："夫议事之学，西人童而习之，至中学程度则已成为第二之天性矣，所以西人合群团体之力常超吾人之上也。"孙中山将议事之学当作民主政治的入门课程，亲笔撰写此书，向国民传授民主议事的基本规则和话术。

只要目的正确，手段是不用考虑的——这种理念在当下社会还比较流行：占小便宜、乱扔废弃物，等等。我们进行分析就会发现，这些违规行为的动机都是合理的，他们不过是为了一己私利，而维护私利并不违法。但是，关键在于你以什么方式维护，如果以违法的方式，那么，不论你的动机有多崇高，都应该付出违法的代价，这才是公平。而辩论赛，就是最大限度地让我们学会遵守规则，养成守规则的习惯，从而将规则内化为信念，在规则的规范下尽情发挥自己的聪明才智。

34 礼仪为什么也是辩论的一部分？

辩论不仅是思想观点之辩，而且是礼仪之争。也许有的同学认为，内容决定形式，只要辩论内容充实、逻辑严谨、论据充足，外在的形式并不重要。这种观点是不能成立的。辩论赛最重要的不是展示双方的观点，而是展示双方观点交锋的过程，这个过程包括：内容的陈述、语言的表达、姿势的摆弄、表情的方式，简而言之就是：语态、体态、步态。通过这些向评委和观众充分展示你的修养与内涵，也是辩论的一门重要功课。

辩论是通过有声语言进行的，观众不可能像读报一样反复阅读、细细品味，有声语言是一次性的，过了就没有了。还有，辩论时的语速都比较快，一般来说，看到的比听到的、留下的印象更持久，比如看书和听讲座，观众不可能将每句话铭记在心，这个时候，口头表达往往会给观众留下良好印象，这就是礼仪，用语言展示的礼仪。有的时候，观众对礼仪的印象往往比对内容的印象更深刻。辩论作为一种高智力活动，虽然过程也常常被唇枪舌剑，但在实际的辩论中，用唇和舌挥舞这些枪和剑，却不能真的如枪剑般锋芒毕露、寒光闪闪，而要讲究以哪一种方式挥舞才能使观众赏心悦目。在辩论中，唇枪舌剑也并非一定要置对方于死地，事实上，由于辩题的可辩性，双方辩论空间对等，也不可能置对方于死地，除非对方不想继续比赛了，因此，双方优雅的姿势和神态往往成为观众关注的重点。

这里还要强调的是，礼仪也是计入辩论赛的成绩之中的。从评判的角度，一场辩论赛的重点在于辩论的内容，但也要看辩论的礼仪，为了使礼仪成为习惯，就有必要将其列入评分规则。

从辩论赛的实践看，辩论的礼仪主要有以下几个方面。

倾听。这是最基本最重要的礼仪，倾听可以很充分地展示本方的风度。当对方发言时，应平视对方，面带微笑，也可以作深沉状，但千万不要漫不经心，更不要随意打断对方发言。这一方面是向对方表明，你的发言我在认真聆听，以表示自己对对方的尊重；另一方面是出于反驳的需要，只有认真倾听，才会听出对方的不合理之处，从而为本方选择攻击点。如果不用心倾听，你就无法知道对方表达的内容，你怎么应对？怎么反驳？只有凭想象乱猜，或者按照自己赛前的准备背稿，那就有可能失败。

也有同学担心对方滔滔不绝的发言会挤占自己的时间，于是总是想打断对方，把时间抢过来。其实没有这个必要，因为规则上来说双方的时间是均等的，对方是在使用他自己的时间，并没有浪费你的时间。我们时常在电视上看到某些讨论或辩论的节目，一位嘉宾还正在侃侃而谈，另一位嘉宾却很不礼貌地打断他的发言，然后自说自话。这种行为自然会引起观众或评委的不满，一旦出现这样的情况，你的发言即使有道理，观众也可能拒绝认同，因为你的恶劣态度使观众的情感倾向发生了变化。

姿态，包括表情、站姿、坐姿、手势等。比如表情，主要表现为面部肌肉自然松弛，尽量不要做极端的表情，比如：苦大仇深、心事重重，或笑逐颜开、欣喜若狂，最合适的表情应该是面带微笑、平和大度，以增强亲和力。又比如站姿，就是起立发言时要站如松，不要东倒西歪如比萨斜塔；也不要摇摇晃晃。再比如坐姿，就要坐如钟，背部直立，切不可靠在椅背上；双手可以平放在桌上，也可以放在双腿上，但绝对不能交叉抱在胸前，更不可抓耳挠腮。所谓手势，就是发言时手臂挥舞不能高过眼睛，但也不能低于腰带，手掌半张开，不能以手指指向对方。

语气。首先是语调，辩论很容易提高语调，这是情绪外露的表现，尤其是自由辩论阶段。这个时候要注意，根据自己的发声习惯，一般不要过于高亢，不然很容易声嘶力竭，使观众心理不适。其次是音量，辩论不是朗诵，也不是演讲，没有必要声音太大。音量应控制在不使麦克风产生啸叫声为宜。最后是节奏，就是说话的快慢和轻重要根据内容和场上情况决定。但无论如何，节奏不能单一，应该快慢结合，就像音乐，正是由于节奏不一样，才产生了美妙的旋律。

语气在辩论中往往会有出人意料的效果。有一次，某一档电视节目中播出这样的辩论：在大地震中，一位中学老师应不应该先于学生逃离教室。那位逃离的老师本人为正方，一位时事评论家为反方，节目主持人为主席。按理说，突发地震时，这位正在上课的老师不应该先逃跑，至少应该向学生打个招呼，他居然连招呼都不打就抢先跑出教室。更令人气愤的是，事后还对自己的这种行为进行辩解，竟然不觉得有什么不对，这明显违背教师基本的职业道德。从这个角度来看，这位老师的观点很容易反驳，这位评论员应该会很轻松地旗开得胜。在辩论开始前，主持人询问现场观众，他们中绝大多数都站在评论员一边，简直就是一边倒。然而，随着辩论的进行，观众逐渐转向，最终，大多数观众竟然站到了那位老师一边。难道观众放弃了底线吗？其实，主要原因就在于，这位评论员的语气令观众反感，语气太过强硬，声色俱厉，而且，总是对对方的人格进行否定甚至毁谤，比如"见过无耻的，没见过这么无耻的"，这就犯了辩论的大忌：辩论不得进行人身攻击、人格污辱，这些攻击性的语言自然引起了观众的反感。由此可见，再正确的观点立场，如果不用文明的方式表达，结果可能适得其反。而那位老师，虽然他的观点现场许多观众并不认同，但他说话不紧不慢、文质彬彬，摆事实讲道理，尽管事实不典型、道理不充分，可他那种温文尔雅的语气说服了观众。

用语。这个用语不是指辩论中的语言，而是礼仪方面的语言。归纳起来有三个方面：一是礼貌用语，比如"请""有请""谢谢""对不起""不好意思"。二是称谓，比如"对方辩友""您方"等。这些是标准的礼仪用语。三是评价，就是有条件地赞赏对方，比如，"刚才对方辩友的发言很有哲理""您方提出的这个问题确实值得我方深思"，这样做也是表现自己的大度，但不可过度。比如，就有这样的发言："刚才对方辩友的滔滔雄辩令我方佩服之至，但是……""对方某辩友口若悬河实在不简单"。这类语句一听就很假，有很强的嘲讽味道，这也是辩论的大忌，虚伪且有人身攻击之嫌。辩论的惯例之一就是，不得对对方的人身、动机进行负面陈述或描述。另外，也不能用这样的话否定对方，比如："对方犯了一个致命的错误""对方的论证很荒谬""对方的发言很无聊"。牢记这一点：你应该用中性的语气指出对方的不足，而不能用带有负面情感色彩的语言评价对方。有人问：那用正面情感色彩的语言评价对方可不可以？作为对方来说，这可是求之不得的事，只是不知道你方的队友同不同意这么做。

守礼仪是中华民族的优良传统，是中华优秀传统文化的重要部分。孔子就很重视礼仪，他说过："质胜文则野，文胜质则史。文质彬彬，然后君子。"意思就是说，一个人如果朴实多于文采，就未免粗俗；而文采多于朴实，又显得华而不实。文采和朴实配合恰当，这才是君子。辩论既需要文采飞扬，也需要文质彬彬，辩论应该是君子之辩，希望广大辩论爱好者通过辩论把自己"辩"成君子。

35 为什么辩题分类是以正反的关系为依据？

一旦辩题数目庞大，自然就要进行分类，不然，千头万绪、一团乱麻。其实，最关键的不是分类，而是以什么为依据进行分类。现在辩论界流行的分类是以内容为依据，分为事实型、价值型和政策型，这种分类对应三种问题：是什么，为什么，怎么样。对此，我也要质疑一番。首先，这种分类本身就不合逻辑，因为一次分类只能用一个标准，而这里却用了两种标准。一个是以主客观为标准，事实属于客观，价值属于主观；另一个是以实施为标准。其次，三者在辩论实践中很难划清界限，事实里可能既有价值也有政策，价值里可能有事实和政策，政策里可能也有事实和价值。完全纯粹的事实之辩、价值之辩、政策之辩是不存在的。

质疑完这种分类后，再通过个案来证实我的质疑，比如，辩题"**城市化进程应重在文化发展 VS 城市化进程应重在经济发展**"，按照上面的分类，应该是价值型，但是，任何价值都是以相应的事实为前提的。这就是说，正反双方都需要了解城市化的具体进程，其中有哪些是经济发展的，哪些是文化发展的，这些都是事实。由于立场对立，双方搜集到的事实也不完全一样，甚至是完全不一样，还会对有利于对方的事实做否定性解读，比如，不承认一些有利于对方的事实，或者将这些事实中性化。如此，双方在事实层面已经胶着了，因为事实守不住，价值也就成了无源之水、无本之木。那么，这个辩题还是价值型吗？

如果这个辩题是事实型，那么明显辩题中有"应"这个关键概念，它告诉我们，这个辩题在逻辑上属于"应然"，事实罗列得再多，还是要归于"应该"。但是，城市化进程经济发展和文化发展均属于政府政策制定的范畴，政府审时度势，根据本地具体情况有针对性地制定政策，按理说应该是政策型。结果我们发现，什么都"型"，什么都不"型"，那么我的结论是：这种分类对于辩论的实践没有多大帮助。

根据标准或依据，辩题可分为三大类型：矛盾型、对立型、比较型。我的分类标准或依据是：根据正反方辩题形成的逻辑关系。比如，上面的这个辩题"**城市化进程应重在文化发展 VS 城市化进程应重在经济发展**"，根据我的分类应该是比较型。

所谓矛盾型，就是双方的辩题是肯定与否定的关系，即 A 和非 A，比如，"**科学有禁区 VS 科学无禁区**""**钱是万恶之源 VS 钱不是万恶之源**"，这一类辩题中有一个标志性的关键词"**不（无、没有）**"。这类辩题要求正方证明本方观点，而反方则对正方的观点和证明过程进行质疑和否定。这看起来似乎正方在守，反方在攻，攻守不平衡。其实不然，反方如果通篇仅仅是否定，并没有提出自己的观点，给人的感觉似乎是为否定而否定，理不直、气不壮。正方如果问道："请问对方辩友，您方只是否定我方的观点，而您方的观点是什么？"此时反方怎么回应？难道这样回应："我方只需要否定你方就可以了，没必要提出自己的观点。"正方趁机攻击："你方连自己的观点都没有，那怎么来证明你方观点成立？"这如同两军对垒，反方连阵地都没有，这垒如何对？所以，为了保险起见，反方除否定对方以外，还应该提出与正方对立的观点，作为本方辩论的底线，表明本方破中有立。比如反方"钱不是万恶之源"，在否定对方的同时还应该提出"**钱不过是一种交易凭证，具有工具性**"，以此为底线应对正方的质疑。

所谓对立型，就是正反双方的观点截然对立，即 A 和 B，楚河汉界，一清二楚。比如"**人类是环境的保护者 VS 人类是环境的破坏者**""**个人命运由自己掌握 VS 个人命运由社会掌握**"。这类辩题的特点是：任何一方都不能仅仅证明本方观点成立，还必须证明对方观点不成立。比如"人类是环境的保护者还是破坏者"，正方观点的完整表达应该是：人类不是环境的破坏者而是保护者，反方则相反，人类不是环境的保护者而是破坏者。如果不这样，就会各说各话。正方只是充分证明人类是环境的保护者，而反方同样也只是充分证明人类是环境的破坏者。双方只是在肯定本方，而没有否定对方，从逻辑上，肯定本方并不必然否定对方。因为，在保护者和破坏者之外还有既不是保护者也不是破坏者的情况，而辩论双方都必须排除第三种状态。

有一次我带着队员外出，看到两位妇女在吵架，我让队员停下来观看。一开始双方还在陈述理由，后来就骂起来了，这时我带着队员赶紧离开现场。我问队员：她们为什么吵得那么激烈？队员们都有各自的回答，但是，有一点大家没有注意到，那就是双方都指责对方，用辩论的语言，就是相互质疑，相互否定，这样才形成交集。试想，如果吵架双方各自只说自己如何对、如何正确，那还吵得起来吗？

所谓比较型，就是你中有我、我中有你。比如像"谁比谁更重要""以什么为主""××利大于弊还是弊大于利"，等等。这一类辩题并不是完全排斥对方，双方有一部分的共识。比如,"知识比能力更重要 VS 能力比知识更重要",双方会有一个共识,那就是知识和能力都重要,不同的是:一方赞成知识比能力更重要,另一方赞成能力比知识更重要;"**大学教育以传播知识为主 VS 大学教育以培养能力为主**",双方都承认大学教育既要传播知识也要培养能力,有争议的问题只是哪一个为主,哪一个为辅;"**中学生出国留学利大于弊 VS 中学生出国留学弊大于利**",双方的底线是:中学生出国有利有弊,要讨论的是究竟利大还是弊大。

上述三类辩题中,第三类难度最大,因为这类辩题界线交叉,不是以对立或矛盾的方式出现,而是部分内容交叉,即双方有一定共识,比较的只是排序、地位、数量、程度、大小等。在辩论实践中,这类辩题往往会出现纠缠不清的情况,在自由辩论中甚至会改变辩题逻辑关系,将比较变成对立。要解决这个问题,最重要的就是确定比较的依据以及比较的对象,这样才能使辩论紧紧围绕依据进行。比如,"知识与能力哪个更重要",就要提出"更重要"的比较依据,正方可能依据社会现状大力推崇知识经济,而反方可能依据社会现状推崇能力本位,如此一来,双方将在比较依据上进行较量。同时,知识与能力对谁更重要,如果对象不明,就容易形成悖论:你连对象都没弄清楚,你怎么知道谁更重要?

当你拿到辩题后,可以根据上述的三种类型来确定属于哪一种,然后再有的放矢地查阅资料,理清思路,构建辩论体系。需要提醒大家的是,千万别弄错类型,一旦弄错,南辕北辙,前功尽弃。

36 模态命题为什么很难用于辩论?

所谓模态命题,是指含有必然、未必、可能、不可能等词语的命题,它是断定事物是否存在的必然性和可能性的,例如,"气体受热必然膨胀""水可能结冰"等。其实,在生活中,我们时常做出这样的判断,比如"今天可能下雨""勤奋未必出天才",等等。这些判断是我们生活中的常态,因为生活中的不确定因素太多了。事实上,作为一种逻辑判断,模态判断有重要的意义,生活中确实有些事情难以断定,而只能靠推测。但是,如果将模态命题用作辩题,就会使辩论一方的不确定性增加,而且辩论要求双方的立场观点必须是确定的,否则,辩论就有可能变成一池泥淖。

比如，**"仁者无敌 VS 仁者未必无敌"**，正方是一个必然性的命题"仁者必然无敌"，也就是说，仁者必然、肯定、确定、一定无敌；而反方却麻烦了，"仁者未必无敌"。未必就是不是必然，那是什么"必然"呢？或然，也就是说，仁者无敌不是必然的，只是可能。那么，这种可能应该包括两个方面：一是仁者可能无敌，二是仁者可能没有无敌，或者可能有敌，可能没有敌。如此，反方的辩题就跟正方就有交叉了，也部分证明了正方的观点，这样一来，反方很容易陷入自相矛盾的泥淖之中。

再一个，**"效率可能牺牲平等 VS 效率不可能牺牲平等"**，同样，正方只是承认效率可能牺牲平等，反方则一口咬定不可能牺牲平等，由此，反方的辩题具有必然性，立场鲜明；而正方麻烦大了，这种效率牺牲平等的可能性到底有多大？无法说清楚，因为无法量化。那么，在具体的辩论过程中，反方就会穷追猛打：请问，效率牺牲平等的可能性到底有多大？这种可能性是如何计算出来的？这一下就击中了正方的软肋。如前所述，这种可能性是无法量化的，这让正方实在难以明确回应，那么势必成为正方一个致命的弱点。

以前辩论赛曾经将模态命题作为辩题，虽然符合生活实际，但是不能适应辩论的要求，因为双方辩论空间不均等，所以效果普遍不好。在实际的辩论中，一方总是自觉或不自觉地将模态明晰化，把"可能""未必"变成"可以""能够""不是""不能"，这样可以使本方旗帜鲜明、理直气壮，同时也划分了"楚河汉界"。那么，面对这类辩题，除了在辩论中改变辩题性质，确实没有什么好的办法，其实，最好的办法就是取消模态辩题，事实上，在今天的辩论赛中，基本上已不用模态命题作为辩题了。

37 为什么说可辩性是判断辩题的一个重要指标？

所谓辩题的可辨性，是指一个命题或问题，在意义上有争论的价值，在空间上有争论的场阈，这两个方面对双方来说都是均等的，也就是说，价值和空间都是一样大。

（1）双方的辩题都有内容有意义

所谓有内容，就是有道理可讲，有事实可摆，而且这两点必须同时存在。如果光讲道理，辩论就显得枯燥乏味。我们可比较一下课堂，如果一节课光讲道理，你受得了吗？但是另一方面，光摆事实也不行，那就成了讲故事。所谓有意义，就是这个辩题对社会对人生有没有某种启示或用处。辩论就是对命题与问题的讨论，对于哲理性命题来说，辩论的意义就在于深化我们对人类的理念或思维的认知，比如，**"知难行易 VS 知易行难""人性本善 VS 人性本恶"**。这一类命题作为辩题，可以锻炼我们的逻辑推理能力，增加我们认识的深度，但也很容易滑向诡辩。比如第一个辩题，双方对"知"这个概念界定时，会从自己的立场出发，正方界定的"知"在于对未知的探索，这个"知"是动词，探索艰难，所以"知难"；而反方界定的"知"在于对已知的了解，比如读书可以获得"知"，这个"知"是名词。关于"行"，正方把"行"界定为"执行""实行"，所以"易"；而反方则将"行"界定为"探索""摸索"，所以"难"。如此一来，两个关键概念"知"与"行"的界定大相径庭，那么，辩论将不可避免地陷入诡辩。

哲理类辩题需要相当大的知识量和相当强的理解力，辩论起来，双方都会感到很吃力。比如**"人性本善 VS 人性本恶"**，双方的可辩性比较均等，但是难度也是均等的。一个几千年来一直争论不休的问题，要在短短几十分钟辩得水落石出，这绝无可能。而且，由于内容基本是讲道理，辩论起来就容易成为诡辩。因为双方都很难找出能够充分支持本方立场的典型事例。如果有，也是小概率事件，所以，现在辩论赛中这类辩题出现得比较少，而多是将哲理与现实结合，比如辩题**"科技越发展，人类越自由 VS 科技越发展，人类越不自由"**，这个辩题既有哲理性，更有现实性。比如人工智能、互联网对人类生活的影响越来越大，而且人类对科技的依赖也随着科技的发展越来越大。这样，辩论的双方都可以立足现实，从现实找到许多事例，在这个基础上再来讲道理，就会使内容更加充实和丰富。当然，也不否认，有些哲理性辩题太过深奥，已经超出了大学本科生的知识水平，比如，辩题**"历史无常 VS 历史有常"**，就是历史专业的本科生也未必能够完全解读出辩题的内涵，因此，在选择辩题时，应该考虑辩论者的知识水平和解读能力。

除哲理类辩题外，更多的就是问题类辩题了。这类辩题紧扣当今社会出现的一些热点、焦点和难点问题，比较接地气，有些问题甚至和我们的生活密切相关。比如，**"在校大学生积累知识更重要 VS 在校大学生塑造人格更重要""当今时代，应该提倡'爱一行干一行' VS 当今时代，应该提倡'干一行爱一行'""宁要大城市一张床，不要小城市一间房 VS 宁要小城市一间房，不要大城市一张床""现代社会**

更需要专才 VS 现代社会更需要通才""手机拉近了人与人之间的距离 VS 手机疏远了人与人之间的距离"，等等。这样的辩题比较贴近大学生的生活实际，而且在现实中也没有定论，社会上众说纷纭、莫衷一是，又有一定的社会影响，因此，这类辩题的可辩性就比较大。

（2）辩题给予双方的辩论空间应该均等

有些辩题初看似乎具有可辩性，但仔细分析，就会发现双方辩论空间不均等，一方大一方小。比如，**"顺境有利于成才 VS 逆境有利于成才"**，这个辩题就属于对立型，这意味着双方在肯定本方的同时还要否定对方，这对于反方来说难度太大。反方要证明"逆境有利于成才"不难，但要否定"顺境有利于成才"，即肯定"顺境不利于成才"，难度太大，与事实不符。它无法解释这样的现实：各国政府都在努力改善教学条件、优化育人环境，一言以蔽之，就是为成才创造顺境，反方很难否定这个事实；如果反方仅仅证明"逆境有利于成才"，很容易自说自话，与对方没有交集，因此，这个辩题对于反方来说不具有可辩性。如果改为**"顺境更有利于成才 VS 逆境更有利于成才"**，这样双方就有一个共同的平台，那就是顺境和逆境都有利于成才，只是哪一个更有利于成才的问题，这样双方的辩论空间几乎均等。

38 辩论为什么更侧重于非形式逻辑？

讲到辩论的逻辑，大家都自然会想到形式逻辑，辩论要"论"要"辩"，只能运用形式逻辑，或者说，形式逻辑是辩论的唯一标配。作者开始辩论，也要严格按照形式逻辑进行，结果发现，在比赛时反而束缚手脚施展不开，辩论就是逻辑之辩，怎么反而被形式逻辑束缚了呢？于是我开始反思，有一次训练，我的助理教练是一位逻辑学博士，他负责训练陪练队员。一次模拟比赛，他训练的队伍一辩立论简直就是一篇形式逻辑案例，而且比赛的各个环节都根据形式逻辑有板有眼地进行。结果我发现，这种方式至少有三大漏洞：一是立论把话说死了，没有缓冲余地；二是其他环节基本上按照赛前准备的文本宣读；三是面对对方的问题，往往答非所问，因为要固守文本。为什么会这样呢？是不是队员个人的原因？我把模拟比赛的一些重点镜头在大脑里反复回放，逐渐发现以下问题：

一是形式逻辑使用的前提是一切材料都是显性的，清清楚楚、明明白白，形式逻辑将这些材料构筑成某种逻辑关系，而辩论的材料只有自己一方对自己显性，而对方的材料却不显性，而本方的材料相对对方也不显性。

二是形式逻辑是在静止状态下进行推理，一切都是稳定的、不变的，而辩论则是动态的、可变的。除了立论和总结相对稳定一些，其他环节完全是随机的，比如自由辩论，你不知道对方会向你提出什么问题，因此，对辩手的临场反应能力要求很高。

三是形式逻辑是单方面的推理，而辩论则是博弈，双方都根据对方的表现进行质疑和反驳，而对方的表现预先不可能知道，甚至连对方自己也不知道，一切都是应对对方的动作，这就要求辩手的临场反应能力很强，而不是只具有简单的推理能力。

说了半天，那么，什么是非形式逻辑呢？非形式逻辑之所以是"非形式的"，主要是因为，它不依赖形式演绎逻辑的几个方面：一是概念定义并不严谨，可以用解释，甚至用修辞，比如**"生命诚可贵，爱情价更高 VS 爱情诚可贵，生命价更高"**，正方对"生命"的定义是：由核酸和蛋白质等物质组成的生物体呈现的生理过程。新陈代谢和自我复制是最基本的生命现象。随着生物的进化，生命现象愈加复杂，主要包括应激、生长、发育、遗传、变异、运动、调节等。正方对"爱情"的定义是：爱情是个体与个体（多数指人）之间的强烈的依恋、亲近、向往，以及无私并且无所不尽其心的情感。它具有超生命、超价值的意义。而反方的定义是：假如生命是一条长河，爱情就是长河里的一朵浪花。两相比较，正方是按照形式逻辑要求的定义，而反方则是利用修辞所做的解释。如果你是观众，你觉得哪一方的界定比较能够接受？自然是反方，是生命与爱情。本来大家都明白，并不需要定义，反方的两句话重在把生命与爱情的关系说清楚。这就是非形式逻辑。

非形式逻辑不仅在于概念界定方面，更在于论证过程，它并不严格按照形式逻辑的三段论，三段论的大前提是公理、共识甚至是真理，而辩论双方的大前提都有倾向性，即有利于本方。比如**"舆论之于司法利大于弊 VS 舆论之于司法弊大于利"**，从论证的角度说，双方的大前提肯定不一样，正方可能是：舆论监督对司法具有正面效应，尤其在中国当下，这种监督更不可或缺；而反方则可能是：舆论虽然有一定的正面效应，但由于舆论的自发性，很容易影响司法审判的独立性。

　　当然，我们说辩论侧重于非形式逻辑，并不是不需要形式逻辑，比如形式逻辑的同一律、排中律、矛盾律、充足理由律，也应该是辩论奉行的原则。

39　辩论为什么重在质疑与答疑?

　　辩论的前提就是怀疑，有怀疑才有辩论，怀疑对方的观点和论证过程，并且通过不断质疑与不断答疑，推动辩论有序进行。质疑的对象是对方论证过程中出现的漏洞或谬误，目的在于使对方难以甚至不能自圆其说；而答疑的对象则是回应对方对本方论证过程的质疑，其目的在于自圆其说。一个破自圆其说，一个立自圆其说，这一破一立，就推动了辩论的进程。

　　一般来说，所谓立，就是立论和总结，就是辩论的"论"，指的是立论环节和总结环节。立论是对本方立场进行阐述，由一辩第一个发言，开宗明义，让对方、观众和评委了解本方观点的论证过程；而总结由四辩最后一个发言，让对方、观众和评委了解本方对整个辩论过程的归纳。这两种发言尤其是第一种，大多在赛前已经准备妥当。总结也是，除了第一部分需要指出双方在辩论中的分歧，其余部分也可以赛前准备好。

　　所谓破，就是"辩"，它和"论"的最大区别在于："论"可以赛前准备，"辩"只能临场发挥。必须听出对方的漏洞，然后进行质疑；同样，也要对对方的质疑进行回答。这完全是临场性的，难以赛前准备，也正因为如此，才能够充分展示辩手的机智敏锐，使辩论精彩纷呈，从而具有观赏性。有一次比赛，辩题是**"经济发展优先于环境保护 VS 环境保护优先于经济发展"**。正方一辩在立论中提出了两个观点：一是经济发展是关乎人类生死存亡的问题；二是如果没有人类，环境保护就没有意义。随后，反方二辩向正方质疑：第一，经济发展是生死存亡的问题，那环境保护是不是关乎生死存亡的问题；第二，假如没有人类，环境保护就没有意义，那假如没有人类，经济发展还有什么意义呢？这两个质疑，使正方措手不及，因为正方赛前未曾预料到，现在却被抓住漏洞了，要在短短几秒补上漏洞，显然不可能，于是只好搪塞，以图蒙混过关。事实上，反方也不可能在赛前预料到正方会这么说，但是，反方能够瞬间从正方的发言中听出漏洞，并且组织了有效的质疑，为自己赢得全场热烈的掌声。

质疑往往出其不意，使对方措手不及，于是掌声响起。其实，答疑也能获得观众的掌声，质疑诚可贵，答疑价更高。质疑是发现了漏洞进行攻击，答疑则是在对方的攻击中发现自己的漏洞，临危不乱，沉着应对，如果还能出彩，观众就会掌声赞扬。当然，面对对方的质疑，如果答非所问，甚至答不出来，处境就很尴尬。有这样一场辩论，辩题是"**逆境有利于成才 VS 顺境有利于成才**"，在自由辩论时，正方提出一个问题，即如何看待孟子所主张的"贫贱不能移"，正方意在用孟子关于逆境成才的言论质疑反方。这时反方马上以"孟母三迁"应对，如果不是孟母三次搬迁为孟子的成才寻找有利环境，就不可能有孟子的后来，此时全场报以热烈的掌声。

质疑与答疑构成了辩论博弈的主要内容，质疑一方追求出其不意，答疑一方讲究反客为主。既有单打独斗，也有团队作战，整个辩论就是在这样的质疑和答疑中将观点和论证过程不断淬火，经过千锤万击，锻造出辩论时跌宕起伏、扣人心弦的场面。

40 为什么辩论最重要的在于倾听对方？

有一次比赛，评委点评时说了一句话：辩论最重要的不是质疑或反驳，而是倾听，要学会倾听。这点我还是第一次听说，确实有些超乎想象，因为我对辩论的理解就是不断质疑提问，不断进攻，至于对方的应对可以不顾及，这就是所谓的"以我为主"，具体就是赛前准备好一系列问题，这些问题的设计程序是这样的：我方问对方的问题，对方可能这样回应；我方以这样的问题继续质疑对方的回应……这样，我们提出一个问题，预计对方至少有三种回应，对这三种回应我们分别用三个问题进行质疑……如此推演，就形成了问题的树状结构。很多辩论都是用这种问题的树状结构作为支撑的，在实战时全然不理会对方的问题，或者避而不谈，或者避实就虚，或者顾左右而言他。如果对方也如此，那么，这场辩论已经成为自说自话的脱口秀了。

为什么我们不愿意倾听对方发言呢？这在很大程度上是基于对辩论的理解，我们以前的理解是：辩论首先需要营造气势，尤其是自由辩论，为此，需要坚持"以我为主"，即不断地向对方发起攻击，使对方难以招架。如果停下来倾听对方，势必会被对方牵着走，进入对方设下的陷阱。这不能说没有道理，布设陷阱没有违反规则，是合理的，关键在于如何识破陷阱，甚至将计就计，如果为了避免陷阱而拒绝倾听，那辩论就失去了意义。这正如拳击比赛，不可能为了防止被对方击中，一直闪躲，对着空气出拳。

事实上，倾听不仅是对对手的尊重，更是强化了对对手的质疑。因为通过倾听，可以从对手的发言中听出瑕疵或漏洞，于是就此质疑，这种方式常常令对手难以招架，甚至败下阵来。为此，必须在赛前准备阶段深入研究辩题，大量查阅资料，最终形成从理论、事实到逻辑的充实内容，而且还得预测对方可能的质疑，以及对方可能对本方质疑的回应，等等。当然，双方都必须这样准备，水涨船高，形成良性竞争，共同把辩论的质量推向新的高度。

如何学会倾听，这才是这个"为什么"的重点。就辩论而言，倾听主要不是用心听，而是要听出名堂来。听出对方发言的"强项"和"不足"，避其强项，击其不足。这个说起来好像不难，可是要在 10 秒钟之内发现不足，并且准备好质疑，是一个优秀辩手的标配。怎么倾听呢？我们曾用了一个比较笨拙的办法，那就是听比赛视频：一是网上很多比赛视频，使用起来很方便，也可以下载到手机或电脑上看；二是因为相对去现场听比赛，观看比赛视频的成本更低，效率更高。

首先，要能听进去。看视频和看现场比赛的感觉很不一样，现场比赛有气氛，视频是冷冰冰的；但这不影响我们训练，因为我们完全可以一边倾听，一边用笔将疑点记录下来。开始时可能听不进去，这一般是习惯问题，每当对方发言时，作为对立的一方，我们首先是心理上的排斥，于是充耳不闻。而这种训练的好处在于我们不会有先入之见，因为你没有充当其中任何一方，完全是以旁观者的身份"坐山观虎斗"。在这样的情况下，可以比较有效地训练我们平心静气地倾听双方发言。

其次，要能听出来。任何能力，都必须身体力行才能培养，倾听作为一种能力，也要经过训练。这种训练方法很简单，上网查找一些质量比较高的比赛视频，先听双方一辩的立论陈词，先假设你是反方，给自己规定一定要听出漏洞来。开始播放视频时，立论陈词大约三到四分钟，千把字，第一遍你可能听不出来，再重复听，直到听出漏洞来为止。也许有人会问，那万一实在听不出来呢？那就不听，留待下回分解。我们要坚信，任何立论都会有漏洞，因为辩题本身不是真理。听不出来只能说明自己的能力还不够，还要加强训练。从正方立论中听出漏洞后，再听反方立论陈词，方法跟听正方一样。之后再对比赛视频中质疑环节的内容进行倾听训练，这些环节包括质询、攻辩、自由人对话等，这要从两个方面倾听，一是倾听提问，二是倾听答问。倾听提问，要听出问的目的何在；倾听答问，要听出这个回答中有没有漏洞。

经过长时间的训练，我们一方面养成了倾听对方发言的习惯，另一方面能够从倾听中发现对方的漏洞。更为重要的是，这种发现问题的能力既是创新的重要前提，也是我们今后职业生涯的优良素质。

41 辩论为什么需要多方面的知识？

辩论不仅是逻辑之辩，而且是知识之辩。辩论的题目通常是有一定社会意义的问题或命题。初看起来，这些辩题似乎可以凭我们已有的知识或经验做出解读，但如果深入下去就会发现，自己存储在大脑中的那些东西显然不够用，需要大量的知识来救急，这些知识主要是辩论所涉及的理论与事实。用一个简单的比喻来形容逻辑、理论与事实的关系：逻辑是骨骼，理论是大脑，事实是血肉。

首先，辩论需要理论支持，我们的头脑里或许没有这些理论，或许有，但不是很明白，需要通过查阅资料来印证或者深化。比如，"**人与自然能够和谐相处 VS 人与自然不能和谐相处**"，初看起来，似乎可以凭我们头脑中现有的知识进行辩论，人和自然谁不知道？其实这只是从个人经验的角度出发，而要解读这个辩题，可能需要了解环境科学、社会学、生态伦理学、生态经济学等多方面的基本知识和理论。这些知识理论中的一些基本观点如果被我们知晓甚至掌握，就很有可能使我们眼光长远，从而显示本方辩论的深度和高度。有一次辩论赛，辩题是"**传媒文化塑造人格 VS 传媒文化淡化人格**"，反方查阅了有关传播学理论方面的知识，让德国著名社会学家伊丽莎白·诺埃勒－诺依曼的"沉默的螺旋理论"派上用场，而正方却对此一无所知，这个理论无疑成了反方攻击的利器。当时辩论的情景也是这样，攻辩中，反方将这个理论向对方提出时，正方手足无措，只得承认"对不起，我不知道"。

其次，辩论需要事实支撑。常言道事实胜于雄辩，一场辩论赛，不可能就凭几条赤裸裸的逻辑来构筑，也不可能列出几个理论就能搞定。辩论内容充实丰富与否，在很大程度上取决于事实。有一种说法叫作"逻辑的故事性"，就是辩论要在叙事中体现逻辑，这样听起来才不至于枯燥乏味。由于辩题的多样性，其所涉及的事实也是多样的，任何辩手都不可能在不查阅资料的情况下完全知晓所有的事实。比如，"**科学发展应该有伦理禁区 VS 科学发展不应该有伦理禁区**"，起码需要了解这样一些事实。一是科学发展的历史：现代意义上的科学起源于什么时候？什么地区？为什么是这个时间和地区？二是第二次世界大战以后尤其是冷战后世界科学发展的情况：这段时间世界科学发展有什么特点？有什么弊端？如何克服弊端？三是科学发展过程中出现过哪些有违伦理的事件：这些事件对科学发展有什么具体影响？为什么会出现这样的事件？是个人故意还是客观因素？四是我国是怎样应对这类事件的：我国关于科技伦理方面的法律、政策及案例，等等。要了解甚至掌握这些信息，仅凭已有知识和经验肯定远远不够。

辩论除了需要相关的理论、知识与事实，还需要来自现实生活中的经验，这样可以增加辩论的生活气息，也就是所谓的接地气。有一次我们去上海比赛，在火车上遇到一位老爷爷带着孙子去上海上小学，因为孩子的父母在上海打工，老爷爷说上海的教育水平高，有利于孩子学习。刚好那一次我们的辩题就是"顺境有利于成才"。

42　辩论双方为什么说服不了对方？

观看辩论赛我们会发现，比赛有棋逢对手双方辩得难解难分的，也有强弱分明一方难以招架的。当然，现实生活中，一方被另一方说服的例子时常出现，而在正式的辩论赛中，这种情况基本不会发生。因为这种竞技辩论不是以说服对方为目的。要说服对方，这是绝不可能的，对方即使再理屈词穷，就算心服也不会口服。理由很简单：胜负诚可贵，尊严价更高。评委的评判也不是以某一方是否被说服为依据，而是依据双方在辩论过程中的内容与表达来进行。双方辩论的目的其实很简单，就是使对方难以甚至不能自圆其说。为此，双方绞尽脑汁，从赛前预测对方的强弱长短，到赛中竖起耳朵倾听对方的漏洞，并且将这个漏洞撕开，这样做就是希望出现这样的场面：对方顾此失彼，措手不及；而本方则成竹在胸、应对自如。

17 世纪英国牧师和历史学家富勒（Thomas Fuller）就说过："辩论从来不能说服不想被说服的人。"20 世纪美国作家塔金顿（Booth Tarkington）更是说："辩论会使人们更坚定地只是相信他们自己的想法。"① 辩论不是真理之辩，而是道理之辩。既然是讲道理，那一方面要使本方的道理讲得充分，另一方面要使对方的道理讲得不充分，而"充分"的标准就在于自圆其说。为此，双方会千方百计使对方道理讲得不充分，或者在其讲的道理中寻找破绽。我们常常会看到这样的情形，一方渐渐处于下风，大势已去，胜负已经明朗，但他们还咬牙坚持，绝不向对方表明自己被说服了。这种悬殊的比赛场面时不时会出现：弱势的一方知其不可为而为之，勉为其难，抵挡着强势一方迅雷不及掩耳的攻击。有一句话说：可以倒下，但绝不可以认输。这种勇气着实可嘉，往往会引发观众的恻隐之心，也往往会得到高分贝的掌声。

但是，也有绝处逢生、否极泰来的案例。有一次比赛，辩题是关于人才方面的，整个比赛从一开始就呈现出一边倒的局势，反方一直处于被动，熬到了自由辩论阶段，那可是雪上加霜，大势已去多时了，此时，反方有气无力地抛出一个问题："请问对方辩友，李白是不是人才?"正方大约是出于立场的原因，竟然这样回应："李白不是人才。"反方一下子被打了高剂量的"鸡血"，"请问，李白是什么?""李白是诗仙。""诗仙是不是人才?""不是人才。"这一下形势逆转，评委也不淡定了：看来正方不是知识欠缺，而是态度恶劣。于是胜负易手。

43 辩论为什么总是以比赛的方式进行?

如前所说，规则是辩论的前提，无规矩不成方圆。在什么情况下辩论符合规则呢? 当然是在竞技比赛的方式，这种方式将规则融入比赛的整个过程，保证了比赛有序进行。所以，现在一说起辩论，人们马上想到辩论赛，以至于辩论与辩论赛这两个概念基本等值。经过近三十年的发展，辩论已经走入了社会的各个层面，除了学校，政府、企业也都把辩论作为本单位职工文化活动项目之一，这些辩论都是以辩论赛的形式出现的。

当然，广义的辩论并不是一定要以比赛的形式进行，比如学生寝室的卧谈会，常常也是辩论的一个平台。寝室熄灯后，大家一时半会儿睡不着，突然，某位同学

---

① 转引自徐贲：《明亮的对话》，中信出版社，2014年版，第304页。

提出了一个有争议的问题，于是就你一言、我一语地争辩起来了。课堂上，老师讲到某一个问题，同学中存在不同看法，老师因势利导，于是大家七嘴八舌地辩论起来。这种辩论带有很强的情境性和随意性，即在某一特定情景下，因为某个有争议的问题而引起大家争论，也许很激烈精彩，但不能作为一项正式的活动开展。

作为比赛的辩论，它有一套完整的规则，可以保证辩论的有序进行。打个比方，很多同学都喜欢打篮球，也经常在一起打，但那只是娱乐，最好看的还是篮球赛，不仅因为球员们精湛的球技，而且因为球员们必须严格遵守规则。比如美国男子职业篮球联赛（NBA），每场比赛分四节，每节 12 分钟，犯规六次下场，等等。其实，一些国家总统候选人的竞选辩论，也是在严格的规则下进行的，包括每位候选人发言的时间、辩论的问题、观众提问等程序，也正因为如此，竞选辩论不仅内容与民众的切身利益相关，而且还具有很高的观赏性，常常使该国乃至其他转播的国家的电视收视率直线上升。

上面的陈述应该可以解释为什么辩论总是以比赛的形式进行。我在这里梳理一下：首先，规则保证辩论有序进行，这种有序可以使比赛公平，每一方、每一人都必须服从规则；其次，规则保证比赛紧紧围绕一个主题进行，辩论双方不至于信马由缰；再者，规则促使比赛参加者尊重对手，讲究礼仪；最后也是最重要的，这种规则化的比赛，可以培养我们的规则意识。

44　辩论为什么要求语言简短？

辩论是用有声语言进行的，有声语言的特点就是一次性，不可能再回放。要想自己的表达给对方、观众和评委留下印象甚至是深刻的印象，首先要让对方、观众和评委听清楚，而有效办法之一就是使自己的语言简短。这方面可以看看相声、小品等语言类节目，他们的话一般都比较简短；如果你再听听学术讲座或研究会，会发现那些发言一般都比较长。这是为什么？

如何使语言简短，这得根据自己的肺活量来定，说话时能保证正常呼吸就可以了。一般一次呼吸过程大约可以平缓地说出 20 到 30 个字，这 20 到 30 个字可以分为三句到四句话，每句话 7 到 10 个字。当然，这种量化的指标只能是一个参数。此外，还可以根据辩手的任务和表达的内容来确定。比如一辩的立论发言主要是论述，语言多为陈述句，句子可适当延长，以表示逻辑严谨；四辩总结主要是阐述，跟一辩立论的语言不同，尤其在说到本场比赛的意义时，可能会使用修辞以渲染气氛，句子可长短结合。二辩和三辩承担的任务是质疑和答疑，与对手短兵相接，语言上就要求短平快，形成气势，带给对手紧迫感。自由辩论最能展示每位辩手的语言风格，这个"自由"就是要求辩手根据对手的发言进行质疑或答疑，不能按照赛前的准备照本宣科；而辩手的发言都是临场发挥，不可能赛前预测，这时候辩手的用语就不能如立论和总结那样长，而是尽量用短句，这样就有可能导致句子不是很完整，词语也不是很贴切，但这是实实在在的个性化表达，因此也最能使观众产生共鸣。

我们强调语言简短，并非主张越短越好，语句的长短要根据场上的情况及个人的语言习惯而定。有的辩手性格直率，做事干脆利落，可能习惯于简短；有的辩手生性谨慎，进亦忧退亦忧，总是前思后量，语句可能长一些。这其实也很正常，一个辩论队，不可能也没有必要规定只用一种语言模式；相反，要尽量鼓励队员用个性化的语言表达，由此，才能形成具有本队特色的辩论风格。

我们强调语言简短，更重要的是基于满足观众的接受心理，既然是比赛，就要考虑到观众的需要。前面提到过，相声小品的骨子里也是逻辑，为什么那么火？一个重要原因就是语言简短，一句话的时间控制在 20 秒以内，观众的接受程度就会大大提高，以后就会出现边际效应。

45 为什么说辩论是儒雅的唇枪舌剑？

辩论双方不是敌人，只是对手，即使是对手，也不是要针对对手人身，而是针对对手的观点以及观点的论证过程。双方正是因为观点的对立才成为对手，双方只是为了观点而辩。辩论需要交锋，但交锋不是交战，不可以对对手的人身进行攻击，这在前面讲规则时谈到过。总之，辩论就是对观点及证明过程质疑，是摆事实、讲道理与对方交锋，而不是将愤怒或仇恨倾泻到对方身上。辩论的唇枪舌剑不是语言上暴力相向，而是语言和逻辑的合理碰撞。所谓儒雅的唇枪舌剑，就是让思想观点碰撞。

辩论水平的高低，不只是看唇枪舌剑是否厉害，更要看如何舞动唇枪舌剑，是粗暴的还是儒雅的，这是评判的关键所在。以下这些句子也许不属于儒雅范畴：

> "对方辩友以偏概全，用……例子来论证……实在是一叶障目，盲人摸象，没有意识到还有……"
>
> "这样荒谬的逻辑我们能接受吗？"
>
> "再华丽的语言也掩饰不了对方错误的言论。"
>
> "面对这样的真知灼见，对方辩友至今未能幡然醒悟。"

事实上，这些语句并没有切中对方要害，只是对对方的人身和动机挥动唇枪舌剑，极尽挖苦讽刺之能事，不尊重对手，欠缺文明礼貌，即使赢了比赛也输了人格。

像这样一些语言就值得我们借鉴：

> "不好意思，对方辩友，您方的论证恐怕还有一些值得商榷的地方，比如……"
>
> "对不起，您方的这个逻辑我方实在难以接受。"
>
> "您方的语言确实很美，值得我方借鉴，但是，在内容方面我方还难以理解，比如……请对方辩友不吝赐教。"
>
> "我发现，我们双方对这个问题的理解有重大分歧，我想听听您方坚持这种说法的理由是什么，可以吗？谢谢！"

发现没有，上面和下面的表达，其实意思都差不多，但语气截然不同，效果也就很不一样。

说到唇枪舌剑，就想起古代人的舞剑，他们并不恣意妄为，而是很讲究舞剑的章法，最终上升到艺术审美层次。我们所知最著名的舞剑者当属项庄，借表演这个舞蹈企图谋取刘邦的首级。但是，还有一位女舞剑者，她的舞剑艺术达到了出神入化的境地，以至于杜甫只看了一次，几十年都还历历在目，于是寄情于诗，这位舞剑者就是公孙大娘，杜甫是这样描写的：

> 昔有佳人公孙氏，一舞剑器动四方。
>
> 观者如山色沮丧，天地为之久低昂。

> 煔如羿射九日落，矫如群帝骖龙翔。
>
> 来如雷霆收震怒，罢如江海凝清光。

其实，辩论也是一门艺术，而艺术都是相通的，儒雅的唇枪舌剑照样可以"舞"出这样的艺术效果来。

46 为什么不能轻易指责对方犯错？

在辩论赛中，我们时常可以看到这样的场面，一方辩手义正词严地说道："对方犯了一个致命的错误""对方所犯的错误有三""对方错误层出不穷""对方漏洞百出"，等等。严格说来，这些说法是不妥当的。

所谓错误，是指不符合客观事物规律的现象，其判断的标准应该是实际或实践。辩论是逻辑之辩，并非实践之辩。逻辑之辩的要求是：双方的观点及论证过程是否符合逻辑的一般要求，如果不符合，只能说对方的观点不能成立，而不是错误。事实上，不能成立的观点未必错误，能够成立的观点也未必正确。因为一个观点的成立与否，需要论据加以支撑，如果没有论据，那么在逻辑上就难以成立。比如爱因斯坦相对论，刚出来的时候，确实难以成立，因为当时的实验手段没办法提供支持，只是到了后来，实验手段越来越先进，相对论才终于被逻辑证明能够成立，而且还成了公理。

辩论是讲道理，但不是讲真理，道理是逻辑之理，真理是客观之理。因此，辩论的观点不应该有对错之分，不然，错的一方怎么辩？假如，我们设计这样一个辩题：**人必有一死 VS 人不必有一死**。显然反方的观点错误，因为于事实不合，那反方怎么辩？要么不顾事实诡辩，偷换成什么"精神不死"之类，要么举手投降。而辩题**"科学有禁区 VS 科学无禁区"**，双方的观点在现实中一直存在争议，所以也不存在错误。当然，即使具有可辩性，在辩论中，如果一方有漏洞，那也不是观点本身导致的，而是证明观点的过程有瑕疵，责任自负。

既然辩题体现了辩论的性质：不是真理之辩而只能是道理之辩，那么就需要双方不但要把道理讲够讲透，还要把道理讲好，讲出绅士风度，讲出君子之风。即使对方真的犯了一些常识性的错误，也最好不要用"错误"这个词，而是把这个"错误"以非倾向性的语言加以陈述。比如某一方举例说法国有一年夏天热死了 10 万人，很明显，这是假的。比较合适的方式应该是："对方辩友，你说法国有一年夏天热死 10 万人，这个事实恐怕不真实。因为连赤道附近的非洲地区也没有哪个国家一年夏天会热死超过 1 千人。"如果你有更加翔实的资料，你就可以进一步证实："据我方查阅到的资料，法国气象台报告说，8 月 1 日到 5 日，法国的最高气温从 24.8℃陡然升高到 37℃，这是 2003 年的记录，但那是最高的，往后的气温最高为 35 度左右。"这样，你只管陈述事实，不做评价，评价由评委来做。比较一下，如果你听了对方的举例，义正词严道："对方辩友所举的这个事例完全虚假，想不到对方辩友竟然捏造如此荒诞不经的事例，居然撒谎说法国热死 10 万人，你这可是犯了一个致命的常识性错误啊！"对方虽然举例有编造之嫌，但这样说，事实上是对对方智商的否定，这就有人身攻击之嫌了，像我们前面说的"先跑老师"的辩论，这显然不可取。更为严重的是，将对方的动机价值化、伦理化，企图从人格上否定对方，这样一来，可能被评委否定的不是对方而是你方。

也许会有同学问，当对方真的犯了这种常识性错误时，该如何应对？我想，可不可以采用这样的应对措施：看对方的错误具体是什么，然后再有针对性地指出错误。比如，辩题**"钱是万恶之源 VS 钱不是万恶之源"**，正方把"万恶"界定为不是所有的恶，而只是大部分的恶。这明显就违反了逻辑，但不能说对方犯了错误，最好是具体指出，比如指出根据词典，"万"在这个词组里应该是"所有""一切"的意思。现在我们换一种说法，我们如果说"对方犯了一个偷换概念的错误"，这句话是结论，没有具体指出到底"偷换"了哪一个概念，又"错"在哪里，而且，这个"错"的评判权在评委，辩手就不要轻易越俎代庖。比较可取的做法，一是直接将对方的观点荒谬化：对方辩友说"万恶"不是所有的恶，而是大部分的恶，那么请你指出来哪些恶不在"大部分的恶"之列，为什么？二是指出对方的自相矛盾之处：按对方的逻辑，万恶不是所有的恶而是大部分的恶，那对方的辩题是不是这样：钱是大部分恶之源，这也是不是也部分证明了我方的观点，钱起码不是一部分恶之源。三是用类比进行反驳：如果"万恶"不是所有的恶，那么，"万恶淫为首"的"万"是指的大部分，也就是说有些恶不以淫为首。那么请问这些恶具体是哪些恶？然后再用类比来进行归谬：按照对方辩友的说法，"万事不求人""万无一失"这些"万"都只能是大部分？这样的回答，没有用贬义词对对方陈述进行价值评价，而是用中性的语言进行具体陈述，这样听起来平和中庸，不太刺耳，比"对方犯了一个致命的错误"给观众和评委的印象要好得多。

上述这种中性的表述方式在辩论赛中经常使用,当然,这不应该是唯一的方式。比如某次比赛中,辩题是**"个性需要刻意追求 VS 个性不需要刻意追求"**,一方发现了对方的漏洞,他们是这样攻击的:"对方辩友请注意,骑白马的不一定是王子,也可能是唐僧啊。"这样的"攻击"内容上一点都不温柔,但语言表达上既温文尔雅,又幽默风趣,尽显绅士风度,赢得了观众的笑声和掌声。

47 辩手为什么要注重自己的仪表、仪态?

讲到仪表仪态,很多人似乎不是很重视这一点,以为它只是一种形式,关键要看内容、看目的。事实上,形式与内容相辅相成,在某些情况下,形式有可能比内容更重要。比如,在公众场合,如何表达恐怕比表达什么更重要;在社交场合,穿什么款式衣服可能要比衣服如何蔽体更重要。

辩论是在公众场合进行的语言交锋,既然是公众场合,就要对得起公众,这首先要从外观上做起,就是要注重仪表姿态。着装一定要整洁,符合主流价值观,如果男生穿 T 恤、牛仔裤,蹬着拖鞋上场;女生穿无袖 T 恤、超短裙上场,这会是什么效果?观众肯定会认为辩手不庄重,不尊重观众,没把观众放在眼里。所以,辩论赛要求辩手仪表端庄,着装整齐,是因为辩论不是游戏,不是娱乐,而是一场有意义的话题争论。

辩论本身充满强烈的立场观点的对抗性,这种对抗一强烈往往就容易引爆情绪,将反驳对方的观点转为攻击对方的动机及人身,因此,当对抗趋于强烈的时候,要保持冷静,不要让情绪支配语言,同时尽量降低对抗形式的强度。方法之一就是要紧紧咬住问题不放松,这样就不会有多余的精力去考虑对手的动机和人身了;如果能包容,还可以对对手的表现给予适当的肯定,表明充分尊重对手,其实也表现了本方雍容大度的仪态。

1960 年,美国第一次电视直播总统竞选辩论。当时,共和党候选人尼克松和民主党候选人肯尼迪进行了首次电视辩论,电视观众达 6500 万人,而当时全美国总人口是 1.8 亿。如果当时民众在广播里收听这场辩论,可能会认为这两个人旗鼓相当,难分伯仲,可是在电视上却是另一番情景:尼克松一脸憔悴,肯尼迪朝气蓬勃。尼克松嘴唇附近满是汗渍，肯尼迪则非常自信，光彩照人。结果，肯尼迪在第一场辩论中就确立了压倒性优势，事后肯尼迪也表示，如果没有电视辩论，自己很难入主白宫。后来，美国总统大选电视直播成了常态，候选人对自己的仪表仪态都不敢掉以轻心，还专门成立助选团队，其中就有专家专门负责候选人的仪表仪态。

还有一点，辩手出场时，主持人是这样介绍的：下面请某某大学辩论队上场。这就说明，辩手的仪表仪态不仅会体现自己的文明素养，更会间接展示学校的社会形象。观众不可能上网查阅学校的方方面面，往往习惯于直观的感受，那么，辩手们的仪表仪态给观众的第一印象，就会形成首因效应。

48　为什么不能仅仅证明自己的观点成立？

辩论是交锋，交锋以质疑对方的方式进行，这跟足球比赛是一样的道理，双方总是要攻到对方的禁区射门，唯其如此，比赛才会精彩，才有看头，也才有可能获胜。质疑就是辩论赛的射门，若只是证明自己，就像足球比赛队员只是在自己的半场把球踢来踢去，这样的比赛想必不会有多少球迷，也不可能获胜，更没有理由进行下去。辩论赛中也有这样的情景，双方都在努力证明本方观点成立，却不去反驳对方。比如辩题**"保护环境应该以人为本 VS 保护环境应该以自然为本"**，双方如果总是证明自己：正方以大量的事实和数据充分证明，环境保护以人为本是如何的合理，而反方也同样以大量的事实和数据充分证明，环境保护以自然为本如何合理；那么按照这个套路，这场比赛双方完全可以按照赛前的准备方案自说自话，不用去发现对方的漏洞。对对方的问题要么避而不答，要么敷衍搪塞……大家设想一下，此情此景，还是辩论吗？

真正的辩论应该是双方相互质疑，就以上面的辩题为例，正方的观点应该是：环境保护不应该以自然为本，而应该以人为本。反方的观点应该是：环境保护不应该以人为本，而应该以自然为本。如此，双方就有了交集，就有了攻击的点，辩论也就真的唇枪舌剑了。

辩论是博弈，具体来说，是零和博弈，即双方不可能都赢，也不可能都输，必有一胜一负。由此，对方的失就是本方的得，反之亦然。在这种情况下，双方要做的绝不是证明自己的观点如何成立，因为这不符合博弈的要求，而是要让对方难以证明本方观点的成立。一场比赛精彩与否，很大程度上取决于双方博弈的频率和强度。所谓博弈的频率，就是质疑的次数。在一定条件下，质疑的次数表明对方漏洞被本方作为攻击的目标，频率越大，说明对方的漏洞就越多；同样，博弈的强度表明质疑的有效性，在一定条件下，说明对方的漏洞正在不断被撕开。常言道：攻击是最好的防守。套用在这里就是：质疑是最好的证明。

49 辩题为什么无正确可言？

所谓正确，是指符合实际、符合客观现实，而判断正确与否的标准应该是实践，因为实践是检验真理的唯一标准。如果辩题有正误之分的话，那么对立双方肯定有一方不正确，如此，辩论就不可能进行下去。如果把"地球围绕太阳转"作为正方的观点，那么反方则是"地球不围绕太阳转"，这明显是一个不正确的观点，反方毫无辩论空间。

其实，辩论之所以有可辩性，就在于双方所持的观点都不存在正确与否。双方的辩题不可能都正确，也不可能都不正确，而是合理与不合理，合不合逻辑之理。辩论不过是一个证明本方观点成立而对方观点不成立的过程，比如辩题**"门当户对的婚恋价值观已经过时 VS 门当户对的婚恋价值观没有过时"**，这个辩题，双方都有合理性：正方的合理性就在于讲究门第与现代社会主张的平等格格不入；而反方的合理性在于门当户对的婚恋价值观事实上今天还很时兴，很多人尤其是大户人家就比较认同这种价值观。我们可以看出，正方的优势在价值层面，反方的优势在事实层面。那么，双方就要从事实、理论再到价值进行质疑与答疑，努力让对方观点难以成立甚至不能成立。当然，不成立不等于不正确，同样，观点成立也不等于正确。这有点像学术讨论，不在乎观点，关键在于能否证明，只有经得起证明的观点才能成立。

前面我们说过，辩题主要来自现实社会中有争议的问题，既然有争议，那就没有定论，比如现实生活中"男人更累还是女人更累"的问题，已经争论好多年，至今也没有争出定论；还有就是现代科技发展带来的争议，比如"大数据时代，我们活得更轻松还是更沉重"，这个话题是对未来的预期，可能将在很长一段时间内没有定论。还有一些曾经有争议的问题，现在已经解决了，比如"西部大开发重在资金支持还是智力支持"，这是 21 世纪初的问题，现在西部大开发已经有了很大的进展，那些问题早已解决，因此作为辩题就不再有可辩性了。

由此，我们从几个方面可以看出，辩题不可能正确，也不可能不正确，判断辩题的标准不是正确与否，而是是否具有可辩性，而这个可辩性就是有争议，没有定论。

50　辩论为什么重在辩而非论？

辩论拆开来就是辩与论，辩论赛既论也辩，既辩也论，由此组成辩论的"交响"。论为辩之基，辩为论之实。论是证明本方，辩是攻击对方，辩论是交锋，交锋是攻击。不然，如果重在论，那么就可能成为申论，辩论也就辩不起来了，你见过一场只说自己怎么好的辩论吗？在辩论中，辩是矛，论是盾。论用来巩固本方阵地，抵御对方攻击；辩用来攻击对方阵地，突破对方的防御。

比如辩题**"企业用人以才为先 VS 企业用人以德为先"**，正方在立论中证明"企业用人以才为先"的同时，还得证明"企业用人不以德为先"，由此奠定本方辩论的基础与前提。接着在后面的环节（除总结陈词）主要不是证明本方"企业用人以才为先"，而是大力质疑对方"企业用人以德为先"，当然，同时也要应对对方对"企业用人以才为先"的质疑。在一场真正的辩论中，双方的质疑与答疑都应该是临场发挥，随机应变，对对方的回答和提问作出回应，当然，这种回应必须在瞬间完成，所需要的反应速度几乎接近本能反应的速度。

正因为辩论重在辩，而这个辩又需要临场发挥，那么，作为辩手，就要努力训练自己的反应能力。这种能力包括：发现问题的能力（抓住对方漏洞）、语言组织能力（在短时间内组织完整的语句）、回应能力（及时正面回答对方提问）、补漏的能力（对本方漏洞及时补救）。

现在我们从定义来说一说"辩"，首先要搞清楚什么是"辩"。所谓辩，一是辩驳，即对对方的发言进行质疑或否定；二是辩解，对对方的质疑或否定进行解释或反驳。比如辩题"世博会在未来应以网络展示为主还是园区展示为主"，下面是正反双方的辩驳和辩解：

　　反方四辩：对方辩友，我知道未来网络发展得更好，网络这种方式也能体现世博会的价值。我方请问的是如果未来不以网络为主的话，网络展示是不是就没有这样的价值呢？

　　正方一辩：对方辩友，不是啊。这要看您定义的网络展示是现在的网络展示还是未来的网络展示。

　　反方四辩：对方辩友，未来的网络展示如果在未来不以网络为主的话，是不是就不能用网络展示这种方式来体现世博会的某些价值呢？

　　正方一辩：对方辩友，不是这样的。我们今天判断为主的标准就是要看谁能最大限度地去实践它的根本宗旨和价值……

　　反方四辩：好的，对方辩友。您方区分不出来未来以网络为主和不以网络为主之间网络展示的作用是否有消减之处。那我换一个问题好了，您方在未来用网络展示这种方式来展示世博会的同时，怎么叫为主，怎么叫不为主？上海世博会今年也用了网络，但是上海世博会的官方定义是以园区为主网络为辅。

反方紧紧抓住"为主"对正方进行辩驳，而正方则处于被动，不断地辩解。当然，也不能说辩解就一定被动，有的辩解就很有攻击力度，比如下面一段，辩题是"美是客观存在还是主观感受"：

　　正方二辩：请问对方三辩，我美不美？

　　反方三辩：对方二辩非常美，但这只代表我个人的观点，有没有人说对方二辩不美呢？如果有人胆敢说对方二辩不美的话，我们是不是要踏上千万只脚让他永世不能翻身呢？如果美的标准是客观，那何必问我，你美不美？你只要拿美的客观标准去衡量一下就行了，何必问大家你美不美呢？

本来正方想利用自身让反方陷入两难困境，结果反方的辩解反而让对方陷入了两难境地。

　　上述的"辩"是不是很精彩？大家不妨试一试，把这两段"辩"改成"论"，会是什么情况？

51 为什么辩论赛比一般的辩论更能提升论辩能力？

　　一般来说，有竞争才有压力，有压力才有动力，有动力才能提升能力。让我们设想一个场景：学生寝室的卧谈会。这通常是辩论最民间化的形式，四个人躺在各自的卧榻上，就某一个问题展开辩论，于是，你一言我一语地辩了起来。这时你就会发现，某个同学长篇大论、侃侃而谈，其他同学插不上嘴，辩论成了他的一言堂；或者，辩着辩着，话题转移了，最后大家也都不知所云，于是陆续遁入梦乡。再设想一下课堂辩论的情景：某位同学对老师讲的某个观点存疑，同时有同学否定该同学的观点，老师就让两位同学当场辩论。双方你来我往，但均难以使辩论深入下去，只是翻来覆去说已经说过的话，也就是所谓的经验之谈。这些形式的辩论都具有情景性和随机性，更多依靠个人的经验和知识。用一句哲学语言，这叫自在；而要自为，肯定要进行有针对性的训练，否则就永远停留在经验层次，永远自在，其实也很难"自在"。这和竞技体育一样，比如篮球在我国算是一项比较普及的大众体育活动（注意，不是运动），但是，即使一个人经常打篮球，或者打篮球成瘾，其打球技术也可能没有多大提高，因为这种活动主要是为了娱乐消遣，而不是为了比赛争名次。但是篮球比赛情况就大不一样了。这也告诉我们一个道理，只要是竞技，就有一定的专业性和规范性。辩论也是这样，一旦成为竞技比赛，不仅要学会适应和运用比赛规则，还要专门训练自己与辩论相关的能力，比如，资料查阅的能力、破题的能力、临场应变的能力、语言组织的能力、团队协作的能力，等等，这些方面的能力缺一不可。

　　由此可见，竞技辩论之所以能比一般的辩论更提升辩论能力，主要有三个方面的原因。一是这种辩论是在规则下进行，这听起来似乎有些矛盾。辩论就是创新，创新就要打破既定的束缚，而规则就是一种束缚。有没有注意到，这是在偷换概念？辩论的创新，是内容的创新，而规则是保证这种创新活动的有序进行。按照规则进行辩论，才有可能使思维有条不紊，也才能使思维最大化求异，从而充分展示创新的成果。二是这种辩论是比赛，那就要争胜，于是形成了辩论的动力，尤其是青年大学生正处于争强好胜的时期，如此强大的动力，自然全身心投入。三是需要查阅和辩题有关的资料，辩论在某种程度上就是资料的较量，而且查阅资料更重要的不是"查"而是"阅",这可是对发现问题能力最有效的训练。当然,为了胜利,全体队员"白加黑""五加二","衣带渐宽终不悔,为伊消得人憔悴",到了这样的境界,想不提升辩论能力也很难。

四

众里寻他千百度：资料的查阅

52 **为什么需要了解辩题的背景**？

英国著名政治家本·迪斯累里（1804—1881）曾有这样一句名言：雄辩是知识之子。意思就是知识是辩论之母，辩论来源于知识，具体来说，辩论需要知识，辩论是知识的较量，没有知识的辩论就是吵架。因为辩论是对问题的争论，需要具备与问题相关的知识以及讨论技术方面的知识。比如，辩题"微信强化了还是弱化了人际交流"，大约需要这些方面的知识。一是理论。社会学、心理学、人际交流与沟通的技巧、通信和网络技术方面的基本知识。二是历史。微信流行之前人们是如何进行人际交流的，从结绳记事、鸿雁传书到电话电报。三是现状。当今人们使用微信的情况如何？有哪些比较有影响的事件？等等。四是逻辑。本辩题属于对立型，双方立场之外的第三种状态应该是既不强化也不弱化，这就要求双方的立论逻辑是否定对方肯定本方。五是语言。如何将一些涉及通信和网络技术的专业语言通俗化，将理论知识生活化，修辞在这个辩论中如何运用。六是横向比较。欧美日韩使用的网络通信技术比如脸书、推特是如何影响他们的人际交流的？这些国家和地区有没有关系这方面的争论或辩论？等等。一个小小的辩题，就能引出从历史到现实，从中国到世界的相关知识。由此可见，辩论必须拥有丰富的相关知识，这也是辩论与吵架的本质区别。

我每到一地举行辩论讲座时，开头总要向听众问一个问题：你们拿到辩题后，做的第一件事是什么？回答多半是：给概念下定义、理清逻辑关系、寻找事例、设计立论，等等。没错，拿到辩题后做这些事情是规定动作，我问的是第一件事是什么，而不是要做哪些事。一个辩题，当然需要下定义、理关系、定立论，但是，你拿什么来"下"、来"理"、来"定"？打个比方，我们要全面了解一个人，首先得了解他成长的背景，包括他出身的家庭、他就读的学校甚至他的人际关系，因为一个人的成长离不开一定的社会背景，只有了解他的社会背景，才有助于从更深的层面加深对他的认识。

辩论也是一样，辩题来自问题，问题来自社会，要了解辩题，就得了解辩题的背景——社会。比如辩题"**网络舆论对司法公正利大于弊 VS 网络舆论对司法公正弊大于利**"，这个辩题来自当前司法审判公开后网民们在网络上对具体案件进行的议论和评价，这就是背景。当然，这只是个笼统的概念，还可以再细化。大约要从这样几个方面查阅背景资料：第一，了解当今网络舆论到底是一个什么状况；第二，网络舆论在司法审判中到底做了些什么；第三，网络舆论影响司法审判的典型案例，正面的和负面的，以及不正不负的。只有了解了这些资讯，才有可能对辩题进行精确定位，也才有可能找到最佳切入点，否则，辩题就会变成无源之水、无本之木。

再比如辩题"**中学生封闭式管理有利于学生成才 VS 中学生封闭式管理不利于学生成才**"，如果不去了解这个辩题的背景，直接上网查阅百度百科对"封闭式管理"的定义，然后再查"成才"的定义，那么"中学生"和"学生"则没有必要定义了。然后，你就用这两个概念的定义，再加上你中学时亲身经历的封闭式管理的体验，糅合在一起，就成了你辩论的全部内容。坦率说，这样的做法意味着你的辩论仅仅是逻辑加经验，这很可能会变成折磨观众听觉的过程，因为它很枯燥乏味。比较可行的做法应该是了解以下信息：1. 外国比如欧美、日韩中学生管理制度和方法；2. 我国中学生管理的历史沿革；3. 我国中学生现行管理的几种模式比较；4. 当下我国中学生管理的现状；5. 教育行政部门、家长和社会舆论对封闭式管理的看法与态度；6. 这种管理的理论与法律政策依据是什么；7. 作为被管理者的中学生，他们对此有什么看法；等等。当阅读且整理了这样一些资讯后，再回过头看辩题，你就会有一种高屋建瓴的感觉，带着这种感觉，就可以顺利地进入辩论准备的第二阶段——分析辩题。

了解这些背景，可以为我们解读辩题带来这样一些帮助。一是增加了辩题定位的准确性，因为你把辩题置于一个广阔的视野中进行审视和解读。比如辩题"**心灵**

鸡汤有营养 VS 心灵鸡汤没有营养"，双方辩题的背景应该是：国外的心灵鸡汤史，中国心灵鸡汤从何时开始有的，有哪些作用，当今中国的心灵鸡汤有哪些，等等。在这样的背景下，心灵鸡汤的营养问题才有一个精确的定位。二是为辩论的内容的丰富和深化提供了材料，因为在此之前，我们对辩题的了解主要源于自己的经验，比如心灵鸡汤的构成要件，心灵鸡汤营养的判断依据或标准。三是丰富了自己的知识储备，而知识面广应该是一个当代青年必备的素养。

53　查阅资料为什么是辩手的基本功？

一说到辩论，人们自然而然地想到唇枪舌剑，其实，套用一句老话：台上一分钟，台下十年功。作为一个辩手，当然要苦练思维与口才。但是，用什么去思维，用什么去表现口才，总不能完全凭着自己的经验或逻辑吧？如果这样，那辩论一定会大面积杀伤观众的听觉器官。时下这样的辩论还不少，双方绕来绕去就是那几条逻辑，如果不是为了锻炼或者考验意志，一般人很难坚持听完，双方为听众奉上一场语言的"忆苦饭"而不是盛宴。基于此，我认为，检验一位辩手的能力，第一个标准就是查阅资料的能力。没有这一点，那么他就只会唇枪舌剑，思维没有深度、没有创新，辩论就成了耍嘴皮子。

下面我给大家分享自己当年是如何查阅辩题资料的。

记得 2010 年有一场比赛，辩题是"**未来世博会应以网络展示为主 VS 未来世博会应以园区展示为主**"，反方将查阅到的资料从时间上进行分类，即过去、现在、未来，重点在未来，应该是辩题使然。

过去的世博会：历史上第一次世界博览会是 1851 年在英国召开，有 620 万人参观，被称为经济、科技、文化界的奥林匹克盛会，向人们展示了工业化时代的到来。

当下的世博会：2010 年上海世博会，主题是：城市，让生活更美好。上海世博会是一次探讨新世纪人类城市生活的伟大盛会，是人类文明的一次精彩对话。

未来的世博：2015 年在意大利米兰举办的世博会首次以食品为主题，以往的世博会都是以工业和科技为主题，米兰世博会是一个创新；米兰世博会的展区将不设围墙，这又是一个创新；展区将分别模拟参展国的土壤与气候，让参展国种植本国最有代表性的农作物，游客可以参与耕种、管理、收割农作物和制作食品，以及亲自品尝，等等。

第三个资料对反方太有用了，反方如获至宝，于是对这些资料进行了深度挖掘。在比赛中，正方对五年后 2015 年在意大利米兰举办的世博会竟然一无所知，而且辩论中也没有列举任何事例，几乎就是用他们训练有素的逻辑和经验与反方较量，这必然显得内容单薄，离开了事实的逻辑就变成了一副骨架而显得空洞。从现场看，正方辩手的素养很高，反应非常敏捷，思维也很缜密，可惜的是，正方缺乏鲜活翔实的内容，这也许说明，正方至少没有认真地了解这个辩题的背景。常言道，事实胜于雄辩，没有事实，只是雄辩，那就只能依靠逻辑，而逻辑必须以事实为依据。终于，在自由辩论中，正方发现了反方的漏洞，突然提出：米兰世博会如何解决排队问题？我们知道，当年上海世博会最大的困难就是排队，一般都要排上几个小时。正方提这个问题很有现实性，如果反方没有准备，很容易陷入被动。正方再如此追问："解决不了排队问题，那还怎么以园区展示为主，会不会以排队为主？"那反方立马陷入被动。反方当时似乎也感到有些突然，没有给予正面回应，似乎在搪塞。这一下，正方似乎发现了转机，再一次紧逼追问。眼看形势逆转，此时，反方一辩挺身而出道："米兰世博会已经解决了排队的问题，他们的展区没有围墙，不需要排队。"正方哑然。其实，即使没有围墙，也不可能不排队，只要参观者数量多于景点容纳的上限，就肯定要排队，要不然秩序就会混乱。而且，米兰世博会虽然没有围墙，但每个展馆却有围墙，因为要模拟各国的气候，就需要建一个封闭式的空间。可惜，正方没有查阅到这个资料，不明就里，只好跟着反方走，这确实很遗憾。

辩论的背景总要涉足相关的理论、事实、数据等，不弄清这些问题，辩论就会显得单薄空洞，只能玩弄逻辑技巧从而沦为诡辩。所以，为了使辩论内容丰富多彩，需要大量的原材料，而这些原材料需要通过大量的查阅来获得。这正如建大楼，如果说逻辑是骨架，那理论和事实就是混凝土；没有混凝土，大楼永远就只是一副骨架，就不具有使用价值。当然，没有骨架，一堆混凝土同样毫无意义。其实，查阅资料不仅是辩论的需要，也是辩手个人提升能力的需要。每个辩手今后肯定要从事某种需要动脑的职业，就有查阅资料的可能性。在网络上，面对信息的汪洋大海，你的查阅能力如果强，就会迅速找到与众不同的资料，也就有可能"阅"出与众不同的观点，更有可能因为观点的创新而获得领导与同事的充分肯定。

54　查阅资料为什么重在"阅"？

现在人们查阅资料主要是通过网络完成，网络信息既便捷又海量。只要在搜索引擎如百度中输入关键词，一点击鼠标，立马会显示出几十万甚至几百万条相关信息，这些信息如果一条一条读下去，恐怕穷尽一生也不能读完。比如，现在我们搜索"微信强化还是弱化了人际交流"，结果百度显示："为您找到相关结果约7，640，000个"！面对如此海量的资料，你真的要一条一条地读吗？那么，你的宝贵的一生都得花在阅读这些资料上了。有这样一句老话：弱水三千，我只取一瓢饮。于是，问题就来了，是不是随便取一瓢就能够完全、充分代表弱水？如果是这样，那在网上信手拈来的东西都可以用于辩论，这还是辩论吗？有这样的辩论吗？显然没有。所以，如何判断资料的有用性才是最重要的，每个辩题都需要查阅大量的资料，久而久之，火眼金睛就这样炼成了。

据我的经验，资料的查阅包括查和阅两个方面，先查后阅，当然，具体操作通常是边查边阅，查引导阅，阅决定查。比如辩题"**诚信主要靠自律 VS 诚信主要不靠自律**"，正方查到了"雪崩效应"这个公理，所谓"雪崩效应"，就是说一个小因素的变化，却往往有着无比强大的力量，以至于最终改变整体结构、产生意想不到的效果。比如在攀登雪山时，如果顺着山边扔石子，就有可能引发一场雪崩。这跟多米诺骨牌一样，只要推倒一块，就会产生连锁反应，导致全部骨牌倒下。这个公理对正方是否有用，辩手们七嘴八舌，最后达成共识，将这个公理保留下来，以备不时之需。在后来的辩论中，对方果然提出了这个公理：

> 反方：如果要靠自律解决诚信问题，能不能先回答一个问题：自律本身存在着一个致命的缺点，那就是自律的雪崩效应如何解决？
>
> 正方：按对方说法，只要有一个人不自律，整个社会的自律就崩溃了？可任何国家都有不自律的人，是不是所有国家的自律都不复存在了？那我们的社会中有不自律的人，可我们始终坚信，对方辩友和我们都不会因此而自律崩溃。

事实上，反方误用了这个公理，结果正好给正方提供了"弹药"，而正方因为早有准备，于是顺水推舟，有效应对，使反方无功而返。

"查阅"是一种很重要的能力，"查"一般需要敏锐的眼睛，能够从资料标题中快速"看"出不需要和需要的东西，这样可以节省时间。比如辩题**"转基因食品是人类的福音 VS 转基因食品是人类的灾难"**，我们如果是正方，首先要弄清楚转基因是什么，于是在百度搜索"转基因"，发现有100,000,000条信息。这时我们只需要先看看"百度百科"对于"转基因"的定义，其他的就不用看了。再回到百度搜索栏，将自己设定的关键词"转基因的诞生"输入，点击打开："百度为您找到相关结果约8,660,000条"，有一条题目吸引注意力："转基因技术的起源及发展"，再打开阅读……

当你点开百度，网页上端写着：百度为您找到相关结果约 N 个，你真的要一个一个地点开阅读然后再决定取舍吗？你会看出边际效应来。查阅就变成了累赘，而且看得越多，心理阴影就越大，最后出现"查阅疲劳"。比较有效的做法应该是：用扫描的方式阅读，一目十行，甚至几十行，当捕捉到你感兴趣的文字时便停留下来细读，根据自己的需要判断它是否有用，有多大的用。还有，每位辩手对于阅读也都有自己的偏好，难以一概而论，所以，同样的资料，不同的辩手，可以阅出不同的价值。由此可见，作为辩手，"阅"是基本能力，它不仅可以最大限度地为辩论"阅"出所需要的知识，更可以成为你今后职业生涯的利器，所以，为了这两大需要，无论如何也要练好查阅尤其是"阅"的基本功。

55 资料为什么需要鉴别？

资料茫茫，浩如烟海、良莠不齐，真真假假、虚虚实实。这就意味着，我们查阅资料时并不能觉得有用就毫不犹豫地使用，在使用之前，恐怕还得花点时间鉴别。不然，如果一不小心用了"假货"，在比赛场上不幸被对方敏锐指出，并且穷追不舍，那可是既丢分又丢人。

2007年有一场比赛，辩题是**"经济发展优先于环境保护 VS 环境保护优先于经济发展"**。正方查阅到一条资料：津巴布韦的经济发展态势很好，大象数量增多；而反方查阅到一条资料，说是法国某一年夏天热死10万人。双方都没有验证信息的真实性，就轻率地把这些资料用于自由辩论，并且振振有词。可事实上，津巴布韦的经济发展在全世界属于最差之列，2007 年至 2009 年通货膨胀率为 2600％，面额最大的一张货币为 100,000,000,000,000 津元，有 14 个零，即便是如此大面额的纸币，仅值 40 美分，合人民币两元多；而法国 2007 年总人口 6401 万人，热死 10 万人，占总人口的 1.56‰，法国七月和八月日平均最高温度的城市阿雅克肖（Ajaccio），一般温度为 28℃。极端最高温度出现在 2003 年夏季，连续几周 37、38 摄氏度，全国有 10400 人死于酷暑，多数是独居的老年人。2018 年 8 月有两周法国气温高达 40 摄氏度，巴黎地区的气温曾升至 39 摄氏度，当年夏天全国有 1500 人死于热浪。由此可见，热死 10 万人不是事实。其实，即使在高温的赤道非洲，也没听说哪个国家热死 10 万人，更何况法国这样的发达国家。令人不解的是，这些资料违背常理，如此荒诞不经，而作为大学生的双方竟然都没有提出质疑。尤其是正方，竟然默认了这个虚假的故事，所以当对方提出这个问题时，正方竟不敢回应，而采取回避的方式，提出同样虚假的津巴布韦经济发展很好的事例，反方也跟正方一样不敢正面回应。这说明什么？说明他们虽然上网查阅了资料，却没有对资料进行鉴别，一看到某一则资料对己方有利就坚信不疑地采用。还有一种可能，那就是在比赛中他们只顾按照赛前准备的方案发言，不太注意倾听对方的发言，以至于对方出现如此大的漏洞却不能及时发现。至少说明他们质疑的意识还不强烈，这和质疑能力不足有关。要知道，这可是一场全国性的比赛，而且是冠亚军决赛！

归纳起来，对资料的鉴别一般可以从这样三个方面进行。

一是查看资料的出处，也就是查一查这则资料是哪家媒体登载的。在我国，出自国家级媒体的资料可信度最高。报刊类：《人民日报》《光明日报》《中国青年报》《经济日报》《求是》《中国社会科学》，等等；网络媒体类：人民网、新华网、央视网、中国网、国际在线，等等；机构类：国家统计局、教育部、文化部、司法部，等等。这些媒体或信息发布者代表国家最高层级，具有最高的信誉度，他们发布的信息不仅关涉他们的公信力，更关涉国家社会经济的有序运作，不可不严格把关。从这些地方查阅到的资料，其真实性最能得到保障！在辩论中，如果使用了不真实的论据，而且被对方识破，这可能导致雪崩效应，你的整个辩论体系将因此崩溃。有趣的是，资料的不真实是由对方发现的，因为辩论是零和博弈，对方资料的不真实有利于本方得分，因此，发现对方论据的不真实就成了双方的动力，这就迫使双方一方面在赛前加强对资料的鉴定，另一方面在比赛时注意倾听，努力发现对方资料中的不真实之处。

有人可能会问，那些小报、不知名网站、低层级机构发布的信息可不可以引用？也不是说不能引用，但前提是，你在引用之前要证实这些资料的真实性和可靠性。尤其是以娱乐为主要内容的媒体，它本来就是为了娱乐大众的，其信息的真实性和可靠性往往存疑。而对它发布的信息进行证实，本身就是一件费力不讨好的事，即使证实了，如何说服听众相信你的信息也是一个问题，而且，辩论惜时如金，不可能留出时间来证明信息的可靠性。所以，权威的信息出处则可以省去这个求证的程序，所以，从效率和安全性来说，还是应该使用权威媒体的资料。

二是注意资料的时效性。有些事实可能是此一时，彼一时。比如，同样是青年成才的问题，30年前和现在，人们对于成长的理解就很不一样，所举的事例也不一样，如果用30年前的事例来证明现在，肯定不切合实际。三十多年前的青年成才更多是通过读书，读大学、读电大、读自考本科，而现在恐怕除了拿文凭，还有其他的成才之路。如果你用过去拿文凭的事例来证明现在的青年应该努力学习，恐怕会使人产生"今夕是何年"的穿越感。比如，2018年年底有一场辩论，辩的是应不应该降低刑事责任年龄，正方举出某医科大学1987年对未成年人进行的问卷调查，时间已经过去了36年，差不多两代人，当年的数据能说明现在的情况吗？所以，一般来说，辩论当下的问题，资料离当下越近越有效。当然，这并不意味着凡是过去的都没有证明效果，比如一些经典事例，牛顿被掉下来的苹果砸了头，司马光砸缸，等等，这些事例已经超越时空，同样对现实有证明效果。

强调时效性，主要是针对具有新闻价值的事实性资料而言的，距离现在越近的资料其时效性越大，这样才会引发人们感同身受，也才有亲切感。有一次辩论赛，辩题**"诚信主要靠自律 VS 诚信主要不靠自律"**，这场比赛的时间是2002年11月30日，正方用了一份资料，是《中国青年报》当年11月12日刊登的一则消息，题目是《三十六张欠条印证温州信用》，这则报道离比赛时只有18天，应该说这份资料的时效性很高，正方果断决定使用。在比赛过程中，反方提出了温州的诚信问题，这下正中正方下怀，于是用温州的事例进行反制，效果奇好。总结陈词中，正方还将这个事例进一步强化，提出"温州就是通过加强自律使一个不诚信的城市变成诚信的城市"。从比赛的情况看，现场效果确实很不错，想一想，如果他们用一份来自1992年甚至1982年的资料，其效果肯定会大打折扣。

需要注意的是，这里所说的资料的时效性，一般是指事实和数据方面的时效性。理论对时效性要求不是很高，甚至没有时效性，因为很多理论就是公理，往往超越时代，具有很强的稳定性。比如，孔孟的言论、爱因斯坦相对论、马斯洛需要层次理论，等等，过了几百年还是公理。当然，也有一些理论观点会随着时间的推移而过时。

三是要将资料进行比对。一份资料，有时候出处不止一个，其他出处也有相似的资料，这就需要进行比对。看看其他类似的资料是不是同样的说法。如果是，这份资料的真实性就应该可以确定了，否则就值得怀疑，最后可能被弃用。宁可信其无，不可信其有。有时候，查阅到的一则资料可能很有价值，但通过比对，会发现这则资料不可靠，那只好忍痛放弃。因为与其在比赛中被对方识破而导致全盘崩溃，还不如防患于未然，将隐患消灭在萌芽状态。就前面所说关于降低刑事责任年龄的问题，正方列举了某医科大学 1987 年所做的调查，这份资料仿佛为正方量身定做。反方于是进行验证，发现这所医科大学其实成立于 1994 年，显然，这则资料不真实。当时反方预测正方可能会使用这份资料，由此准备了应对措施，果然，比赛中，正方引用了这一份资料，结果可想而知。

权威出处的资料要不要比对？同样需要比对，这不是说不相信权威，而是经过质疑才能坚信权威，同时也是为了增加资料的可信度。因为在网络上，假冒权威网站也不是什么新鲜事，如果你用了假权威网站上的资料，而且在比赛中被对方揭穿，那麻烦可就大了。另外，即使是真的权威出处，其资料也要比对，看看其他权威媒体有没有转发这份资料，如果没有，再看看这则资料是否被限制转发，如果不是，那就最好不用，因为其可靠性存疑。套用一句老话：资料要在无疑处有疑。

56　查阅到的数据为什么不能轻易使用？

辩论中，数据的作用不可小觑，一是简洁明快，容易被接受被理解；二是客观实在，可以直接用来证明；三是有较大的覆盖面，比较普遍。你也许可以从逻辑上证明对方观点不能成立，但你无法否定对方的数据，在这个意义上，数据胜于雄辩。然而，要使数据具有如此大的能量，必须解决这样一个问题：怎么保证这个数据是真实可靠的？一般来说，有些数据已经成了常识，家喻户晓，不用展示出处，一说大家都明白，比如，中国有 14 亿人口，960 万平方公里土地，56 个民族，等等。但是，我们所需要的绝大部分数据并不是常识，并不为很多人知晓，还需要验证，而比赛现场也不可能验证数据的真实性。面对这种情况，评委往往采取既不相信也不否定的态度，不认可它的论据资格，即不予采信。尽管某个数据对于本方证明实在太重要了，但由于评委无法当场验证数据的真实性，那么，这个数据就只能被废弃，从而失去了论据的作用。

当然，也不能因噎废食，数据还是要用的，数据简明扼要，确实能起到文字起不到的作用。如果要使用数据，就应该用这种方式：先说出该数据的出处及时间，接着说出数据，这样可以增加数据的可信度。2010 年有一次比赛，由上海世博局主办，辩题是"**解决市民不遵守公共秩序问题重在加强管理 VS 解决市民不遵守公共秩序问题重在加强教育**"，在攻辩中，正方先说出处，再说数据：

> 上海《解放日报》今年 7 月 5 日的一项调查显示，89.1% 的违规市民，他们知道什么是公共秩序，并且知道应该遵守公共秩序。可是他们就是不去遵守，对方辩友面对这种明知故犯怎么解决？

《解放日报》是上海市委机关报，上海层级最高的报纸，其权威性不言自明。指出数据刊出的时间，表明数据的时效性，由此强化了对其真实性的认同，然后水到渠成地说出数据。大家可以做一个比较，如果去掉出处和时间，直接说出这个数据，真实性是否感觉就要欠缺一些？

在总结陈词时，正方四辩再一次使用了这组数据：

> 小学生中有 71.3% 的人遵守公共秩序，而到大学生就变成了 25.6% 的人遵守公共秩序。按照对方辩友的观点，一个人在小学的时候，他知其然了，他知其所以然了，他遵守了公共秩序，可是为什么他长大了，就不知其然，不知其所以然了？

> 《解放日报》问，你认为为什么大家不遵守公共秩序呢？调查显示的结果是：93.7% 的人认为是中国人素质不高。那又问，你违反公共秩序的时候，是出于什么原因呢？有 53.5% 的人认为是习惯问题，有 46.5% 的人认为是迫于客观环境，加起来正好是 100%。也就是说当别人违反公共秩序的时候，你知道他是因为素质问题，当自己违反公共秩序的时候，却是客观原因。

在总结陈词中，如此大面积地使用数据的情况还不多见。为什么正方敢于采用这组数据？首先，如前所述，这组数据出处比较权威，《解放日报》是上海市委机关报；其次，这组数据有很强的针对性，这场辩论赛冠名"世博杯"，是以世博会的名义举办的，世博会当年在上海举办，上海又是中国经济中心，这样，用上海的数据就更有说服力；最后，这组数据有很强的时效性，数据公布的时间离比赛差不多两个月，还处于保鲜期。

在辩论赛的自由辩论环节，时不时看到对阵双方打数据仗，就同一事物或事件，双方的数据竟然大相径庭，这令评委和观众大跌眼镜。攻辩中，正方说：上海《解放日报》7月5日的一项调查显示，89.1％的市民有违规行为。此时反方也说，《文汇报》7月8日的调查显示，违规市民只占总人数的27.3％。当然，事后查证，反方的数据是编造的，但是，在比赛现场，如何判断其真假，目前还是一个难题。同一事件，数据差异悬殊，不可能同真，必有一假；如果双方都不说明出处，那就有可能双方都假；但是，都标明出处，也不可能同真，仍必有一假。有鉴于此，今后辩论时，若需展示数据，请一定说明出处，而且出处级别越高越好，以示权威；同样，数据越具体越好，以示严谨。

有一场比赛，辩题是**经济发展优先于环境保护 VS 环境保护优先于经济发展**。下面摘录双方一辩立论陈词：

> 正方：全世界还有10亿人正生存在贫民窟中……每一分钟就有15个人在面临生存的威胁……
>
> 反方：过度的经济发展已经造成了全球暖化、温室效应等，导致海平面上升，造成全球180多个国家、6亿3400万居住于低洼地区的人民，必须面临被迫迁徙的命运，如此的问题我们无法置身事外，就是在上海，40年后，也将成为水底的遗迹，而更别提20年后的珠江三角洲面积将只剩下一半。2080年，全世界有10亿到32亿的人口需要面临水灾，2到7亿的人更将成为海龙王的祭品。

正方和反方所列举的数据都耸人听闻，如果真是这样，那就太可怕了。这些数据想必我们都没听说过，既然不是常识，那就应该说明出处，可惜双方只是企图通过数据的恐怖间接证明本方立场的正确，但是，这样的数据很难被评委认定为论据。赛后我上网查证，没有找到这些数据的出处，因此我断定这些数据无效。

57 为什么会有内容相同而观点截然不同的资料?

我们查阅资料一般都会遇到这样的情况:两份资料内容差不多,观点却截然不同,这很让我们犯难。其实,这种情况如果不出现那才叫不正常。为什么呢?说来说去还是在于辩题的可辩性。这个在前面已经说过,可辩性就是双方都有相等的辩论空间,既然双方观点完全对立,那么相应的资料也会截然不同。换句话说,在资料的大海里,有利于和不利于本方的都有,关键在于如何解读这些有利于和不利于本方的资料。对于有利于本方的资料,千万不要洋洋自得、不加思索地引用,应该要进行破坏性试验。具体的做法就是于无疑处有疑,对资料进行质疑,用与之相反的资料进行质疑。如果质疑成立,那么这则资料就不可引用,反之就可以引用。比如辩题**"现代化会威胁传统文化的生存 VS 现代化不会威胁传统文化的生存"**,反方查到一个事例,就是说甘肃敦煌的月牙泉,本来正面临干涸的危机,但是通过现代技术,水位不再下降。反方就觉得这个事例十分有利于自己,于是用在了比赛中。其实,他们如果质疑过这个事例,恐怕就不会将其用于比赛了。首先,月牙泉不是人工建造的,是天然湖泊,应该不属于文化范畴,更谈不上传统文化;其次,辩题里的现代化与现代技术不属于同一概念,此处有概念混淆之嫌。遗憾的是,正方竟然没有质疑这个事例的可证明性。

同样,对于不利于本方的资料也要做破坏性试验,用有利于本方的资料进行质疑。如果质疑成立,那么这则资料对方如果使用,那就正中本方下怀;如果质疑不了,那还得继续寻找质疑的资料,直到能够质疑为止。有没有质疑不了的资料呢?应该没有,如果有,那就是这个辩题的可辩性出了问题,质疑不了的那一方辩题肯定是真理。比如前面所举的"世博杯"辩论赛,**"未来世博会应以网络展示为主 VS 未来世博会应以园区展示为主"**,反方查阅到五年后意大利米兰将世博会主题定为农业,而且会场无围墙,观众可参与耕种、管理、收割、制作、品尝。乍一看,这个资料似乎是为反方量身定制的,其实不然,正方完全可以用这个资料来证明本方立场,同时攻击反方。至于怎么做?就把这个问题交给读者,相信读者可以为正方设计出应对方案。

对于资料要进行深度质疑,也就是我们常说的"钻牛角尖",为什么要这样

"钻牛角尖"呢？如果你赛前不钻，比赛中就会被对方钻；如果你赛前不能解决问题，比赛中就会被问题解决，只能被动地忍受对方的狂轰滥炸了。比如，为了证明勤奋出天才，你查阅和收集了大量通过勤奋努力成才的事例。这一下问题来了，反方也找出一大堆勤奋却没有成才的事例，如此，双方兵来将挡水来土掩，一时争执不下。事实上，现实中这两种情况都有，因此在比赛前，正方就要钻牛角尖，对那些勤奋努力而不能成才的事例进行质疑：是客观外在的条件不具备，还是主观内在的努力不够？再进一步：勤奋努力与成才之间是否存在着必然性？勤奋必然成才吗？还有，勤奋成才有没有普遍性？等等。而反方也要对那些确实是因为勤奋而成才的事例加以质疑，深入了解这些勤奋成才者在其成才过程中还有没有其他因素。如果有，那得看看这些因素与勤奋这个因素相比，哪个作用更大？等等。也就是说，分析两份截然不同的资料，需要充分考虑本方的这些事例与本方观点之间是否存在必然性，不然，就无法证明，反而会被对方抓住成为攻击点。

58 学术观点为什么一般不能用作论据？

什么叫学术？百度百科给出的定义是：学术指系统专门的学问，是对存在物及其规律的学科化论证。这个定义本身也太"学术"了，把它通俗化，就是有结构、有体系、有具体对象的研究，是对人类、人类社会以及其他一切存在的东西进行分门别类的论述和证明。如果你看这个通俗的定义还是觉得累，那么，再通俗一点，就是对自然界、人类社会做分门别类的研究。

学术的最大特点有二：一是专业，二是一家之言。所谓专业，如定义所说，学术是分门别类，把研究对象进行分类。比如，学科可分为文科和理科，文科可以分为社会学科和人文学科，社会科学可以分为政治学、经济学、社会学、语言学、教育学、人类学，等等。经济学又可以分为宏观经济学和微观经济学，等等，然后再对某一具体对象进行专门研究。随着社会的发展，学术研究的专业分工也越来越细，可谓隔行如隔山，有些专业的理论大众未必听得懂。比如辩题"**城市交通问题主要是设施问题 VS 城市交通问题主要是管理问题**"，作为问题，大众想必都能理解，可是在比赛中，反方就用了比较专业的学术理论进行质询，下面是反方和正方的一段对话：

　　反方二辩：有请对方二辩。请对方辩友用交通学当中著名的波动理论给大家解释一下，在介位换位当中的 UW 为什么能从负值转为正值呢？

　　正方二辩：对方辩友，我们今天是在进行大专辩论赛，并不是进行知识竞赛。你一上来就问我一个纯知识性问题，我相信不仅我不是非常清楚，在座的评委、在座的观众也不是非常清楚。假如对方认为这个问题和我们的辩论非常有关系的话，请详细解释一下，我们来展开一场有意义的辩论。（掌声）

反方提出了一个很专业的概念"波动理论"，而且还专门将这个理论中的"介位换位当中的 UW 为什么能从负值转为正值"作为问题向对方提出，其动机在于用这个比较生僻的理论难住正方。想象一下，反方赛前可能是这样准备的。先用"波动理论"提问，如对方不能回答，那么接下来将这样提问：对方辩友不知道交通学中最重要的波动理论，自然也不会明白交通管理的重要性，所以，你方只能坚持主要是设施问题。可是反方完全没有想到，正方并不回避，也不虚心求教，而是迎难而上，绝地反击，让反方自食其果。

　　学术的第二个特点是一家之言，在学术的世界里，什么观点都可能存在，只要你能够论证，这个观点就能够成立。然而，任何学术观点也仅为一家之言，尚未被实践检验，仅仅是自圆其说。而要作为辩论的论据，学术观点必须被实践检验成为公理、常识，否则只能是一家之言，而不能成为论据。比如，当年爱因斯坦的相对论，发表后人们都不认同，因为没有得到验证，尽管大家都相信他的智商无与伦比，但智商不能证明观点。后来，随着天体物理学的实验手段不断更新，他的观点终于得到验证，于是相对论就成了公理。同样，马斯洛需求层次理论发表时也是被人们普遍怀疑，后来被实践验证才成为共识，现在用他们的理论作为论据是很自然的事情。

　　学术的一家之言意味着每个研究者都有权利表达自己的观点，但这不等于学术观点可以自由地运用于辩论。事实上，在辩论中，时常有辩手把尚未成为公理的学术观点当作论据使用。比如有一次比赛，反方持观点"诚信主要不靠自律"，在自由辩论时，反方三辩提出这样一个观点：国外最新的医学研究表明，不诚信也是一种可以遗传的基因。但是，这个研究成果并不表明它是公理，因为它没有经过实践的检验，也不被公众认同，所以，只能作为一家之言。而且，在辩论中，这个"不诚信可以遗传"的观点实在经不起反驳，不论从逻辑还是理论还是事实看，这个观点都是站不住脚的。我们试着反驳一下：第一，第一个骗子的基因是他父母遗传的吗？骗子的子女会不会也是骗子？第二，不诚信是基因在起作用吗？那为什么有的人后来又诚信了呢？第三，如果是基因在起作用，对不诚信进行制裁仅仅是针对不良基因吗？等等。事实上，只要你走进学术界，就像掉进了万花筒，里面的观点五花八门，令人眼花缭乱。这可以理解，因为学术需要百花齐放、百家争鸣，这些观点都有其存在的理由，而要成为辩论的论据，就不能信马由缰了，得看这些观点是否经过实践的检验，并且被人们认同。

上述观点告诉我们，查阅资料一般不要查阅学术论文，不仅因为它的观点不足以成为论据，更因为我们的思维很容易跟着学术论文走，往往会将立论建立在学术论文的基础上。

59 小概率事件为什么不能用作论据？

一个人不小心摔了一跤，这种事情是不是意味着大多数人都可能会摔跤呢？显然不是，这个就是所谓的小概率事件，就是这种事情发生的可能性很小。如果我们从学术上定义，那么，小概率事件是借用数学和统计学的概念，数学称为小概率原理：一个事件如果发生的概率很小的话，那么它在一次试验中就是几乎不可能发生的，但在多次重复试验中几乎是必然发生的。而统计学则是在一次试验中被看成是不可能发生的事件，一般认为等于或小于 0.05 或 0.01 的概率为小概率。

归纳一下，小概率事件有这样两个特点：一是它的必然性是在多次重复中实现的；二是不具有普遍性。在辩论中这样的情况时常发生，双方为了证明自己的观点，竭尽心力寻找一些有利于本方的事件或事例。根据这些人的情况于是就得出结论，大学教育对个人成才不起作用，显然，这个结论是不能成立的。从概率来看，上述几位名人的成才应该属于小概率事件，和他们经历差不多的人绝大多数都没有成才，甚至混得很差，你能再举出一百个类似于他们的成才事例吗？事实上，这个世界上绝大多数成才者都是受过大学教育的，所以，尽管这几位名人的成才确实跟大学教育的关系不是很密切，但是，由于他们数量极少，所以不具有普遍性。如果把这个结论改为：没受过大学教育并不影响成才，也就是说，大学教育对成才不起作用，这显然既不合逻辑也不符合事实。这也告诉我们，一个判断的不成立，它的逆否判断能否成立，也还得具体问题具体分析。

当然，如果一定要把这些小概率事件作为论据，那就必须再深入挖掘他们成才过程中一些与个人气质性格有关的因素，再从他们的个性中找出共性，从中建立起勤奋与成才的某种必然联系，唯其如此，才有可能经得起对方的质疑。比如马云，他的成才可能主要不在于他的学历，而在于他对形势的判断、他的组织能力以及良好机遇等；如果再深入下去，分析他的这些能力是如何获得的，这是否与他们平时的学习有关，等等，才可能有说服力。

又比如，辩题"**现代化会威胁传统文化的生存 VS 现代化不会威胁传统文化的生存**"，正方举了一个事例：

> 2000年中国作家冯骥才在山东梅县杨家埠，拜访了73岁的木板年画第十九代传人杨洛书老先生，这木板年画前十八代都香火传承旺盛得很，而到他这一代，只有一个徒弟，而且还是一个日本女孩。

应该说，正方虽然列举的是木板年画式微这个事例，但这个事例不属于小概率事件，因为传统技艺在当代中国衰落以至于消失的情况很普遍，这里既有必然性，更有普遍性，应该属于大概率事件。这个事例作为这类大概率事件的代表，用文学语言表达，叫作一叶知秋。

归纳起来，小概率事件可以找出它的必然性，但无法找出它的普遍性。为什么？想一想。这里还得提醒一下，这种小概率事件的必然性并不是只要有这个因素就一定会有这个结果，而是多次出现这个事件后才会出现这个结果。比如吃鱼被刺卡住喉咙，并不是说一吃鱼就必然卡住，而是多次吃鱼必然至少有一次会卡住。是不是每个人都会这样呢，不可能，因此没有普遍性，再找一个更加通俗的谚语进行类比：常在河边走，哪有不湿鞋？关键在于一个"常"字。

60 为什么查阅资料最关键的是输入关键词？

前面说了很多关于查阅资料的意义，然而如何查阅才是最重要的。任何事情，不论再怎么大谈作用、意义、价值，最后还得落到实处，那就是"怎么办"。此时更需要的恐怕不是什么眼界境界，而是所谓的"工匠精神"。就像要渡河，大谈渡河的深远的历史意义和重要的现实意义都无助于渡过这条河，最重要的是想办法架桥或者造船。事实上，查阅资料并不是点一点鼠标那么简单，现在有些辩手查阅资料的程序往往是：将本方辩题输入百度，根据显示出来的目录寻找有利于本方的文本；查阅辩题中的概念定义过程也很简单，百度百科就可以解决。这两个问题解决了，剩下的就是立论了，辩手再进入学术期刊网站比如知网查一查相关的论文，从若干篇论文中分别摘取一段组合起来，于是立论"隆重诞生"，然后携立论"闪亮登场"。事实上，这样的立论文本，在辩论中往往会沦为辩论的点缀，因为这不是队友们争论出来的，没有融入队友的思路，基本上是由一辩完全承包，跟后续的辩论比如攻辩、自由辩论没有内容上的联系，甚至跟最后的总结陈词也没有形成首尾呼应，完全是为了立论而立论。如此，"立论为本"就这样被边缘化了。

输入什么样的关键词，这直接关系到资料的价值，间接关系到辩论的质量。根据多年比赛的经验，笔者认为，输入关键词，一是输入构成辩题的概念，二是输入与本辩题有关的语词，三是通过链接寻找更有价值的概念。

第一，输入构成辩题的概念。辩题作为判断是由概念组成的，那么，每一个概念都需要辩手弄清楚内涵，不然，辩起来双方对概念界定不一致，辩论就有可能沦为概念之争。查阅概念的定义不能仅仅依靠百度百科，而是应该把通过百度百科得来的定义，再和从其他渠道包括辞典、百科全书等获得的定义进行比对和归纳。比如，"**逆境有利于成才 VS 顺境有利于成才**"中的"逆境"，百度百科的定义是：不利的境遇，在生活中遇到的困难和挫折，指不危害生命的情况下付出大于原有预期。这能不能直接用于正方辩论呢？显然不能，首先是"不利"，不利不等于有害，只是对某种行为不产生有利的作用而已。而逆境的"逆"显然不是不利，而是客观上有害。其次，"在生活中遇到的困难和挫折"，语焉不详，这个困难和挫折到底有多大，比如作业没做完、考试没考好、在家里被父母批评了、某同学不理我了，等等。这些也应该是困难和挫折，算不算逆境？如果算逆境，那它怎么有利于成才？至于后面部分"指不危害生命的情况下付出大于原有预期"，这话令人费解，如果用于立论文本，则完全是在侮辱对方、评委和广大观众的智商。

第二，输入与本辩题有关的词语。这个"有关"往往以海量形容。比如辩题"**科学有禁区 VS 科学无禁区**"，我们现在用百度搜索，如果直接将辩题输入，有16,300,000条信息。第一页就有一些值得我们点击查看，如"科学禁区""科学有哪些禁区""科学有无禁区"，有一则不建议阅读，就是"科学有没有禁区辩论赛"，为什么？请大家开动脑筋想想。我们查阅"科学禁区"，页面左上方显示："百度为您找到相关结果约663,000个，里面有一部美剧《科学禁区》，不在查阅之列，再看几页，发现主要结果都是这部美剧，放弃查阅，转换关键词"科学有哪些禁区"，显示相关结果约5,400,000个，第一页看题目发现有几篇可能有价值的文本，于是点开阅读，果然有价值，于是保存到已经分了类的文件夹。

第三，通过相关搜索和链接去寻找资料。比如"科学有无禁区"，点开后标明有4,190,000条信息，其中有一条似乎关联度大，这就是"科学研究是否应存在禁区"，这个文本下方标明相关文档有10篇，点击其中一篇"科学研究无禁区，社会应用要谨慎"，阅读后意犹未尽，该文本下方"相关文档"列出了6篇，可点开一篇"科学家的社会伦理责任"。当然，如果你愿意，可以几乎无限地延续下去，我想谁都不会这样去做的。一般来说，点开三四篇阅读就有了大致的印象，如果还有深入，那就得更换关键词了。于是，根据辩题展开联想，就可以设计这样一个语句："科学研究与伦理边界。"打开后显示有约24,500,000条相关结果，第一页就发现了一些有价值的资料，比如"最受争议实验：科学与伦理博弈""科学视野中的活体实验——仁慈还是残忍，科学伦理的边界在哪里？""科学研究是否应存在禁区""科学研究的基本伦理原则有哪些""科学研究中的伦理道德"。应该说，这些资料有助于了解"禁区""禁"的是什么。

61 为什么资料并非多多益善？

有一句老话：书到用时方恨少，查资料好像也有类似的说法，那就是多多益善。单纯从量的角度来看，这些话有一定道理，信息的数量越多，选择的空间也就越大，可以在大量的沙砾中淘出更多的金子。问题是资料的数量多到多少？如果一味地多下去，恐怕不是沙里淘金，而是风沙漫天、尘土飞扬的沙尘暴了。我们假设这样一个情景：收集了几百条资料保存到文件夹，然后打开文件夹一一阅读，读着读着，发现相当多的内容雷同；即使不雷同，也会越读越累越乏味，甚至排斥阅读。想一想也有道理，又不是读小说，谁有那么大的兴趣去读一大堆枯燥的资料呢。

我们不妨"学术"一下，用一个经济学概念"边际效用"来解释这种情况。所谓边际效应，我们打个比方来说明：你饥饿的时候，给你一大盘 6 个包子。你吃了第一个包子，直接缓解了饥饿，这个时候边际效用是最大的；吃第二个、第三个、第四个包子的边际效用依次递减；到吃第五个包子时，你已经有八九分饱，差不多是可吃可不吃的了，这个时候边际效用最小；等吃到第 6 个时，包子就有可能产生负效用，那就是肚子膨胀得难受起来。资料的收集也有这种现象，开始收集时很兴奋，如获至宝；慢慢收集多了，而且收集的资料相似度越来越高，兴奋度下降，最后反而觉得是累赘了，这就是边际效应。

其实，任何资料都是查不完的，一是资料每时每刻都在产生，套用一句话，可以改成：生而有涯，资料无涯。以有涯求无涯，殆已。二是在资料的汪洋大海里，你不可能每一滴水都去过滤，因为水太多了，连自己都变成了沧海一粟。在这种情况下，最有效的方法就是"弱水三千，我只取一瓢饮"，因为饮这一瓢足以领略弱水的滋味。但是问题又来了，饮一瓢随意舀起来的弱水是否必然能品出弱水的滋味？会不会有见仁见智的差异？所以，关键还在于自己要有判断能力。同样，网络并不能保证只要一查就能获得所需要的东西，也不能保证你把所有的资料都查完了就一定能得到你需要的东西。事实上，资料查阅不在多而在精，以自己的阅读兴趣和破题的需要为界，这样可以保持比较强劲的阅读动力和效率，达到事半功倍的效果。在这个意义上，书到用时方恨少也不一定成立，有逻辑地说，是不是书到用时不恨多，其实这里也有一个边际效用问题，书读到一定的数量后开始效用递减，人产生阅读疲劳。此时就不是方恨少了，而是方恨多，事实上，很多创新都不是书到用时方恨少，这方面的事例就不一一列举了。

62 为什么必须高度重视不利于本方的资料？

提出这个"为什么"是基于心理学的原因。在我们的生活中，我们习惯于集中精力，选取收集能够支持自己观点的论据，而对那些不利于自己的观点和事实，就会有意或无意地忽视或回避。这种对支持自己观点的信息加倍关注，或者把信息往支持自己观点的方向解释的行为，在心理学上叫作"确认偏误"。

辩题的可辩性当然和资料的有利与不利有关，如果所有的资料均对本方有利，那对方就没有辩论的空间，反过来也是一样。那么，我们就可以判定这个辩题没有可辩性，因为双方辩论空间不对等。事实上，双方都必然会查到于己不利的资料，这是很正常的事，关键在于如何解读这类资料。面对于己不利的资料，就要想办法破解，要相信任何资料都有被破解的可能性，关键在于你的破解方法。比如，辩题**"逆境有利于成才 VS 顺境有利于成才"**，反方查阅资料找到了孟子的"贫贱不能移"，意思就是人处于困境不能改其志，这对于反方很不利，孟子是亚圣，其言论自然是公理，可作为论据，而且是刚性论据，谁敢公然否定孟子，怎么办？于是就想到了"孟母三迁"的经典故事，赶紧上网查阅，原来如果不是孟母多次搬家为孟子成才寻找良好的外在环境，孟子就不可能说出这样睿智的格言。反方猜想正方可能要在场上把孟子的话拿出来，于是"守株待兔"，果然，自由辩论时，正方正是以这句格言攻击反方。

> 正方三辩：对方辩友告诉我们处于逆境不易，但是我也要告诉对方辩友处于顺境也不易，所以我国孟子说过，富贵不能淫，贫贱不能移，也就是说处于顺境，人们照样也可能贪污腐败呀。

> 反方三辩：对方辩友你一说到孟子，我就想到了孟子的母亲，如果历史上没有孟母的三迁，何来孟子的成才，请问孟母三迁是创造了顺境还是创造逆境？（掌声）

事实上，既然有不利于己方的资料，那么肯定也有应对不利于己方资料的资料，关键在于你的查阅能力。网络茫茫，资料无边，回头竟然不是岸，你只得寻寻觅觅。比如辩题**"恪守寂寞是学者的美德 VS 恪守寂寞是学者的悲哀"**，正方遭遇"寂寞"这个概念，如果完全依据百度百科，结果似乎不太有利于正方，而正方的立场又不能接受"寂寞"的负面化。于是一头扎进网络去"上下求索"这个"寂寞"，最后终于从一家很"寂寞"的社科网站上找到所需要的解读，在后来的比赛中发挥了出其不意的作用。

如果找不到应对不利于己方资料的资料，那就要强迫自己进行头脑风暴了。比如辩题**"国企振兴关键在体制改革 VS 国企振兴关键在技术创新"**，这个辩题的背景很不利于反方，当年（2000 年）全国上下的共识就是正方的观点，而且，查阅到的资料基本上都是有利于正方的，反方最后只好离开网络自己动手，最后通过自力更生，头脑风暴，将关键概念"振兴"通过语言学和逻辑学的方法解读成有利于己方的东西，这个解读在比赛中发挥了出乎对方预料的作用。我将在后面讲概念界定时进行详细的阐述。

在信息的汪洋大海中，虽然可以说"弱水三千，我只取一瓢饮"，但是，不可能随便舀一瓢水，就说这水是专门为自己准备的，否则，查阅资料就没有意义了。也许，只能有某一瓢水适合自己。这瓢水在哪里？如何去寻找？这就要靠我们的努力了。或者，任何一瓢水都没什么区别，全在于你如何品味。面对资料的弱水，我们需要具备两种能力：一是发现弱水中有利于本方的那一瓢水，二是从舀起来的弱水中品出自己需要的味道来。

63 为什么需要对资料进行分类和剪切？

在查阅资料的过程中，有些资料吸引了你，你觉得有价值，于是保存下来，以备后续讨论时参考。这样问题也就来了，资料越来越多，如何保存？有的同学可能为了图方便，不分青红皂白把资料放进一个文件夹，甚至直接堆放在桌面上，这种做法实在不可取。到时候，你打开文件夹再阅读的难度将大大超过直接上网查找的难度，因为你只能一篇一篇地阅读，在你已经保存的资料中寻找你需要的，我想，大多数同学可能都没这份耐心。

如何保存这些资料呢？这看起来似乎是小事一桩，其实不然，细节决定成败，这应该是训练我们分类思维的有效方式。首先，得对你所需要的资料按照辩题的内容进行分类。比如辩题**"当前中国城市化进程应以经济为重 VS 当前中国城市化进程应以文化为重"**，以反方为例，可以这样分类。一是辩题背景。城市化，国外城市化进程的历史与现状，中国城市化的历史以及当前城市化进程与现状。二是概念界定。城市化，中国城市化，中国城市化进程；中国城市化进程中的经济，中国城市化进程中的经济为重；中国城市化进程中的文化、中国城市化进程中的文化为重。三是理论、事实、数据。关于城市化的主要理论和观点，国内外城市化典型事例，我国官方关于城市化的数据，等等。每一类新建一个文件夹并单独命名，每一次分类就相应建一个文件夹，这样就可以很方便地进行分门别类的阅读。

这只是大致的分类，每个大类下还可以细分；当然，也不是越细越好，如果分得太细，反而增加麻烦，记住边际效用。

对查阅到的资料进行分类，是一种训练思维的方式。记住，并非所有查阅到的资料都需要保存下来，有的资料其中某一段或几节甚至一两句话觉得有价值，就没有必要保存整个文本，可以将你觉得有价值的部分剪切下来，粘贴到 word 文档中。记住，word 文档也要分类，哪一类的资料就粘贴到哪一类文档中，重新阅读起来就方便快捷。另外，剪切下来的资料还必须注明出处。注明出处的目的是，当你要查阅这段文字时，可以很方便地复制出处。

分类的技术含量还是比较高的，所以也特别能够锻炼能力。首先你得设计分类的标准，这可不是一时冲动就能决定的，必须全盘考虑才能定夺，这无疑锻炼了你的设计能力。其次，你需要对资料进行判读，这则资料的重点是事例还是观点，如果是事例，这个事例的典型性何在？与观点之间是否存在某种逻辑关系？如果是观点，它是如何得来的？它与本辩题的关系如何确定？这无疑锻炼了你的判读能力。再次，需要对资料进行检索，如何确定检索的关键词，这个资料的链接目录中有一个可能与本辩题关联度较大，等等。这无疑锻炼了你的发现和探索能力。

如果说分类可以训练我们条分缕析的能力，从而使我们的思维条理清晰、层次分明，那么，剪切则可以训练我们"去伪存真，去粗取精"，从整篇文本中发现和截取最有价值的部分。首先，你得判断出"伪"和"真"，这需要验证，前面我们已经叙述过，此处不赘。"存真"之后就需要"去粗取精"，如何判断"粗"和"精"，这也是一个很锻炼人的项目。"粗"与"精"的判断标准也应该是主观的，即由判断者本人决定，其依据在于资料对于本方论证的作用。如果是泛泛而谈，论证力度不大，即是"粗"，反之则"精"。一般来说，资料中"粗"多"精"少，有时候真的需要"粗"里淘"精"。

从比赛的角度，对资料的分类和剪切与辩论的思路应形成互动，思路决定了分类和剪切，而分类和剪切反过来影响思路。从同学们今后的职业生涯角度看，分类和剪切可以使我们的工作思维清晰、有层次，从而提高工作效率。

五

凡事预则立：开门如何见山

64 辩论为什么要立论？

咱们先模拟一个比赛场景：主持人宣布，辩论赛开始。下面请正方发言。正方某一辩于是起立向反方提问，问毕坐下；反方某一辩手起来回应，提问，完毕坐下；如此循环，你会有什么感觉？双方没有展示出本方的论证体系，就开始相互质疑。这哪里是辩论啊？反方一辩并没有阐述自己的观点，正方就开始向反方提问；同样，正方一辩也没有阐述本方观点，你让反方如何对你进行质疑，双方凭什么问？问什么？就是因为立场不一，你也不听一听对方是怎样陈述自己的观点的。怎么听？没有陈述观点这个程序啊。

从这个模拟场景就可以看出，必须有一个各自陈述本方观点的程序，这样，双方才好根据对方的陈述进行质疑，这个程序就叫作立论，也就是建立本方的论证体系。那么，立论到底有哪些作用呢？

首先，立论就是为了让双方"知彼"，通过立论了解对方的论证体系，这是整个辩论的前提。开赛之前，双方对对方基本上一无所知或知之不多，于是就要"猜彼"——相互猜测对方，在准备本方立论的同时，也要花很大的精力去猜测对方，希望能够在赛前预测准确，哪怕只是一小部分，总比在比赛中知道要好得多。古人亦云："凡事预则立"。但是，要得到对方立论的准确内容，还得现场倾听对方的立论，我们迫切需要了解对方立论的体系。这时候作为本方全体队员，就要竖起耳朵来倾听，最大限度地接受全部信息：对方对概念的界定、关系的梳理、证明的理由，等等。搞清楚了这些，也就大致了解了对方的辩论体系，马上和本方的立论体系进行对比，以及验证我方赛前的预测，以及修改或设计应对措施。了解对方立论体系对后续的辩论极为重要，因为"立论为辩论之本"，是整个辩论的出发点，了解了这个出发点，才可能推导出对方后续可能的辩论路径。通过立论，双方都已经"知彼"，这样保证了双方在后续的辩论中不至于偏离立论中设定的论证路径，从而提升辩论的针对性。

其次，立论的"知彼"，包括"知彼长"与"知彼短"。所谓"彼长"，就是对方立论中比较具有优势的部分，比如某个概念界定比较合理、某些论证比较充分。知道这些"彼长"可以在后续比赛中"避其锋芒"，知其不可为而避之，而不是知其不可为而攻之，否则会适得其反。比如辩题**"青年人更应该培养自豪感 VS 青年人更应该培养危机感"**，在正方看来，反方立论中的优势部分：一是公理。生于忧患死于安乐，先天下之忧而忧。二是现实。中国面临的国际形势严峻，必须未雨绸缪。而在反方看来，正方立论中的优势部分在于：一是现实。当前中国经济社会发展形势良好，中国在国际上的话语权越来越大。二是历史。一百多年来，中国一直处于贫穷落后任人欺负的境地，现在是我们扬眉吐气的时候了。

而所谓"彼短"，就是对方立论中比较薄弱的部分，比如某个概论的界定超出了定义规则、某些论证不够充分，预测这些短处就可以有效地"击其软肋"，知其可为而趋之，将其"软肋"置于攻击之中，使其"软肋"更软，而不是视而不见、听而不闻，全然按照赛前的"剧本"自说自话地演绎下去。还是前面的辩题**"青年人更应该培养自豪感 VS 青年人更应该培养危机感"**，正方的"短"就在于这种国家层面的自豪感和青年人自身的生存压力的关系如何协调；反方的"短"就在于个人生存危机感与国家危机感之异同。

作者一直强调立论的重要性，提出"立论为本"，立论是整个辩论的出发点，辩论正是从这里出发，循着程序一个环节一个环节地有序进行，不论后续的辩论如何花样百出、变幻莫测，都是对"本"的演绎，"本"立得怎么样，很大程度上决定后续的辩论质量。

65　为什么说立论是"辩论之本"?

什么是"本"? 根据辞典,本的本义为草木的根,引申为事物的根源,与"末"相对。在这里还可以引申为事物的出发点和归宿。就辩论来说,立论是将本方的观点及观点的论证过程展示给对方、评委和观众,让对方知晓本方的意图,有的放矢。立论陈述的时间虽然只有短短的三四分钟,对本方的整个辩论却起到了奠定整个辩论基调的作用。

首先,立论中对概念的界定奠定了辩论的基础,名正才能言顺,任何辩论都是从概念开始的,概念界定的清晰程度,决定了本方辩论的清晰度。立论把构成辩题的那几个词语(概念)讲清楚,听起来好像有点多此一举,又不是生词,还需要解释吗? 那么,我们来看一个辩题吧:"**科学有禁区 VS 科学无禁区**",这个"禁区"是不是很容易理解,是不是只有一种意思? 事实上不是,双方完全可以根据本方的立场界定。于是,正方根据自己的立场界定为"伦理道德方面的硬性规定",而反方则界定为"设置不准研究的界限"。如此一来,正方大谈科学研究应该有道德的界限,不然,就会引发人类的灾难;而反方根据自己对"禁区"的解释,强调科学本来就是探索未知,如果给科学设立限制,这样不能研究,那样不准探索,那么,科学还如何发展。如此一来,双方似乎都有道理,但双方似乎都在说自己的话,没有交集,没有交锋,这还是辩论吗? 当然不是,是在宣读自己的论文。为什么没有交集? 原因就在双方对关键词"禁区"的解释不一致,而且,在辩论中也没有质疑对方的解释,于是各自按照自己的"禁区"大谈禁区。

再比如辩题"**传媒文化塑造人格 VS 传媒文化淡化人格**",在汉语中,"人格"这个词有很多种界定,有伦理学、心理学、经济学、社会学、政治学、法学等学科的界定。正方从心理学界定"人格",认为人格在心理学上亦称为个性,它是指性格、气质、能力特征的总和。而反方则从社会学界定"人格",认为人格是人稳定而独特的心理特征,具有独立性、自主性和完整性。于是双方就用两个不同的"人格"进行了一场心理学对社会学的,关公战秦琼式的辩论。

其次,立论中确定的逻辑关系决定着后续的辩论。我们说辩论是逻辑之辩,就在于逻辑贯穿于辩论的整个过程,而它的起始点就在于立论。一辩在立论中将本方观点论证的逻辑线索向对方和评委展示，一方面便于本方按照这条线索推进辩论，另一方面也方便对方针对我方的思路调整对策。如果逻辑关系错了，那就相当于写作文看错了题目，前功尽弃。比如辩题"**逆境有利于成才 VS 顺境有利于成才**"，正方在立论中将逻辑关系弄错，把他们自己的辩题理解为"逆境比顺境更有利于成才"，如此一来，正方在证明本方观点成立的同时（逆境有利于成才），也顺便证明了对方观点的成立（顺境也有利于成才），只是哪一个"境"更有利于成才而已。这显然有违辩题本意，这也从一个侧面说明：思路对了，一步一层楼；思路错了，南辕北辙，处处被动。

再次，立论中对理由的阐述夯实了本方论证的基础。要证明本方观点，除了厘清概念、理出逻辑关系，还有一个重要的内容，那就是提出支持本方立场的理由：为什么是这样。这是整个立论的重点，也是对方攻击的重点。所以，赛前为了使本方理由充足，那可是"上下而求索"，为了"语不惊人死不休"，可谓"衣带渐宽终不悔"。比如辩题"**经济发展优先于环境保护 VS 环境保护优先于经济发展**"，正方立论中提出了三点理由：

第一，从人类自身的需求上看，如果人类把环境保护放在优先的地位，那为什么人类从发展到现在都要改变环境以适应自己的需求，为什么人类会破坏环境来换取人类文明的进步？当我们的环保意识从"不涸泽而渔、不焚林而猎"发展到今天的人和自然和谐共处，无不证明了环境保护要为人类自身的发展需求而服务。的确，我们已经面临诸如气候变暖、水污染等环境问题，但关乎人类生死存亡的却是经济发展，全世界还有十亿人正生活在贫民窟中，就在我们于辩论场上争论的时间内，全世界每一分钟就有十五个人面临生存的威胁，脱离人的需求去谈环保优先，既是对人生存权的蔑视，更是对环境保护要以人为本这一根本事实的蔑视。

第二，从人类与自然的关系上看，地球上如果没有人类，环境保护就会变得毫无意义，而经济发展作为人类发展的原动力，使我们摆脱了茹毛饮血、钻木取火的原始状态，使人与自然的关系更为和谐、更为紧密，更使人类逐渐意识到环境保护的重要性，并为环境保护制定了一系列的措施和法律制度。

第三，从人类发展的终极目标看，我们想要彻底解决环境问题，必须标本兼治。要治本，必须优先发展经济，从根本上优化经济结构，堵住产生环境问题的源头，要治标，同样要优先发展经济，为解决眼前的环境问题提供技术、资金等支持，只有这样，才能为人类生存和发展提供环境保障，人类才能建立"鹰击长空、鱼翔浅底，万类霜天竞自由"的梦想家园。所以我们说，决定人类生存与进步的经济发展，比影响生存与质量的环境保护优先。

这三条理由能否证明正方"经济发展优先于环境保护"的观点呢，请同学们将自己置于反方的立场，逐条对正方的观点进行质疑，这也是一种现场训练。当然，关于这个立论的分析，本书后面部分会有所涉及。

最后，立论中往往需要设定底线，这也是为本方辩论预留缓冲之地。这是为什么呢？其实，前面我们说过，辩论双方的观点都不是正确的，只是具有合理性，同时也有不合理性。所以，双方在证明本方观点合理性的同时，还得将本方观点的不合理性证明为合理，以应对对方对这个"软肋"的攻击，这本是题中应有之义。就拿上面的辩题为例，正方观点"逆境有利于成才"，那么是不是越逆越有利于成才？绝境算不算逆境？如果不算，绝境逆不逆？如果算，绝境怎么有利于成才？同样，反方"顺境有利于成才"，是不是越顺越有利，稍微不顺就不利？那些在坎坷中成才的事例又怎么解释？古代格言"艰难困苦，玉汝于成"是不是错误的？

但是，本方观点的不合理性，即"先天不足"，是双方辩题中必备的缺陷，是辩题的标配，如果没有这种缺陷，那另一方就没有辩论空间了。比如一方认为"地球是圆的"，这绝对没有缺陷，而另一方"地球不是圆的"就完全是缺陷，没有任何合理性，这还怎么辩？

前面我们说过想方设法把这个"不足"证明出"足"，但往往经过大力弥补，很多时候却效果不佳，对方不会因此而善罢甘休，总是想方设法将这个"不足"扩大，使你不得不将大量的精力用于堵住漏洞，这势必削弱对对方的攻击，就像足球比赛，你老在本方半区内防守，势必就减轻了对方防守的压力。从辩论的实践来看，与其这样高投入地"堵漏"，还不如开出一道小口，让它变成涓涓细流。这就是对本方的"先天不足"予以有限的承认，这也等于变相承认对方也存在着某些合理之处。设立底线，就是为了不把话说死、说绝，不自断后路。比如辩题"**钱是万恶之源 VS 钱不是万恶之源**"，正方一辩的立论陈词：

正方一辩：

谢谢主席。各位评委，各位观众，大家晚上好。《圣经》中失乐园的故事和中国先贤孟子的教诲都说明了人之为恶并非本性使然，而是外在的诱惑使人失去了自己的良知。那么，外在诱惑如此之多，为什么偏偏是钱成了万恶之源呢？

第一，钱具有与任何商品进行等价交换的现实合法性。一方面，钱既是财富的象征，又是一般等价物。它具有无限的效力，能激起人的无穷贪欲。但是另一方面，每个人对于金钱的占有又都是有限的，无限的欲望不可能得到满足。正是金钱这种效用无限性和占有有限性之间的矛盾，使它比其他任何物品都更能激起人心中的非分之想，从而使人迷失良知，坠入邪恶。

第二，钱不仅可以在商品领域呼风唤雨，也可以使非商品变得商品化。它不仅是物质财富的象征，更是精神价值的筹码。权力、地位可以用钱购买，贞洁、名誉可以公开出售，人性、尊严被待价而沽，甚至天理、良心也染上了铜臭之气。金钱可以使黑的变成白的，丑的变成美的，错的变成对的，卑贱的变成尊贵的。正因为金钱具有如此混淆是非，颠倒乾坤的无边法力，它才成了滋生罪恶，使其肆意蔓延的深刻根源。

第三，人对钱的崇拜还异化了人与钱之间的关系。钱本应是促进社会经济发展的一种工具，但在现实中，却被人们当作了顶礼膜拜的"上帝"。因为钱，人们迷失在这光怪陆离的物欲世界；因为钱，人们丧失了内心良知却浑然不觉；还是因为钱，人生价值和人性尊严都被当作了牺牲品（时间警示）供奉到了拜金主义的祭坛之上。人创造了金钱，却又对自己的创造物顶礼膜拜。当钱从手段上升为目的的时候，人却从主人沦落为奴隶。诚然，是有人能在金钱面前保持清醒，但这是因为他们主观上有道德良知的呼唤，客观上又受到社会规范的约束。正如我们不能因为有人对病毒免疫，就否认病毒是病的根源一样，我们也不能因为有人能在灯红酒绿面前洁身自好，就否认钱是万恶之源。钱作为工具，的确可以促进社会经济的发展，但问题就在于现实中，它已经被人们当作了目的本身在看待。但是，当崇尚自由的人类精神已经被缚上了黄金锁链的时候，他还能自由飞翔吗？谢谢。

正方虽然从三个方面对金钱是万恶之源进行了论证，但是在后面，还是部分承认了：钱作为工具，的确可以促进社会经济的发展。正方大大方方承认钱在社会经济中的作用，这个底线设置得很好，可以有效化解反方的很多攻击。当然，钱在社会经济中的作用并不必然导致人们在道德上向善，反而往往使人性变恶，所以，我们建立了整套法律制度来规制。如果正方在设置底线的基础上按照这个思路进行，那么就不可能被对方步步紧逼而一直被动。很遗憾，从当时的整个辩论过程中，他们也没有将这一底线贯彻到立论之中，仅仅是在立论中作为点缀而已。

当然，并非每一个辩题都需要设置底线，这还得从具体的辩题分析。一般来说，比较型的辩题需要设置底线，因为这一类型的辩题，本来就是你中有我，我中有你。比如辩题"**舆论之于司法利大于弊 VS 舆论之于司法弊大于利**"，正方的底线应该是：舆论之于司法也有弊；反方的底线应该是：舆论之于司法也有利。双方争论的焦点在于：哪一个大？证明的重点应该是：为什么这个比那个大？而那个比这个小？同样，对立型辩题也是如此，比如"**大数据时代，我们活得更轻松 VS 大数据时代，我们活得更紧张**"，正方的底线在于：有人确实活得紧张，但那是因为不适应而导致的；反方的底线在于：我们的生活有时候会享受大数据带来的好处，但是，我们的工作和生活更多是被大数据所驱使的。矛盾型辩题一般来说，反方应该设立底线，也就是本方的观点，如上面的"**钱是万恶之源 VS 钱不是万恶之源**"，反方的底线就是提出自己的观点，即钱不是万恶之源，钱是一般商品等价物。

66　辩论为什么不能完全照搬形式逻辑？

前面我们讲过关于非形式逻辑，在这里，我们可以把形式逻辑做一番梳理，说明形式逻辑的不足之处。

有这样一位辩论教练，他作为逻辑学教授，给队员的立论确实充分显示出他的专业水平：环环相扣、定义严谨、层次分明、思路清晰。可是，在比赛中出现了这样的问题：他们的立论很坚固，对方难以攻破，可是己方也难以出击。如同一座没有门的坚固堡垒，外面的人打不进来，但里面的人也打不出去，这势必降低比赛的精彩程度。问题还不止这些，当这个立论被对方抓住漏洞并逐渐撕开时，己方却不能适时修补，只能眼睁睁地忍受着对方肆虐，直到最后整个逻辑体系崩溃。问题出在哪里？出在辩论的逻辑不完全等值于形式逻辑。

辩论的确是逻辑之辩，可是又不能完全照搬形式逻辑进行，这似乎有些自相矛盾。为什么呢？恐怕要从形式逻辑的定义说起。根据百度百科，形式逻辑也叫普通逻辑，是研究思维形式及其规律的科学。它是一门工具性质的科学，是人们认识事物、表达思想时经常运用的一种必要的逻辑工具。注意，这里对形式逻辑的定位是科学也是工具，作为科学，它是研究对象；作为工具，它是使用对象。问题在于，形式逻辑自有一套完整的系统的结构体系。但是，在具体的辩论中，如果真要把形式逻辑全部用上，恐怕会作茧自缚。原因在于，形式逻辑的对象是公开的、静止的、固定的，然后以这个为基础构建自己的论证大厦。而这在辩论中几乎不存在，在比赛中对方的立论宣读之前是不会公开的。而辩论本来就是流动的，具有很强的临场性，不可能静止和固定。那么，这时最急需的是临场反应，这种反应不是生理性的，比如被蚊子咬了一口，被开水烫到了，而是高速思维的反应。这样的反应，根本来不及组建完整的逻辑，或者不用逻辑，只用修辞，有时候甚至连修辞都来不及用，因为没有时间琢磨，只能凭灵性。

下面列举的都是辩论中比较精彩的发言，大家可以想一想，精彩在何处？

——对方辩友风度翩翩，偏颇之处在所难免。（错用因果）

——按照对方辩友的逻辑，以人为本那不就是"阿弥陀佛，罪过罪过"了吗？（归谬）

——请对方辩友不要跳出讨论的论题，世界上不是缺少实践，只是缺少发现实践的眼睛（归谬）。

——连叶子都没有相同的，不正得出了个性不需要刻意追求的结论吗？（类比）

——假如劳心者比劳力者的社会贡献大，那么我们这个社会完全可以少办学校，多养牛马。（归谬）

——世界如此奇妙，您却如此烦躁，这样不好，不好。（借用）

——面对这样的真知灼见，对方辩友至今未能幡然醒悟，正好比雨过天已放晴却仍静坐茅庐听雨，不愿接受真理的光芒。这是我不由想起乔西·比林斯的那句话：真理尽管稀少，却总是供过于求。（比喻、引用）

——"鹰击长空"，没有空气鹰击什么？"鱼翔浅底"，没有水鱼游什么？（借用）

——刚才对方辩友一再强调企业应该把客户放在第一位，我想提醒正方辩

友，企业的"企"字离开了人就是停止的"止"，没有员工谈何企业？没有企业谈何产品？没有产品谈何客户？（顶真）

　　——对方辩友回答我方问题，向来不是"小巷里面抬竹竿——直来直去"，而是拐弯抹角。（歇后语）

　　——对方辩友请注意，骑白马的不一定是王子，也可能是唐僧啊！（借用）

　　——对方辩友一直是"坐飞机扔炸弹——空对空"讲来讲去，我方问了那么多遍，他们也没有给我们举出一个例子来。（歇后语）

可以想象，在辩论中，这些句子会引起观众的什么样的反应。完全按照逻辑来说，这些句子并不严谨，但效果却是出奇的好，为什么？因为观众更愿意倾听有感性色彩的语句，这容易引起观众情绪上的共鸣。

　　有一次辩论赛，反方的观点是"诚信主要不靠自律和他律，而是主要靠机制"，反方认为"机制既不是自律也不是他律"，显然，这是在偷换概念。如果用形式逻辑讲，那就是刚才对方辩友说机制既不是自律也不是他律，这完全是偷换概念，因为只要是"律"，就只能是自律或他律，不可能存在既不自律也不他律的"律"。而比赛中，正方是这样表达的：

　　对方所讲的机制无非是拿一点他律好的东西，再拿一点自律的好的东西，把它揉成一团，告诉我这就是一个机制。其实就无非是我种了一个果园，其中有苹果、有香蕉，你告诉我你主要种的既不是苹果也不是香蕉，主要种的是水果。（掌声、笑声）

当然，反方也不示弱，随即反击：

　　按照对方辩友的说法，我们说人性，是不是人加性呢？（笑声、掌声）

如果正方仅仅用前面的语言，不用后面的类比，那他的这个质疑确实逻辑性强，但是观赏性不高，因为抽象，观众听起来费劲；反方的反驳也是灵机一动，从逻辑上看，反方的反驳属于诡辩，但现场效果很好，观众给予了笑声和掌声。

综上，也许可以得出以下结论：

形式逻辑的直接对象是静态的事物，而辩论则是动态的过程；

形式逻辑的结构是固定的，而辩论的结构则是弹性的；

辩论需要形式逻辑，但形式逻辑要渗透于内容中；

口语表达中体现形式逻辑，而不是把形式逻辑作为口语。

67 为什么赛前准备不主张同步思考双方？

参加过辩论赛的同学都会有这样的体验，赛前准备时，当你分析本方立场时，往往要想一想对方会怎么样，当然，对方也会照此办理。这几乎成了一种辩论思维定式。当然，辩论需要对对方做出预测，没有预测的辩论往往容易失败，古人也说过：凡事预则立，不预则废。关键是"预"的时机，在什么时候"预"？这里有个程序问题，当然，这个程序不是规则给出的，而是辩论思维的程序。我们还可以做个实验：找一个辩题，确定自己的立场，然后这样"自相矛盾"地分析下去。比如，**"医务人员面对绝症患者应该如实告知其病情 VS 医务人员对绝症患者不应该如实告知病情"**，不论你是正方还是反方，你除了证明医务人员对于绝症患者应该如实告知其病情，同时你还得证明医务人员对于绝症患者不应该如实告知其病情，那么就让我们来演示一下如何"自相矛盾"：

——向绝症患者隐瞒其病情，这是一种欺骗，而欺骗是不道德的 VS 向绝症患者隐瞒其病情，这不是欺骗，而是善意的谎言。

——任何患者都有对自己病情的知情权 VS 任何患者都有权不坚持自己病情的知情权。

大家发现没有？列举的任何一条，都能举出相反的一条。这样一来，每当你举出一个有利于本方的论据，马上就可以举出有利于对方的论据，就这样一正一反，"自相矛盾"，结果会怎么样？从实践来看，这样做于事无补，搞了半天，除了把思维搞混乱，再无其他好处。

为什么会有这种同步思考？这主要是因为我们想通过推想对方来验证本方的思

路，或者通过这种方式推进本方的思路走向深入。作为辩论的一方，你自然会坚定地站在本方立场上，在这种情况下，你怎么可能"自相矛盾"地思考双方的进攻与防守？这几乎就是要将自己陷入精神分裂的过程，为了身心健康，不建议大家以身试"法"。当然，你肯定要思考对方，只是不必"同步"，什么时候思考对方呢？一般来说，在本方大致准备就绪的时候，才可以全身心地投入到对对方的猜测之中。

有一次全国辩论赛决赛，辩题是"**舆论之于司法利大于弊 VS 舆论之于司法弊大于利**"，反方在本方准备就绪后开始思考正方，首先猜测正方立论，这是一个利弊比较的辩题，在处理利和弊的关系时，往往一实一虚。正方就很可能大谈舆论之于司法之利，而将其弊虚化，不可能将具体的弊加以陈述。为此，反方则必须将舆论之于司法之利具体化，不然，你在攻击对方的同时，对方也可以照此处理。在决赛中，正方立论陈述时，果然没有将弊具体化，这一下成了反方的攻击点。反方辩论在各个环节一直咬住不放："对方辩友，你们的观点是'舆论之于司法利大于弊，那么请问，这个弊具体是什么？请正面回答。'"正方由于赛前没有关于"弊"的准备，只能搪塞，于是反方继续攻击："对方辩友，你方没有举出弊的事例，那你们怎么知道利大于弊呢？"

注意，这种思考的排序是"先己后人"，先思考本方，本方思考告一段落后，再一门心思想对方，当然，最好站在对方的立场上，这样可以最大限度地淡化"角色意识"，即忘记自己是在扮演对方角色。但是也要注意，你并不能够完全准确预测对方，只是这是辩论的需要，同时也是辩手的心理需要。

68　为什么既要预测对方的立论又不能过于依赖预测？

任何比赛，都要有一个对对手的预测，辩论也不例外，但是也有一个问题，那就是测不准。从概率上看，测不准是必然的，但完全测不准却不是必然的，更多的是测准一部分。对对方立论的预测应在本方立论体系大致完成后，再全力以赴地预测对方，这样可以提升预测的准确度。

尽管如此，对方立论也有一个测不准的问题，这种情况具有普遍性，当然完全测得准和完全测不准都不可能发生，因为双方的辩题都是公开的。问题在于：预测对方要预测到什么程度？有同学认为，应该细化到对方具体的概念界定、逻辑关系和论据上，但是，问题来了，你如何知道对方真如你所预测的那样布局？如果预测不准，那么就有可能陷入被动，一开始就陷入被动，那这场比赛的结果也就基本确定了。

比如辩题**"逆境有利于成才 VS 顺境有利于成才"**，反方赛前也是预测了正方的立论，从概念到逻辑再到理由，可是，在比赛中，没有想到正方在"成才"这个概念上完全出乎反方预料。赛前反方预测正方关于"成才"的界定应该和反方没有多大区别，如果双方定义没有什么区别，那就不用界定了，于是反方就没有对"成才"进行界定。比赛中才醒悟过来——这个概念太关键了。正方的界定是：成才需要发现问题和解决问题的能力；需要良好的心理素质。这种能力和素质只有在逆境中才能锻炼出来。平心而论，正方讲的确实有道理，由于反方没有准备，在立论中就显得局促。正方也看到了反方这一弱点，在比赛中一直追着不放，不过，正方自己也有很大的漏洞，被反方抓住而穷于应对，才使反方躲过一劫。

立论的预测确实测不准，但又不能不预测，这似乎陷入了一个两难困境。那么，在测不准的情况下如何应对？比如我们上面列举的事例，反方在立论中并没有对"成才"进行界定，于是陷入被动，那怎样扭转局面呢？当然是找出对方的漏洞，并且咬住不放，努力撕开，使对方弃攻为守。这场辩论就是如此，正方指出反方没有定义"成才"的概念时，反方是这样回应的：我们认同对方成才的定义。这样虽然有些牵强，但对方也找不出什么大的破绽，这个风险就算是避开了。无独有偶，有一场决赛，辩题是**"诚信主要靠自律 VS 诚信主要不靠自律"**，反方立场为主要不靠自律，那靠什么？正方赛前预测，反方不大可能讲主要靠他律，他们肯定会另辟蹊径，另辟的是什么蹊径呢？主要靠教育？主要靠宣传？正方不敢轻易确定，怕万一反方不如自己所料，那正方的整个辩论将无的放矢。思来想去，正方就为反方预测了一个确定的概念，那就是"非自律"，这就是说，自律以外的都属于非自律。在比赛中，反方果然没有用"他律""法制""管理"之类的词，而是用了一个完全超出正方预测的"机制"。这一下，正方有些措手不及，因为完全没有想到反方这样出牌。正方只能暂时用"非自律"搪塞，同时场上全体队员大脑高速运转，拼命寻找对方的漏洞。从逻辑上说，机制也属于非自律，但反方具体说的机制，正方用非自律应对就有点不匹配，而且一听就知道是预设的。正方已经被逼上绝路，只有绝地反击，才有可能向死而生。正方场上比赛的队员趁对方进入小品表演程序的四分钟宝贵时间思考对策，终于找出了应对之策，效果同样也是出乎意料的好，关于这个过程，我们将在自由辩论一节中予以详细陈述。

预测对方可能出现两种情况：一个是预测部分不准确，一个是预测完全不准确。部分不准确，比较可行的是，发现对方漏洞并且全力进攻，将球踢向对方半区，以此减轻甚至化解本方的被动；完全不准确，队员必须沉着冷静乃至急中生智，用心倾听对方的发言，努力找出漏洞，这一点在平时就需要专项训练。

69　立论中揭示概念内涵为什么不用定义方式?

我们常常看到，在辩论赛中，一辩立论中解释概念往往采用定义的方式，听起来很学术化，结果对方、评委和观众都一头雾水，而且，这样的定义并没有在后续的辩论过程中体现，似乎仅仅是为了装饰立论。我们都知道，概念是构成辩题的基本单位，立论中要明晰概念，这在很大程度上决定了本方辩论思路的清晰度，如何明晰，这恐怕是一个需要认真对待的问题。

一直以来，我们比较习惯通过辞典查找定义，甚至将其全盘照搬到立论中。平心而论，这种定义的确比较严谨准确，正因为如此，其语言也自然是不掺杂修辞的学术语言，但这就大大增加了听懂的难度。辩论不是学术争鸣，而是大众化的问题争论，所以，我不主张完全照搬学术定义；当然，并不是要完全摒弃定义，可以用作参考，比如选取其中一些可用的语句改造成口语表达。

一般来说，我们不主张对概念进行定义，因为这种定义学术色彩太浓，学术语言强调规范性和专业性，一般非专业人士都不太听得懂，甚至完全听不懂，这没关系，学术本来就不是大众化的。什么叫定义？百度百科关于定义的定义有几百字，我们择其要：所谓定义，就是对于一种事物的本质特征或一个概念的内涵和外延的确切而简要的说明。不知道大家能否很轻松地读懂这个对定义的定义。那什么叫解释？这就简明多了，解释有两个意思：一是分析，二是说明含义、原因、理由等。这个解释确实比定义要明白得多，更符合观众的语言习惯。下面我们来比较一下定义和解释的区别。

以辩题"**生命诚可贵，爱情价更高 VS 爱情诚可贵，生命价更高**"为例。

关于生命的种种定义，你看着都头疼，如果原封不动地用语言把它们读出来，想必能听懂的人不多。爱情的定义似乎通俗一些，但一会儿情爱，一会儿性爱，听起来也比较复杂。其实，如果不定义，把这两个概念直接说出来，观众能不能知晓呢？如果完全知晓，那为什么还要煞有介事地定义一番呢？这是为了防止双方对这个概念产生不一样的解读，但这样容易导致各行其是、鸡同鸭讲。无论如何，应该以观众听懂为原则。由此可见，使用解释的方式就方便得多，两个理由：一是双方对可能有争议的概念做出解释，容易让对方、观众和评委听明白，以防双方各执一端；二是可以有效避免使用比较生涩的学术语言，而使用比较通俗的生活语言。

假如你是观众，观看了上面列举的那场比赛，当你听到如此学术的语言在你耳边响起，你会有什么感觉？要么用九牛二虎之力记住并且理解，但可能因理解速度远远低于声音传播速度而放弃，要么关闭大脑，拒绝理解，因为成本太高。而反方则对此进行了解释，而且这种解释的重点也不是概念本身，而是"生命"和"爱情"的关系，极其简单却又极其浪漫：如果说生命是一条长河，那么，爱情就是这条长河中的一朵浪花。生命是长河，爱情是浪花，就这短短两句话，相信对方辩手、评委和观众都可以很轻松地听明白，甚至还会发出会心的微笑。为什么呢？因为，什么是"生命"，什么是"爱情"，其实不用解释，对手、观众和评委都知道，双方其实要做的不是让大家知道什么是生命，什么是爱情，而是要对这两个概念的关系进行确定，以防止出现各执一端。用定义的方式来明确概念，容易使概念更加复杂化，结果使自己被那些生涩复杂的语言缠绕，那可真的是剪不断理还乱。

反方对生命的解释是"一条长河"，而把爱情解释为"浪花"，这其实不过是用比喻，但就是这个比喻，把生命和爱情"盘活"了，使大家听起来很舒服、很愉快，因为这符合大众对生命和爱情的一般认知和接受心理。而正方对生命和爱情的定义基本上是照搬百度百科，只不过在爱情的定义中加上了"爱情至高无上，具有超生命、超价值的意义"，这样定义的动机在于：贬低生命抬高爱情，企图与其辩题"生命诚可贵，爱情价更高"吻合。这样一来，语言艰深，入耳困难；再则，逻辑上也难以证明"为什么爱情具有超生命超价值的意义"。这一点被反方抓住，质疑道："在对方眼里，生命仅仅是一堆蛋白质吗？""对方说爱情至高无上，那生命为什么不至高无上？还有，爱情是如何超生命超价值的呢？"面对这些打到七寸的质疑，正方要么刻意回避，要么轻描淡写。为什么？其实他们自己也理解不了。

我们不主张对辩题中的概念使用定义方式，是因为定义的语言抽象晦涩，而不是定义的内容。解释可以使语言通俗化，当然，除了解释，也还有其他方式，应该不拘一格。

当然，我说这是大学生辩论赛，比的是双方的论证与反驳，辩题也比较广泛，多是大众比较关心的社会问题，所以定义应该用大众能听进去的生活化语言。而如果是学术专业辩论赛，比如模拟法庭辩论赛，比的是双方对某案件的判断，定义则必然应该是专业术语。

70 为什么构成辩题的所有概念并不一定都需要解释？

前面说过，辩题是由概念构成的，是不是构成辩题的所有概念都要解释一番呢？这需要具体辩题具体分析。一般来说，双方可能有争议的概念必须解释。一个辩题里，如果每个概念都可能有争议，那每个概念都需要解释；如果每个概念都没有争议，当然也就不需要解释了，但这种情况极其罕见。最关键的是，判断哪些概念双方有可能产生争议，很难有一个客观的标准，主要根据具体辩题用经验进行判断。比如辩题"**当代大学以传播知识为主 VS 当代大学以培养能力为主**"，在这个辩题里，对"大学"这个概念双方应该没有争议，对其他的"当代""传播""培养""知识""能力"这些概念，双方可能存在争议；再进行一轮筛选，把那些争议不太大的筛选出来，"传播""培养""知识""能力"可能争议也不太大，最有争议的可能是"当代"。这个概念表面上看似乎说的是时间，但这个时间的内在东西太丰富了，双方有可能出于自己的立场做出不同的解释。我们来设想一下，正方对"当代"的解释会强调当代知识更新速度加快、知识爆炸这个事实，这样的解释有利于他们的辩题；而反方则可能将"当代"定位于当代社会，强调能力本位、推崇创新能力这个事实，同样也有利于自己的辩题。而且，这两种解释都没有错，都是事实，都有道理，那就要看谁在逻辑上更能够自圆其说，同时使对方难以自圆其说。想想看，在比赛中，如果有一方（正方或者反方）以为"当代"不存在歧义而没有对它进行解释，如果你是另一方，你将如何攻击对方的这个立论？

有的辩题概念很古老，但我们不一定要完全照搬它古老的解释。比如辩题"**门当户对是过时的婚姻价值观 VS 门当户对不是过时的婚姻价值观**"，这里的"门当户对"是一个古老的概念。作为婚姻价值观，"门当户对"在今天仍然有很多人相信，当然也有很多人不相信，这是双方都必须承认的事实。对这个"门当户对"的解释，双方基于各自的立场，都会做出至少无害于本方的解释。正方可能强调"门当户对"的封建主义因素，而反方可能强调其具有超越时代的合理性。双方在这个概念上将进行博弈，相互否定对方的解释。但是，这个辩题里的"婚姻价值观"，双方可能不会存在歧义，似乎可以不进行解释。

下面我们看看双方是如何解释的：

> 正方：所谓门当户对，是指将原生家庭社会经济的匹配程度作为判断是否缔结婚姻的标准。
>
> 反方：门当户对是指双方的家世、背景的匹配，包括社会经济地位和家庭文化等，在明确的等级制度消失之后，门当户对已经不是一条僵化的是或不是的绝对标准，而是多层次的相对标准。[①]

双方都承认"门当户对"是指双方家庭社会经济文化匹配，不同点在于：正方认定这是判断缔结婚姻的标准，而反方则强调是多层次的相对标准。可见，双方都根据自己的立场做出有利于本方的解释，同时又不违背解释的规则。

再如辩题"**时势造英雄 VS 英雄造时势**"，这个辩题的概念很少，只有三个，"时势""造""英雄"，对这三个概念的解释，双方肯定会不一样，想一想，分歧在哪里？

71 为什么要确定关键概念？

一个辩题是由若干个概念构成的，这些概念并不是平分秋色的，有的地位比较高，这就是关键概念。所谓关键概念，就是指在我们在辩题的逻辑体系中具有决定性作用的语词。确定了关键概念，也就在很大程度上确定了双方在概念上的主要分歧，同时也明确了双方辩论的重点，这样就可以合理分配本方的精力，比如辩题"**生活更需要激情 VS 生活更需要理智**"。现在我们来梳理一下："生活"双方应该没有分歧，"需要"好像也没有分歧，"激情"和"理智"这两个概念双方可能有分歧，应该视为关键概念，双方都有可能将对方的关键概念极端化。正方有可能将

[①] 见 2014 年国际华语辩论邀请赛初赛，中山大学对苏州大学。

"理智"向冷血方面推送，而反方则有可能将"激情"拽向疯狂。因此，在解释概念时要注意，要防止因为本方立场需要，不顾解释的规则，将概念的解释立场化和价值化，将本方的关键概念正面化，与善挂钩；而将对方的关键概念负面化，与恶挂钩。如果这样，双方就会将辩论的重点集中在对概念的解释上，辩论就有可能演变为关键概念之争，概念本来应该是辩论的基点，结果却成了辩论的中心，如果是这样，辩论也就失去了意义。由此可见，概念如此关键，稍有差池，势必导致辩论"出轨"。

有的辩题中，在一方看起来无足轻重的词语，在另一方可能就是关键概念。比如辩题**"统考制度有利于创新人才的选拔 VS 统考制度不利于创新人才的选拔"**，这个辩题的概念有 9 个之多。对于正方来说，关键概念既不是"统考""统考制度"，也不是"人才""创新人才"，更不是"选拔"，而是"有利"。乍一看，似乎不可思议，这个词在本辩题中几乎是一个虚词。且慢，让我细细道来：从辩题的可辩性来看，正方的难度似乎要大一些，因为"统考"的"统"与"创新"的"创"从字面上就可以看出存在矛盾，顺便提一下，"统"和"创"是反方的关键概念。如何解决"统"和"创"这对矛盾，用"选拔"不能解决，看来，正方用"有利"恐怕还真的有利。解释一下什么叫"有利"，我根据经验认为，所谓有利，就是可以产生助推作用，但不起决定作用。"有利"不等于"能够""可以"，打个比方，氧气有利于健康，但不能说氧气能够或者可以使人健康。这样，正方就可以有效地防止反方将"有利"转换为"可以""能够"；如果这个判断能够成立，那么，正方的辩题就可以解读为：统考制度对于创新人才的选拔可以起到助推作用，但不能起到决定性作用。至于这种"助推"作用有哪些，那就是下一步的设计了。

下面我们来看看当时正方的立论：

正方一辩：谢谢主席。各位观众、对方辩友，大家好！

基于对统考制度的理性分析，我方坚信统考制度有利于创新人才的选拔。开宗明义，所谓"统考制度"是指由专门机构统一制定规则及标准的考试机制，所谓"创新人才"则是指具有创造性能力的人才。在此，我方认为评价是否"有利于"的标准就在于能否推动和引进创新人才的选拔。下面我就从三个方面陈述我方观点。

第一，从统考制度本身来看，它有利于创新人才的选拔。统考制度作为人类长期选拔实践的经验总结，本身具有公正、广泛、高效、权威的优越性。在统考制度面前，没有门第的高低贵贱，没有贫富的世俗偏见，没有关系网里的人情冷暖，更没有台前幕后的黑色交易。有了统考制度的公正与客观，我们才能抛开偏见，拒绝腐败，做到"内举不避亲，外举不避贤"；有了统考制度的广泛与公开，我们才能够面向大众，着眼社会，"纳四海贤良，揽八方豪杰"；有了统考制度的科学与权威，我们才能够稳定高效、准确合理，做到"知人善用，唯才是举"。

第二，从创新人才本身来看，统考制度有利于创新人才的选拔。创新人才的创新能力并不是"无源之水""空穴来风"，而是人才基本素质的综合。美国心理学家卡特尔等人经过长达70年的跟踪调查后发现，创新人才的创新特质恰恰源自基本的知识与能力。从哲学的角度来看，创新与继承、个性与共性更是相互依赖、辩证统一的关系。统考制度正是用科学的方法，将应试者的知识与能力化为清晰的评测结果，以此为社会选拔提供可靠的依据。不仅如此，对创新能力的直接考察也正成了统考制度的组成部分之一。随着人类心理学、人才学、统计学、测量学研究深入发展，统考制度必然更加科学合理。

第三，从统考制度与创新人才的关系来看，统考制度有利于创新人才选拔。创新人才选拔是一项复杂的社会系统工程，它需要对选拔对象的综合素质进行多方面的考察与评测。统考制度正是从知识与能力的角度出发，为创新人才的选拔提供了可靠的依据。横向上看，统考制度从不同的领域、不同的专业为创新人才选拔提供了借鉴；纵向上看，统考制度从不同的阶段、不同的层次为创新人才提供了崭露头角的空间。从创新人才的本质来看，它以社会性为基础、以可比性为依托，极大地推动和促进了创新人才的选拔。今天我们正是有了创新人才的选拔机制，正是有了我们的统考制度，我们的人才选拔才能无愧于创新之时代、无愧于创新之灵魂，"为天地立心，为生民立命"。

综上所述，我方认为统考制度有利于创新人才的选拔。谢谢大家！（掌声）①

---

① 张德明：《千禧之搏：第五届中国名校大学生辩论邀请赛纪实》，复旦大学出版社，2000年版，第9—11页。

看到没有，正方对"统考制度"和"创新人才"的解释太过于一般化，没有体现本方的立场，这样的解释无助于正方的论证，将直接影响到正方后续的辩论。

这场比赛最后反方获胜，胜在哪里？主要就胜在"有利"。反方把正方的"有利"故意解释为"能够"，而正方不但没有注意到这个变化，反而跟着反方的解释走，把辩题默认为"统考制度能够（可以）选拔创新人才"，如此一来，辩题与事实严重不合，失败是很自然的事。

确定关键概念可以使我们的辩论找准切入点，同时弄清双方在关键概念界定上的分歧，这样，辩论才能够在双方认可的概念内涵基础上有序展开，从而增加了辩论的观赏性。

72 立论为什么要弄清辩题的逻辑关系？

所谓关系，是指若干事物之间的某种联系，所谓逻辑关系，即表示两项活动（前导活动和后续活动）中一项活动的变更将会影响到另一个活动的关系。比如，凡是学生都应该学好知识，你是学生，所以，你应该学好知识。这里，"学生应该学好知识"和"你是学生"是已知条件，"你应该学好知识"是从前面两个条件推出来的结论。注意，这不是辩题，因为反方没有辩论空间，因为如果是辩题，反方的立场就是"学生不应该学好知识"，这显然没有可辩性。

辩论归根结底还是逻辑之辩，既然如此，那么在立论中弄清逻辑关系应该是顺理成章的事。首先必须明了立论中的逻辑关系是什么？其次就是将辩题在立论中按照逻辑线索展开，这种逻辑线索根据辩题的内容具体设定。比如辩题**"现代社会男人更累 VS 现代社会女人更累"**，双方的逻辑关系可分为两层：第一层是现代社会男人和女人都累。这是双方都必须承认的底线或共识，也是辩题类型所决定的。第二层是双方各自表述。根据现代社会的特点可知，男人（女人）比女人（男人）更累，具有争议的只是哪一个性别更累。弄清了这个关系，线索就明确了，辩起来也就比较清晰了，至少不会出现这样的情况：正方强调现代社会男人累女人不累，反方则刚好相反。这样一来，辩题被改变了，变成了**"现代社会男人累女人不累 VS 现代社会女人累男人不累"**，辩题从比较型变成了对立型，这如同命题作文改变了题目，洋洋洒洒一路写下去，结果却是南辕北辙、文不对题。

比如辩题"当今中国，医患矛盾的核心成因是观念问题 VS 当今中国，医患矛盾的核心成因是制度问题"。在分析逻辑关系时，可以按下面这个步骤进行：第一，医患矛盾的成因有很多，应该将主要的成因一一展示出来；第二，弄清医患矛盾的诸多主要成因中，什么样的成因才有资格居于核心地位；第三，弄清作为核心成因的观念或制度，在诸多主要的医患矛盾中具体起什么样的作用；第四，弄清作为非核心成因的制度或观念，在医患矛盾中具体起什么样的作用。把这些问题弄清楚了，这个辩题的逻辑关系也就大致理清了，这才有可能保证辩论按照既定的思路进行。

还是这个辩题："逆境有利于成才 VS 顺境有利于成才"，结果正方将逻辑关系理解为"逆境比顺境更有利于成才"，这样，正方在证明本方观点成立的同时，也证明了反方观点成立，当然，后果就很严重了。请大家想一想为什么。

73 立论为什么要设立底线？

《菜根谭》中有这样一句话："滋味浓时，减三分让人食；路径窄处，留一步与人行。"我们中国人有一个传统，就是凡事要留有余地，不把话说绝。这是中国人为人处世的一个底线，同样，这个底线也适合辩论的立论。在立论中，如果有可能，最好不要把话说绝，要给自己留有余地，为本方辩论预留缓冲之地。当然，这样做主要不是坚守为人处世之道，而是出于辩论本身的需要。因为比赛中什么事情都可能发生，而且这些"什么事"基本上是我们赛前无法预测到的，预留空间（底线）就是为了一旦遇到预测外的问题时，有一个转向的空间。比如辩题"人性本善 VS 人性本恶"，从反方来看，这个辩题难度太大，甚至不符合中国"人性本善"的传统伦理，需要冒着背离传统文化的风险，如此，自己本来就狭小的辩论空间将被对方轻松挤压。结果，在辩论中，反方完全出人意料设计了这样的底线：人性本恶，但是可以通过后天的教育使之向善。这样一来，反方的空间就大了，正方列举的种种关于人性本善的事例，均可以囊括进"后天的教育使之向善"之中，以"人性本恶"为虚，以"使之向善"为实，这样虚实相间，使反方纵横驰骋、左右捭阖，导致正方相形见绌、捉襟见肘，真是应了那句老话：后退一步天地宽。

我们来看看反方的立论：

反方一辩：谢谢主席，大家好！我先要指出一点的是，康德并不是一个性善论者。他也说过这样一句话："恶折磨我们的人，时而是因为人的本性，时而是因为人的残忍的自私性。"对方不要断章取义．另外对方所讲的种种善行，完全是后天的，又怎么能够说明我们命题当中的"本"呢？神话归神话，现实归现实。对方同学请你们摘下玫瑰色的眼镜看看这个现实的世界，就在你陈词的这三分钟当中，这个世界又发生了多少战争、暴力、抢劫、强奸。如果人性真是善的话，那么这些罪恶行为到底从何而来呢？对方为什么在他们的陈词当中，自始至终对这个问题避而不答呢？我方立场是：人性本恶。

第一，人性是由社会属性和自然属性组成的，自然属性指的就是无节制的本能和欲望，这是人的天性，是与生俱来的；而社会属性则是通过社会生活、社会教化所获得的，它是后天属性。我们说人性本恶当然指的是人性本来先天就是恶的。

第二，提到善恶，正如一千个人眼里会有一千个"哈姆雷特"，一千个人心目当中也许会有一千个善恶标准。但是，归根到底恶指的就是本能和欲望的无节制的扩张，而善则是对本能的合理节制。我们说人性本恶正是基于人的自然倾向无限扩张的趋势。曹操不是说过"宁可我负天下人，不可天下人负我"吗？路易十五不是也说过："在我死后哪怕洪水滔天。"还有一个英国男孩，他为了得到一辆自行车竟然卖掉自己三岁的妹妹。就这些对方还能说人性本善吗？

第三，虽然人性本恶，但是我们这个世界并没有在物欲横流中毁灭，这是因为人有理性（时间警示）。人性可以通过后天教化改造。当人的自然倾向无限向外扩张的时候，如果社会属性向同一方推波助澜，那么人性就会更加堕落；相反，如果我们整个社会倡导扬善避恶，那么人性就有可能向善的方向发展，这一点不也正说明了儒家思想所倡导的修齐、治平、内圣、外王是何等重要吗？对方辩友，如果真的是人性本善的话，那么孔老夫子何必还诲人不倦呢？

今天，对方辩友所犯的错误就在于以理想代替现实，以价值评判代替事实评判。从感情上讲我们同所有善良的人一样也是希望人性是善的。但是历史、现实和理性都告诉我们，人性是恶的！这是一个事实，我们只有正视这个事

实，才有可能扬善避恶。（时间到）谢谢各位！（掌声）①

现在，我们一起来梳理一下这个立论的逻辑关系：

第一层，提出人的本性就是自然属性，是无节制的本能和欲望；第二层，人性本恶正是基于人的自然倾向的无限制扩张的趋势；第三层，人性可以通过后天教化加以改造，如果社会倡导扬善避恶，人就有可能向善的方向发展。这三层关系，环环相扣，尤其是第三层，设立底线，这个底线不仅是为了缓冲，更是划定了本方的主战场，为本方开辟了一个很大的辩论空间。其实，第一、二层是虚，第三层是实。这场辩论之所以成为辩论史上的经典，底线的设置就是其中一个很大的亮点。

从辩论实践看，比较型的辩题必须设立底线，这类辩题有一大特点，那就是双方的关系不是相互对立或者排斥，而是你中有我、我中有你，内容上有交叉，这种情况在立论中往往被双方忽略，于是就成了有我无你、有你无我，变成了对立态势。比如辩题"**对于禁毒，禁吸更重要 VS 对于禁毒，禁贩更重要**"，这个辩题的第一层逻辑关系是：对于禁毒，禁吸与禁贩都重要，这是双方的底线所在。而第二层逻辑关系是：禁贩（吸）重要，但禁吸（贩）更重要。可是到了双方的立论中，却成了"对于禁毒，禁吸（贩）重要，而禁贩（吸）不重要"，这样双方不仅没有底线，甚至也改变了辩题。我们都知道，双方改变了的观点已经脱离了当前禁毒的现实，仅仅是禁止吸毒或禁止贩毒，都不可能杜绝毒品，这早已被大量的事实反复证明，可双方却在面红耳赤地为本方违背常理的观点雄辩滔滔，这似乎形成了一个悖论，请同学们想想"悖"在哪里。

其实，设立底线，并不完全是为了利己，有时候也是为了利他。不把对方逼入死角，给对方留一点空间，这不仅是为了显示本方"慈悲为怀"，也是辩论的需要。有的辩题可辩性不均等，一方的空间很小，在这种情况下，占有空间大的一方可以考虑适当让渡一部分空间，使双方可辩性大致均等，这样做，充分展示出本方的绅士风度，客观上也会给评委和观众留下良好印象。比如辩题"**天灾比人祸更可怕 VS 人祸比天灾更可怕**"，反方的辩论空间应该比正方大，因为人类的很多灾难是人造成的，尤其是近现代，人祸确实比天灾更可怕。当然，人类在努力减少天灾的同时也在努力减少人祸。而从事实看，现在人类对付天灾的能力比以前大大增强，而

---

① 王沪宁、俞吾金主编：《舌战狮城》，复旦大学出版社，1993 年版，第 330—331 页。

对付人祸的能力却没有同步增强，比如发生在各地的战乱、极端恐怖主义的威胁，等等。这时，作为反方，就可以考虑让渡一些空间来使可辩性均等，当然，这一定是在不损己的前提下，至于怎么让渡，假如你是反方，可以试着设计一下。

74 立论陈词为什么只有短短几分钟？

　　一场辩论赛，时间最长不会超出 40 分钟，一般在 35 分钟左右，而在 35 分钟的辩论过程中，最主要的内容不是论而是辩，具体来说不是论述而是辩驳。让我们来看一看构成辩论赛的各个环节及时长：1. 立论（3~4 分钟），2. 攻辩（2~3 分钟），3. 攻辩小结（1 分钟），4. 自由辩论（4 分钟），5. 总结陈词（3~4 分钟）。用时最长的是自由辩论，双方共用时 8 分钟，这 8 分钟也是辩论赛中最精彩的时段。这有点像一篇文章，讲究"凤头猪肚豹尾"，开头部分不能太长，但一定要精彩，能迅速被评委和观众接受，甚至认同。立论就是整个辩论开头的部分，不但起到了提纲挈领的作用，而且是整个辩论的"本"。辩手用三到四分钟时间将千把字的文字通过口头语言展示给对方辩友、评委和观众，使大家了解本方的论证过程。

　　就立论来说，这三到四分钟要说的字数大约为 900~1200 字。这点字数要把一个命题的论证过程完全展开，并且让对方、评委和观众都能听懂，甚至令他们信服，可不是一件容易的事。这要用最简洁的语言表达出最需要表达的内容，久而久之，我们就会习惯了简洁。所谓简洁，一是简，二是洁。

　　关于简，一是简单，包括两个方面：1. 语言简练，"惟陈言之务去"，少用或不用大家听不懂的语词和语句；2. 结构简单，立论的结构一般有四点，一概念，二逻辑，三理由，四底线。其次是简短，惜字如金，字数少而精，能够一个字表达清楚的，绝不用两个字；3. 内容简要，提纲挈领，不做过多的阐述，点到为止，为后续的辩论做铺垫。

　　关于洁，就是整洁、清洁。就整洁来说，语言少用或不用形容词，少用情感性词语，慎用成语，中心词前面少加或不加修饰语；就清洁来说，语言洗练、干干净净、不枝不蔓，给人清新爽快的感觉。

　　如果我们嫌时间太短，不能充分展示立论，于是把时间拉长，多长呢？10 分钟，但那又会给人一种喧宾夺主、头重脚轻的感觉。本来辩论的重点在于"辩"，由于增加了立论陈述的时间，结果"论"与"辩"平分秋色，甚至"论"唱了主角。在结构上，其他"辩"的环节中最长的自由辩论才8分钟，而立论竟比它长2分钟，这势必造成头重脚轻，导致整个辩论结构不合理。

短短三四分钟的立论，要表达的内容如此之多，这就需要字斟句酌，反复推敲，使每一个字都充分发挥它的作用，这对辩手的文本写作能力提出了相当高的要求。这种文本既不同于中学生的议论文，也不同于大学生的毕业论文，它是将本方立场观点以通俗的语言简明扼要地表达出来，撰写立论文本不过是准备口语表达的底稿。在这个意义上，立论文本与演讲稿有相似之处，都需要准备底稿，都需要用通俗的语言让听众明白。但二者的差异更大，演讲稿偏重于情感渲染，与观众共情；而立论重在阐述道理，偏重于逻辑理性，与观众共理。演讲稿是单向传播，没有对手临场向你挑战，你只管向观众侃侃而谈；而立论则是双向交锋，对手不会如同演讲观众般仅仅洗耳恭听，而是对你的每句话挑刺并且进行攻击。立论不仅仅是动口能力的锻炼，立论文本的撰写也是动手能力的训练，既要会思、会说，也要会写。在这个写作过程中，你可能会生出古人的感慨："吟安一个字，捻断数茎须。"而当你灵感突发，下笔如有神，文本一挥而就时，你会陶醉于文本中浸透自己灵感的语句，生发出"两句三年得，一吟双泪流"的成就感。

75 立论陈词为什么要强调首因效应？

所谓首因效应，其实就是我们平常所说的"第一印象"。其定义是这样的：人们最初接收到的信息所形成的印象比较深刻，不容易改变，会影响到对后来接收到的新信息的解释。这种情况在生活中很普遍，最典型的就是相亲。双方初次见面，就必须努力美化自己，争取给对方留下良好的第一印象，男性竭力绅士，女性极尽淑女。再比如，我们去买菜，看见菜叶上有泥巴，可能就不会购买，尽管这确实是无化肥、无农药的绿色纯天然蔬菜；反之，菜叶上干干净净，甚至还带点水珠，可能会刺激我们的购买冲动，尽管这菜可能经历了化肥、农药的洗礼，由此可见，第一印象的效应何等重要。

立论陈词也是一样，这是双方的第一次发言。在此之前，评委和观众的大脑像是一张没有记载双方任何信息的白纸，任何一笔都会留下清晰和深刻的印记。正因为如此，评委和观众第一次接收到的信息就比较清晰深刻，这会影响到对你方后续辩论的评价。要给评委和观众留下良好的第一印象，由此产生预期的首因效应，这就要求在立论陈词时做到以下四点：

第一，陈词必须脱稿，给人临场发挥的感觉。我们时常看到这样的场景：一辩低着头，紧盯手里的 A4 纸，庄重肃穆，振振有词——这哪里是立论陈词，简直就是法官在宣读判决书。这样的陈词肯定不会给评委和观众良好的第一印象，也不会产生积极的首因效应；如果评委有了这种负面印象，肯定会影响对你方后面比赛的评价，因为只要是人，其行为不可能不会受到心理暗示。但是，现实情况是有的辩手确实记不住立论文本，如果完全不看稿，那将会出现表达停顿的"事故"，那么，可以将稿子制成小卡片，如巴掌大小，用大拇指夹住，陈词时夹在手掌里，随着手势，可以用眼角扫描，这就比手捧 A4 纸强多了。当然，最好还是不看稿，给人即席发言的姿态。

第二，陈词语气必须平和，娓娓道来，如数家珍。立论是将本方立场观点一步步展开，陈词则是将这些用有声语言向评委和观众传播。有时候，怎样传播比传播什么更令受众印象深刻。因此，在陈词时，语气要平和，尽量不要掷地有声、慷慨激昂、义正词严，这可不是展示本方大义凛然气概的场合。要知道，你不过是陈述自己的观点，没有必要动那么大的气，对方是辩友不是敌人。但是，语言的节奏也不能搞成像散文朗诵，情意绵绵；修辞不要滥用，排比、对偶、拟人、夸张慎用，毕竟这可不是抒情散文。立论文本跟文学无关，勿动辄把那些以"啊"开头的诗句和以"啊"结尾的散文语句转移到立论陈词中来。

第三，陈词的语速要适中，不疾不徐，把握节奏。一般来说，陈述内容时节奏稍缓，论证观点时节奏稍快，当然，这要根据辩手的个性而定，不能一概而论，但不能一个节奏到底，这容易使人产生听觉疲劳。当然，辩论的语速比较快，立论陈词只有短短的几分钟，不可能听你慢慢道来。但是，如果语速太快，有可能超出对手、评委和听众听觉器官的接受能力，这样会产生三种恶果：一是容易导致评委产生负面心理，从而对你方的立论陈词产生负面评价；二是对手无法听清你方的立论，也难以进行质疑，从而使辩论的质量大打折扣；三是易导致观众心生厌烦，在情绪上与你方疏离。

第四，陈词的姿态要端庄，立论陈词不仅在于听，而且在于观。一辩的起立陈词，是本方第一次向评委和观众展示自己的外在形象，这是实实在在的外在第一印象，因此特别要注意自己的仪表、表情、姿势。当然，其他队员也要注意。有意思的是，一辩常常由女生担当，而女生的姿态、表情更具有亲和力，声音比较清晰，语气委婉，较之男生，比较容易获得评委和观众的好感。

仪表包括服饰、发型、化妆等。由于辩论赛的性质，辩手往往比较严谨，仪表就不能与出席晚会、服装发布会相同，也不能严谨得如法官、检察官，基本上男生应着西装，女生应着职业装。

表情也是如此，不宜夸张，比如张开大嘴露出上下牙床作开朗爽快状，或者紧锁眉头、悲愤交加作苦大仇深状，都不好。一句话，表情自然、自如，立论陈述没有多少"啊""呀"之类的情感表达空间，更多的是逻辑、事实的理性陈述和论证。表达与姿势应该是很自然的配合，但自然不等于合适，有的辩手生活中的习惯并不一定适合辩论。比如，有的辩手表达时习惯情不自禁地手舞足蹈，有的则以摇头晃脑为常态，这些对于该辩手来说很自然，然而并不符合立论陈述的要求，容易给观众和评委不严谨的印象，这一点尤其需要注意。现在请大家想一想：一位男辩手平时说话声音洪亮、气势磅礴，手势斩钉截铁，俨然一副前线指挥员气势，如果让他担任一辩做立论陈词，你觉得他合适吗？为什么？

立论陈词必须站立发言，如何站，可不是那么简单，既不能昂然挺立作大义凛然状，也不可弯腰驼背作畏首畏尾状，应根据平时习惯自然而立，不然，刻意保持某种自己不习惯的站姿，有可能影响思维和表达。曾有一位辩手，只要一站起来，腰就自然弯曲，身子前倾，不知道还以为是给对方行鞠躬礼。他也为自己的不良站姿羞愧难当并且深恶痛绝，立志要改变这一现状，于是他将背背佳绑在背上，让腰不再不由自主地弯曲，但在比赛中，虽然腰不再弯了，但他的发言也似乎不如弯腰时利索了。后来，他果断放弃这种矫正做法，结果潜力得到充分发挥。当然，这是有前提的，那就是你的习惯姿势不影响评委对你的首因效应。

76 立论的陈述为什么不能像演讲？

下面有两篇稿子，主题一样：逆境有利于成才。第一篇是辩论的立论稿，第二篇是演讲稿。

立论稿：

　　首先，我来阐明三个概念。逆境、才和成才。逆境，即不顺利的境遇。也就是说，人总是处在一定的社会环境和自然环境中，我们在这样的环境中无论是维持生存还是成就事业，总感到困难重重，我们会说，这样的环境是逆境。很显然，逆境和险境、绝境不同。才指为社会做出贡献有所作为的人。成才，顾名思义，就是掌握才干，形成能力。马克思主义思想告诉我们，逆境顺境都是外因，而外因只有通过内因才能发挥作用。所以，在此，我们强调今天论题的适用对象是具有成才意识的独立个体。并且，逆境与顺境是相对的，是可以相互转化的。那么，对方辩友肯定会问：难道顺境就不利于成才了吗？我们不否认在顺境中有时候也能成才，但顺境与逆境相比，在同等条件下，逆境有利于成才。它表现在如下三方面：

　　第一，人们可以在逆境中积累大量经验。当人身处逆境时要比在顺境中操劳得多。逆境促使人认真总结经验教训，寻找摆脱逆境走向成才的路径。于是逆境之中的思考与总结、探索与创造的过程，就是人们增长才智和积累经验的过程。

　　第二，人的一生是不会一帆风顺的，难免会遇到大大小小的挫折与困难。逆境可激发人的进取精神。郭沫若同志曾说过，艰难环境一般是会使人沉沦下去的。但是在具有坚强毅力积极进取的人面前，逆境却可以发挥相反的作用。环境越是困难，越是要抖擞精神，发奋努力，这就是所谓"艰难困苦，玉汝于成"。

　　第三，身处逆境还能磨砺人的意志。逆境能造就人才，就像在高温下才能产生坚硬的金刚石一样。它使懦弱变为勇敢，使摇摆变为坚毅。"自古雄才多磨难，从来纨绔少伟男。"中外历史上，一帆风顺而有大成就的人实属少见。真正出类拔萃的，大都是那些历尽艰辛，在逆境中磨炼出坚强意志的人们。孟子有言："天将降大任于是人也，必先苦其心志，劳其筋骨，饿其体肤，空乏其身，行拂乱其所为，是以动心忍性，增益其所不能。"

　　所以我方坚信，逆境有利于成才。

演讲稿：

　　孟子曰：天将降大任于斯人也，必先苦其心志，劳其筋骨，饿其体肤，空乏其身，行拂乱其所为。意思是说，人只有经过逆境，才能成才。

人应该在逆境中得到锻炼，学会成才，走向成功。卡耐基自小穷困潦倒，常常在小店铺里当童工，生活十分艰苦，但他不断学习，掌握各种手艺，在最底层摸爬滚打，终于成为一位大企业家。他说过：人在身处逆境时，适应环境的能力实在惊人。人可以忍受不幸，也可以战胜不幸，因为人有着惊人的潜力，只要立志发挥它，就一定能渡过难关。一个人如果没有经历过逆境，是说不出这样的话的。逆境是通往成功的必经之路，在中国也有这样的人。

朱元璋是中国历史上的一位巨人，他的英勇与果断令后来人折服。可他不是从小养尊处优的阔少爷，而是失去双亲的放牛娃，无依无靠，甚至还当过乞丐。在这样的条件下，他依旧不懈努力地学文习武，推翻了元朝，成为天下景仰的大明天子。如果不是逆境造就了他的个性，他是不会成才的。

逆境是支撑成功果实的高大树干，想要果实，就得努力向上爬；逆境是挡在绿洲前的沙漠，想要甘露，就得不停奔跑；逆境是通往世外桃源的森林，想要幸福，就得穿过荆棘，成功不是轻松得来的，逆境是帮助你的最好帮手。

没有人可以不经历逆境直接成功，没有磨炼，结果只会是悔恨。李世民去世前为儿子铺好了一切道路，斩除了所有祸根，但计划永远赶不上变化，在李治舒舒服服当皇帝的时候，朝中大乱，他只得在病痛中郁郁而亡。人没有逆境是不行的，没有经历过逆境，遇事就会无经验可寻，无方法可查，是失败注定的。

逆境与成功是相依相存的，不经历逆境，是无法像雄鹰一样在天空中翱翔的，是无法像劲松一样坚忍顽强的，是无法像江河一样尽情奔腾的。逆境永远是成功的奠基石，人只有经历逆境才能成功，人应学会在逆境中成才。

我们将这两篇稿子进行比较，就会发现二者的差异。

第一，从修辞的数量比较，立论稿少而演讲稿多。立论稿只用了一个比喻："就像高温下才能产生坚硬的金刚石一样"，而演讲稿用的比喻有 6 个：逆境是"支撑成功果实的高大树干""挡在绿洲前的沙漠""通往世外桃源的森林"，不经历逆境，是无法像"雄鹰翱翔""劲松顽强""江河奔腾"的；同时，演讲稿还用了两组排比：一组是"逆境是……"，一组是"无法像……"。

第二，从内容的侧重看，立论稿重逻辑而演讲稿重事例。立论稿先给三个概念

"逆境、才和成才"进行解释，然后厘清逆境与成才的逻辑关系，最后从三个方面进行论证；而演讲稿则用卡耐基、朱元璋和唐太宗的儿子李治作为正反两方面的事例进行渲染，说明逆境有利于成才。

第三，从目的看，立论稿在于论证，立论稿从"人可以在逆境中积累大量经验""身处逆境可以激发人的进取精神""身处逆境还能磨砺人的意志"三个方面证明逆境有利于成才；而演讲稿在于渲染，用了三个"想要"排比："想要果实……""想要甘露……""想要幸福……"；三个"是无法"排比："是无法像雄鹰……""是无法像劲松……""是无法像江河……"。

第四，从手法看，立论稿在于以理服人，用三个分论点证明本方立场；而演讲稿在于以情动人，用修辞加强情感渲染。

当然，以上只是一个简单的比较，如果要深入比较，可比较的东西实在太多，这里就不再一一列举了。大家如果有兴趣，可以找一些这方面的文本进行比较，比较前先进行分类，即辩论与演讲的题目大致差不多，这样同类相比才有可比性。

77 为什么切忌立论陈述演讲化？

前面我们比较了立论与演讲的区别，从表达的角度看，二者的区别还在于立论表达重在一一道来，而演讲则比较重视字正腔圆，以及表达更有节奏感。立论陈述的是道理、事实、逻辑，目的在于让观众明白本方的论证过程，而演讲则是通过表达打动观众，让观众与自己共情。二者的目的、内容、方式都不一样，所以立论陈述不能跟着演讲走，不然，这一走就走进了演讲而不是辩论了。

二者的区别，用两个字表示，那就是"论"和"演"，立论重在论，而论需要的是逻辑；演讲重在演，而演需要的是审美。搞清这二者的区别，有助于我们在辩论陈词时节约情感，任用逻辑。

有的同学在立论陈述时，以为把自己的语言修饰得具有审美价值，就会产生儒雅大气的效果，于是，猛攻修辞学概论、修辞技巧之类的教科书或工具书，然后便着手在立论文本的语句上安装修辞，比如弄一个排比之类，或者对偶一下，甚至更进一步，大量使用比喻、拟人，将立论表达得声情并茂，企图催人泪下。我们不妨做个实验：如果你愿意，你可以将这种演讲式的立论陈述进行录音，完了后再回放给自己听。你可能会有一种很强烈的错位感：好端端的立论算是被你毁了，变成了既不是立论也不像演讲的东西，不伦不类；更为严重的是，对方、评委和观众感觉你的立论里除了浓浓的情感宣泄，不知道到底证明了什么，而这可是关系到后续辩论的关键，你这样立论，就太坑队友了，导致他们后续的辩论只有好自为之了。

演讲的最大特点是表现演讲者的个性，其实，立论陈述并不排斥个性，很多优秀的一辩选手往往能在平铺直叙中展示个性，这有点像戴着镣铐跳舞，也可以跳出优美的华尔兹。但是，辩论要求辩手的个性必须服从于和服务于立论陈述，而不能本末倒置。如果把立论陈述作为表现自我的工具，比赛时你起立发言，充分挥洒情感，激情澎湃，这样，你的自我倒是闪亮登场了，可全队的辩论却因你的闪亮登场而黯然失色。立论陈述的目的不在于让观众看你的表现，而在于通过你的陈述了解你方立论的内容，了解你是怎样证明本方立场观点的。简而言之，立论陈述所表现的不是你的个性风格，而是你方的论证过程，当然，这也不会阻止你在论证过程中表现自己的个性特征，但是，要做到这一点，不仅需要技术，更需要深厚的修养。

六

怀疑是无限的探求：于无疑处有疑

78 为什么说"怀疑是无限的探求"

"怀疑是无限的探求"这句话出自苏格拉底，他总是爱说一些充满逻辑趣味的格言。其实，他这句话从逻辑上可以说明我们前文已经说过的：人为什么怀疑，是因为好奇心的驱使；为什么好奇，是因为我们无知却又欲知，于是就要去探求。其实，在"疑"方面，古圣先贤们曾有过许多格言，这里撷取一部分与大家分享：

> 疑是思之始，学之端。——孔子
>
> 学则须疑。——张载
>
> 为学患无疑，疑则有进；小疑则小进，大疑则大进。——陆九渊
>
> 问题是接生婆，它能帮助新思想的诞生。——苏格拉底
>
> 思维是从疑问和惊奇开始的。——亚里士多德
>
> 质疑是迈向哲理的第一步。——狄德罗
>
> 怀疑并非信仰的反面，而是信仰的一种要素。——罗曼·罗兰
>
> 提出一个问题比解决一个问题更重要。——爱因斯坦

似乎我们都习惯用伟大人物的话作为论据，为什么呢？乍一看，好像是因为他们的身份和名气，那他们的身份和名气是怎么来的呢？他们的思想的地位是在怀疑和批判过程中形成的，他们成为伟大人物的过程充分证明了他们的言论，换句话说，这

些言论是这些伟大人物根据他们的经历归纳出来的。

如前所述，辩论最主要、最重要的是质疑与答疑，即提问与答问，这是辩论这部交响的华彩乐章。正是双方通过问与答的不断转换，才将辩论演绎得起伏跌宕、扣人心弦。但是，问与答只是规则制定的程序，并不必然表示这个环节就一定精彩，就像足球比赛有规则，但这些规则并不保证比赛就一定好看，比如中国足球。说到底，还得刻苦训练、反复揣摩。首先要养成"对于任何事情都要问一个为什么"的习惯，从而学会质疑、习惯质疑、善于质疑；当然，还要学会答疑、习惯答疑、善于答疑。面对接踵而来的"是什么""为什么""怎么样"，要沉着应对，冷静回应。就是在这种问与答的往复循环中，慢慢养成和提升思辨的素养，这些都"非一日之寒"。如果你真的喜欢辩论，就应该喜欢问与答，通过这种形式的训练，就可以发现思想的新大陆。真正应了那句千古流传的诗句：山重水复疑无路，柳暗花明又一村。那种独自发现的快感，是任何语言都无法形容的，果然像陶渊明老先生所言：此中有真意，欲"辩"已忘言。

有一位中国留美学生，从耶鲁大学毕业，他发表了他在大学学习的见闻，现将其言论摘录如下，供大家质疑：

> 英文课上的圆桌讨论，让我逐渐抛弃了以往被动而死板的阅读方式，不再习惯性地去用简单的语言去概括中心思想，而学会将材料当作文学作品去鉴赏，调动感官和想象力，将阅读变成一种立体而多元的体验；写作课宽松的思维环境和严谨的逻辑训练，教会了我在写论文时如何就一话题自己立论、论证与总结，而并非像传统的议论文训练一般，文章能够采纳的角度和观点早已被题目死死框住；社会学讲座上老师深入浅出的讲解，让我明白了如何用抽象晦涩的社会学理论来分析社会结构与历史进程，让我了解了一些权威的哲学不再被当作放之四海皆准的真理而铭记，而仅仅被当作一种理论接受分析与质疑时，也可以让人感到耳目一新。
>
> 在美国，我的同龄人中，我发现许多人对周围的环境和现象，都具备一种敏锐的洞察力和客观分析的本能。他们在看待事物和分析现象时，会对已经被广泛接受的传统看法和固有的成见保持高度警惕，不断去挑战它们，避免因为自己的思维懒惰而将复杂的问题简单化。
>
> 他们很少会因为认同一个人而将他的观点不假思索全盘接纳，也很少会因

为否定一个人而彻底拒绝去斟酌他的想法，而接纳与反对，又很少取决于对方的权威与身份。①

这段文字中，他对三个方面感受很深：一是对于一些权威的哲学，不是把它当作真理而是当作一种理论加以分析与质疑，反而可以给人耳目一新的感觉；二是他的同学看待事物和分析现象时，会自觉地对被普遍认同的传统理念保持高度警惕，并且还不断去挑战这些理念；三是他的同学将个人与个人的观点严格分开，不因人废言，不因言废人。这三个方面一言以蔽之：习惯质疑，只为观点。

79　提问和答问为什么是辩论的重头戏？

20 世纪 90 年代的辩论赛，其比赛程序主要分为陈词与自由辩论两个部分，比如最早的新加坡模式就是如此。该模式的陈词部分是：一辩、二辩、三辩各陈词 3 分钟，正反双方共 18 分钟；总结陈词正反方各 4 分钟，共 8 分钟，这样，整个陈词部分占 26 分钟。而提问与答问仅仅出现在自由辩论环节，各 4 分钟，共计 8 分钟，显然，这种模式重在论而不在辩，这就要求辩手们赛前准备得越充分越好，辩论的胜负主要取决于赛前的准备。

随着辩论在中国的推广与普及，这种重在论的新加坡模式已经不能够充分展示辩论的张力，也在很大程度上限制了辩手个性的张扬，越来越难以适应人们对辩论的要求。因为这个"论"完全可以在赛前就准备充分，制成文本，辩手再一字不差地背下来。如此一来，上台比赛前，每位辩手在大脑里都装了一篇成型的辩论文本，比赛不过就是将这个文本以临场发挥的姿态陈述出来。于是，辩论就成了按照脚本进行的口才表演，那种灵机一动的即兴发言，就成了成竹在胸的背稿演说，辩手之间针锋相对的激烈交锋，也转变为无的放矢的各说各话。21 世纪以来，辩论赛制改革，主要做法就是加和减，在环节上增加"辩"减少"论"。以我所在的学校为例，我们的辩论赛制总用时 33 分钟，陈词部分正反方共 12 分钟，包括：立论陈词 6 分钟，总结陈词 6 分钟，总共 12 分钟；而提问和答问部分共 21 分钟，也就

---

① 高雨莘：《出国留学，应该学些什么？》，https://www.sohu.com/a/7913726_108697.

是说，有将近三分之二的时间用于"辩"而非"论"，这个"辩"的具体程序有：质询 4 分钟，自由人对话 4 分钟，小结 3 分钟，自由辩论 8 分钟，回答提问 2 分钟。这样，辩手们就有了更多的时间去充分展示自己的个性和风格，辩论也就增加了随机性，从而使辩论赛更加激烈精彩。

我们知道，立论和总结可以在赛前准备，大可以"上下而求索""搜尽奇峰打草稿"。而提问和答问却没有这个"福气"。尤其是答问，赛前你根本不知道对方要问什么，尽管不断地做预测，但永远测不准，因为双方都对外界严格保密，你绝不可能完全了解对方，除非派了线人到对方卧底。在比赛中，当你站起来，忐忑地等着对方提问，那感觉，仿佛心里有十五桶水七上八下。怎么办？既然无法准确预测对方，那就只能"治本"。

一是赛前对辩题进行深入挖掘，这种挖掘包括：对本方辩题的背景、概念、关系、理由、底线、理论、事例、数据等烂熟于心。比如辩题"**自媒体时代，我们离真相越来越近 VS 自媒体时代，我们离真相越来越远**"，双方必须理解"自媒体时代是一个什么样的时代""真相是什么""在非自媒体时代，真相与我们距离有多远""什么样的情况下媒体与真相零距离"，等等。

二是辩手对本辩题有关的事实、事例、数据、公理应该如数家珍，可以在比赛中脱口而出。当然，辩手还应该在辩论过程中及时知彼，及时发现对方的长与短，做到避长击短。从博弈的角度，对方的长即本方的短，这个短有可能成为对方的攻击点。就拿这个辩题来说，正方的"短"在于有这样的事实：有些自媒体虚假报道，为的是增加点击率，由此增加收入；这样的自媒体如何让公众离真相越来越近，这就要求正方必须"自圆其说"，套用一个词，如何"护短"，护住自己的短处；当然，反方同样也有自己的"短"，那就是很多信息，自媒体报道的速度先于非自媒体，使公众及时了解事实真相，这也是事实，反方如何解释。当你心中具备了这些材料，你就会在对方强势的提问中游刃有余，且胜似闲庭信步，可能心里还会自豪地高呼：让提问来得更猛烈些吧！

下面和大家分享一段自由辩论的对话，辩题"**诚信主要靠自律 VS 诚信主要不靠自律**"：

反方一辩：我想请问对方辩友一个问题，如果要靠自律解决诚信问题，能不能先回答自律本身存在的一个致命缺点，那就是自律的雪崩效应如何解决呢？

　　正方二辩：对方辩友，自律的雪崩效应恰恰是机制带来的。为什么？因为你的机制我刚才听明白无非是一种制衡，用各方利益的牵扯来保证大家不犯错误，但是你发现没有，你那种是不稳定的平衡，只要有一点问题，就会造成大片的崩溃，这就是雪崩效应。以前英国推行过大陆均势政策，后来是什么结果？是一战的爆发。

　　……

　　正方一辩：我就不知道，为什么雪崩效应就成了自律的祸了？那现在有诚信缺失的现象存在，是不是一个人的诚信缺失了，整个诚信系统就崩溃了呢？那我们今天探讨这个辩题还有什么意义？我再次想请教对方辩友了，刚才对方辩友提出机制，那么机制的制定者本身不自律，如何实现诚信呢？

　　反方三辩：机制的制定要靠大家的效应的权衡，价值的导向嘛。[①]

　　从上面的对话中我们可以看出，反方由于没有深入挖掘辩题，竟然提出了一个不利于本方的问题——"雪崩效应"，其实，这个概念本来就是针对利益制衡的，反方竟然用不利于本方的论据来攻击正方？这一下被正方抓了个正着。其实，正方在赛前对这个概念进行了深入的分析，已经了然于心。随即正方提问："机制的制定者不自律如何实现诚信？"反方没有正面回应，为什么？这说明反方仅仅停留在"是什么"的层面，即机制构筑诚信。而没有更深入地思考"为什么"，即为什么机制能够构筑诚信？所以，反方无法回答"机制的制定者不自律如何实现诚信"这个类似悖论的问题。

80　为什么别指望提出一剑封喉的问题？

　　从比赛双方的本意来说，大家都渴望提出一个令对方难以回答的问题，就这样，一剑封喉，谈笑间，对方土崩瓦解、灰飞烟灭，如此这般，干净利落，岂不快

---

　　① 张德明：《激扬才智：第八届中国名校大学生辩论邀请赛纪实》，复旦大学出版社，2003年版，第218—219页。

哉？何乐而不为？然而事实上，这种机会极其难得，纯属小概率事件，一定要知道，你的对手绝对不会如此弱。说来说去，难以一剑封喉的原因还是在于辩题的可辩性，因为双方可辩性均等。要么，双方都存在被对方一剑封喉的概率；要么，双方都不存在这样的概率。不论有还是没有，双方的机会都是均等的。就像前面的辩题"自媒体时代，我们离真相越来越近还是越来越远"，正反双方都有难以回答的问题，真可谓：家家有本难念的经。

由此看来，双方不可能设计出对方完全不能回答的问题，但是，在辩论实践中，确实有一方提问另一方回答不上来的情况，这不是因为问题太难而无法回答，而是辩手或者赛前没有准备，或者一时反应不过来，或者没听清楚。比如辩题**"传媒文化塑造人格 VS 传媒文化淡化人格"**，下面是攻辩片段：

> 反方三辩：请问对方辩友，你知不知道什么是人格的完整性？
>
> 正方三辩：对不起，对方辩友，我确实不知道。
>
> 反方三辩：在心理学上，人格的完整性即指主客观自我的统一，再请问，何为拟态环境？
>
> 正方三辩：确实不知道，敬请赐教。
>
> 反方三辩：哦，没关系。传播学大师李普曼指出，人们对亲身感知外的事物只能通过传媒感知。这就是传媒制造的拟态环境。请问对方辩友，拟态环境和客观现实是否一致？
>
> 正方三辩：当然不一致。[①]

第一个问题："什么是人格完整性？"这是一个"是什么"的问题，只要赛前查一下资料就完全可以准确回答，可惜正方辩手没有做这方面的功课，可能没有查阅或者忽视了这方面的资料，所以遇到这种知识性问题就无言以对，这应该是一个硬伤。同样，第二个问题，"什么是拟态环境"正方也不知道，理由跟前面一样。最后，反方竟然同意了正方的观点，这应该是犯了辩论的大忌，你都同意对方观点了，那辩论还怎么顺利进行？在辩论中，如果有一条红线的话，那就是即使山穷水尽，也绝对不能同意对方的观点，"头可断，血可流，本方的立场不可丢"，否则就等于缴

---

① 刘想树：《论辩西政》，法律出版社，2012年版，第127页。

械投降。其实，"人格的完整性"和"拟态环境"本身都不具有一剑封喉的功能，只是由于正方赛前在这个方面准备不充分，才会被这种知识性问题难住。值得一提的是，知识性问题是刚性的，一就是一，二就是二，不知道就是不知道，没有做好准备就没有有效的应对之策。

由此可见，辩论中有或没有一剑封喉的刚性问题，关键在于我们准备是否充分。如果掉以轻心，疏忽大意，到时候就会无言以对，束手就擒，套用一句老话：是我们自己打败了自己。在辩论中，尤其是知识性的问题，要求回答"是什么"。这不像"为什么""怎么样"这类分析性、对策性问题，可以凭着经验从容做出自己的判断，即使逻辑不严谨，论证不充分，反正车有车路马有马路，一服膏药各有各的熬法，总不至于哑口无言。这也告诉我们，除了大量查阅资料，还可以在预测上做文章，虽然预测可能不准确，但总还得预测：本方和对方有可能在哪些方面存在问题，哪些方面的问题对方可能不会注意到，本方如何有针对性地进行攻击和应对。比如辩题**"恪守寂寞是学者的美德 VS 恪守寂寞是学者的悲哀"**，赛前准备期间，正方预测反方可能比较重视学者恪守寂寞的负面事例，而对于正面肯定寂寞的事例和言论可能不甚关注，于是正方将某大学校庆讲话中对学者的要求设计成问题：

> 正方二辩：……我听到对方辩友刚才说，不甘于寂寞才是学者的美德，但是前不久的某大学校庆上，明确对学者提出五点要求，第四点就是甘于寂寞，对方辩友，这是不是有点矛盾呢？
>
> 反方二辩：对方辩友显然是误解了我方的意思，而你们所说的淡泊名利，是学者的美德，那请问学者的悲哀来源于何处，是来源于缺少名利吗？
>
> 正方一辩：对方辩友总是对我方的观点有误解，我们什么时候说淡泊名利是学者的美德？虽然它是学者的美德，但是这和今天我们的辩题并没有必然联系。我想再次请教对方辩友，你刚才告诉我们不甘寂寞是一种美德，那么与某大学校庆的第四点对学者的要求是不是有点矛盾呢？
>
> 反方二辩：……如果按照你们所说的，我们的学者都要恪守寂寞，那在座的评委都是著名的学者，他们都去恪守寂寞了，今天谁来给我们当评委呢？
>
> 正方三辩：对方辩友说得很好，在座的评委在给我们评判的时候，要保持自己独立的思考，这恰恰是评委恪守寂寞带来的。对方辩友始终不敢回答，在

某大学校庆上，为什么要强调甘于寂寞？因为道理很简单，对方辩友始终没有办法解释甘于寂寞、恪守寂寞是社会上公认的一种美德。[①]

从上面的论辩可以看出，"某校要求学者甘于寂寞"这个事例完全出乎对方预料，对方顿时陷入两难困境：如果他们承认这句话合理，那么这句话和他们的观点矛盾；如果他们认为这句话不合理，这句话却是某著名大学校长的发言。我们知道，一旦陷入两难困境，如同陷入沼泽，只会越陷越深，基本上无解，只能听任对方肆无忌惮地"摧残"。其实，对这个问题如果有准备的话完全可以回应，同学们，你们觉得应该怎样回应这个问题？

再比如辩题**"逆境有利于成才 VS 顺境有利于成才"**，赛前准备时，反方预测：正方可能要拿孟子的名言作为问题攻击正方。至于用孟子的哪些名言，自然是最著名的"三不能"："富贵不能淫，贫贱不能移，威武不能屈"。当然，还有"天将降大任于是人也……"，反方于是就准备了"孟母三迁"应对。果然，在自由辩论环节，正方提出一个问题：孟子曾经说过，贫贱不能移，就是说身处逆境时要矢志不移。正方马上回应：你说到孟子，我就想到孟子的母亲，如果不是孟母三迁，给孟子创造一个顺境，能有孟子的成就吗？这一反诘式回答，引得场上掌声响起，并且很热烈。是不是这个回应就一定能一剑封喉呢？不是，而是正方在设计"贫贱不能移"这个问题时，没有再进一步，想一想除此以外，还有没有其他跟这个"贫贱不能移"相反的事实，正方以为只要把孟子这句话抛出去，对方顿时傻眼，没想到自己反被对方的回答搞得无话可说。正方没有预料到而反方早已预料到，反方的针对性如此之准，力度如此之大，效果如此之好，甚至出乎反方自己的意料。我们不妨站在正方的立场上做一个假设。正方在准备孟子的名言时想到孟母三迁，他们可能这样准备：第一，寻找资料，证明孟子的成才跟孟母三迁没有必然联系；第二，孟子说的"贫贱不能移"，意思是贫穷地位低下也要意志坚定，坚持不懈，如果孟子一直身处顺境，他不会说出这样的话；第三，孟子还说了"富贵不能淫""威武不能屈"，其实他的意思是不论是贫贱、富贵还是威武，都不能改变自己的志向、节操和意志。如此，反方的一剑就不一定能封住正方的喉了。

这个案例也告诉我们，如果一门心思想通过提问让对方哑口无言，有时候可能

---

① 刘想树：《论辩西政》，法律出版社，2012 年版，第 84—85 页。

反被对方的答问一剑封喉。前车之鉴，后车之覆，在设计问题时一定要脚踏实地，反复求证，反复验证，尤其要进行破坏性试验，学会打持久战，不打闪电战。

81 攻辩或质询中的提问为什么要针对对方的立论？

有些辩论赛制设置了质询或攻辩这个环节，具体是这样的：本方一辩立论陈词结束后，对方辩手（通常为四辩）就要对本方一辩进行质询，也就是提问，一般以本方一辩立论中的漏洞作为问题。从比赛流程看，这样可以使立论不再孤立于后续的辩论环节，同时，这也给立论方和提问方的辩手增加了压力，立论方赛前必须充分估计预测对方的提问，以便未雨绸缪；对于提问方来说，他必须认真聆听，万一临场没有听出对方的漏洞，到时候就没法提问。当然，他可以在赛前预设几个问题来保底，可是，如果对方的立论中没有出现本方预计的漏洞，那怎么办？或者说预设的问题与对方立论中的漏洞不一样，是按照剧本说下去，还是临场发挥？如果按剧本说下去，很容易被评委发现：你在提问时指出了对方立论中不存在的问题，这可是犯了辩论的大忌；而如果临场发挥，又怕临阵磨枪自乱阵脚。这确实是个两难的选择，两害相权取其轻，辩手们往往会根据利弊大小进行判断，一般最后还是会选择按剧本质询。为什么？因为这样起码可以说出完整的问题，而不用承担临场有口难言的风险。

以前的辩论赛没有向立论方提问的环节，有的只是在攻辩中进行提问，被问的对象不是一辩，而是对方的二辩和三辩。这样，提问的针对性就减弱了，一辩立论中的漏洞却要二辩、三辩来应对，这似乎不太公平，应该各人"门前三包"责任自负。后来，有的大赛对赛制做了修改，即增加向一辩质询的环节，即当一方的一辩立论陈述完毕，另一方四辩立即向对方一辩进行质询，所质询的问题就是对方一辩立论陈述中的漏洞。这个环节对一辩是一个很大的考验。根据以往的赛制，一辩的任务有三个：一是立论陈述，二是攻辩小结，这两个都可以在赛前预制，最后一个就是参与自由辩论。相对二辩、三辩、四辩，一辩的压力相对小，他的发言基本上可以赛前预制，因为即使自由辩论的问题他也可以赛前预制，就是把赛前准备的问题抛出去就算完成任务了。而改制以后，一辩就必须直面对方的质询，而对方直接剑指自己立论中的漏洞。这似乎是一个悖论：如果一辩知道自己的立论中有漏洞，他在赛前就会将漏洞填补，对方就不可能发现；如果一辩不知道自己的立论中有漏洞，他就难以甚至无法回应对方的质询。而事实上，一辩基本上能够回应对方的质询，这是为什么呢？这主要是源于他在赛前对本方辩题的深度理解，以及临场随机应变的速度。

事实上，实行这种赛制以后，一辩不再只是将文本口语化地陈述，他也要独自回应对方对他的无情的质询。那么，一辩就不能再像以前那样，只把立论文本背熟就可以了，他现在不仅要背熟，更要深思熟虑，深挖立论中的意涵，吃透立论中的内容，以及提高临场反应的速度和力度。在赛前准备时，以前还有一种不良现象，就是一辩的立论文本由其他人撰写，一辩只是把他人撰写的立论文本背下来，在比赛中说出来就万事大吉了。至于文本中观点的论证过程如何，有没有软肋，等等，均不用考虑。因为回应这些问题是本方二辩、三辩的事了。现在这一切都改变了，一辩必须独当一面，独自直面对方的质询，有时候这种质询可能会出乎你的预料，这可够让你提心吊胆的。而压力产生动力，难度变成力度。为了避免出现难堪的场面，你要挖空心思"上下求索"，这也给了你锻炼自己预测和应对意外、搜索信息和加工资料能力的机会，如果没有这个环节，你只是锻炼了写作和陈述能力，但作为辩手，应对能力才是各种能力的重点。

从下面这段比赛文字实录中，可以看到：一方是如何从对方的立论陈述中发现漏洞，并且很儒雅地向对方发起无情的质询的。辩题是**"经济发展优先于环境保护VS环境保护优先于经济发展"**：

正方一辩立论陈词：

……

第一，从人类自身的需求来看，……的确，我们正面临许多气候变暖、水污染等环境的问题，但关乎人类生死存亡的却是经济发展……

第二，从人类与自然的关系上看，这个地球上如果没有人类，环境保护就会变得毫无意义……

第三，从人类发展的终极目标看，我们想要彻底地解决环境问题，必须标本兼治，要治本，必须优先发展经济，从根本上优化经济结构，堵住产生环境问题的源头……决定人类生存与进步的经济发展，比影响生存与质量的环境保护更为优先。

我们来看看反方是怎样步步紧逼地质询的：

反方：对方辩友您好，您刚才在立论中提到三个观点，我来跟您确认一下，看看有没有误解。第一部分是说经济发展是关乎人类生死存亡的问题，第二部分是说如果没有人类的话，环境保护是没有意义的，第三部分是说要通过优化经济结构才能一并解决所有的问题。

正方：似乎你的理解有一点偏差。

反方：哪一点？

正方：……我们要告诉大家的是经济发展问题是人类需要的问题。

反方：就是生死存亡的问题嘛！

正方：关键在于他们第三点的理解，关键是人类的终极目标是什么的问题。

反方：人类的终极目标是两者并重嘛。那您方认为透过经济发展可以达到这个目标对不对？

正方：其实人类发展的终极目标是人的发展，人类的成长。

反方：您方认为透过经济发展的方式可以达到人类发展的终极目标？

正方：我们说的是经济发展是人类发展的重要手段。

反方：您方认为经济发展是实现人类发展的手段？

正方：是我们实现人类发展的一个主导性手段……

反方：好，相信我们没有误解彼此的论点。请问对方辩友，经济发展是一个生死存亡的问题，那环境保护难道不是生死存亡的问题吗？

正方：是。

反方：好，对方辩友，如果经济发展和环境保护都是生死存亡的问题，那您方说，如果没有人类的话，环境保护就没有意义，那我方可不可以说，没有人类的话，经济发展就没有意义？

正方：是。我们认为，没有人类，两者都没有意义，那怎样来保护人类，只有人类不断发展，人类才能生存下来。

反方：对，我们今天要讨论的问题是，为了实现人类的发展，永续经营，我们要采用经济发展或环境保护的手段。

正方：我们人类发展是我们的主题，环境保护是什么呢？是现阶段彰显出来的一个问题，是我们人类发展活动中出现的一个障碍。

反方：对方辩友，您说环境保护是人类发展的障碍？谢谢各位。①

看到没有，反方正是从正方一辩的立论陈述中发现了漏洞，再将这些漏洞设计为问题，用以子之矛攻子之盾的方式进行质询。这一招果然奏效，正方猝不及防，连招架都有些乏力。这可能是因为他们在赛前准备时，根本没有发现自己的立论中居然隐藏着那么多的漏洞；更没有想到的是，这些漏洞竟被对方一一抓住，并且以步步紧逼的方式使己方陷入困境。

82 提问为什么强调临场发挥？

所谓临场发挥，就是在比赛中不使用赛前准备好的问题提问，而是根据对方发言中的漏洞提问，这是辩论的理想状态。但是，这对辩手临场的信息筛选能力提出了很高的要求。双方在赛场上的发言，对方在赛前并不知晓，但又并非一无所知，因为对方的辩题是公开的、明确的，万变不离其宗，不论双方如何另辟蹊径，都不可能离开本方的辩题，正因为如此，赛前的准备也才有意义。说来说去，对于提问方，这就是一个两难的选择：如果一点都不准备，可能到时候就无从提问；如果准备得太充分，就有可能照搬赛前准备的提问，往往成为无的放矢。经权衡比较，我们还是主张赛前充分准备，现场临场提问。过程是：比如正方紧扣反方的发言质疑，反方给予回应的同时也向正方质疑，正方予以回应的同时又向反方质疑……这样你来我往，攻防转换，形成交集，使辩论的节奏感鲜明，层次分明，内容丰富。

有一次比赛，辩题是"**传媒文化塑造人格 VS 传媒文化淡化人格**"。赛前，反方准备了这样一个问题："请问对方辩友，什么叫'有诸己之谓信，充实之谓美'？"这可是孟子说的，初看起来，特别国学范儿，特别有文化，可是在自由辩论环节中却成了这个样子：

正方一辩：那么导致这种自主性人格的淡化，是不是同时又形成了一种新

---

① 见第六届海峡杯大学生辩论赛决赛：电子科技大学 VS 台湾东吴大学。

的依赖性的人格呢？

　　反方一辩：我再次请对方辩友表明你们淡化人格的意义，对方辩友知不知道这样一句话"有诸己之谓信，充实之谓美"呢？

　　正方二辩：对方辩友我给你解释一下我们淡化的意义……

按道理，正方一辩提出："自主性人格的淡化是不是同时又形成了一种新的依赖性的人格？"那么，反方必须正面回应；可反方一辩却没有回应，而是提出了一个令人费解的问题，问对方是否知道"有诸己之谓信，充实之谓美"。这个问题在这里就显得很突兀，前不着村，后不着店。另外，这段话也并非家喻户晓，且为先秦文言文，如果不是熟读孟子，恐怕很难立刻听明白。这段话出自《孟子·尽心下》："可欲之谓善，有诸己之谓信，充实之谓美，充实而有光辉之谓大，大而化之之谓圣，圣而不可知之之谓神。"孟子有很多名言，可这句话知名度不是很高，用在辩论中效果肯定大打折扣。可是，在自由辩论即将结束时，反方一辩又把这句话提出来了：

　　正方三辩：我们是说，不管是强化人格还是弱化人格，都是一个塑造的过程，他的最终结果才是塑造啊。

　　反方一辩：那么淡化是什么呢，您还是没有告诉我啊。对方辩友请再次回答，请问您听过这样一句话吗？"有诸己之谓信，充实之谓美"呢？

明明场上的情况已经变了，为什么反方还在提这个问题呢？这是因为，赛前教练有布置，要求一辩把这句话当作问题提出来，却没有考虑如果对方不回应怎么办。也没有考虑如果一直追问下去效果会不会打折扣，更没有考虑到对方对孟子这句话的理解，于是这句话就成了"废问"，这个问题就成了一个伪问题。

　　在我看来，最精彩的临场发挥应该是当年那场关于"美是客观存在还是主观感受"的辩论，前面我们已经介绍过，正方一位女生突然向反方一位男生发问："我美不美？"这个提问想必反方赛前绝没有想到，可是反方男生却很绅士地给予了令评委观众满意的回答，又不令正方女生丢面子。

83 提问和答问为什么不能过多陈述？

辩论赛的时间都有严格的限定，每一个环节双方用时均等，这样从时间上保证比赛双方公平公正。在有限的时间里高效地进行辩论，这是辩论双方需要重视和研究的一个大问题。尤其是在自由辩论中，双方各有 4 分钟，每人平均 1 分钟，那可真是一寸光阴一寸金，因此，如何合理地使用时间，在很大程度关系到本方的胜负。为了节约时间，提问不能过多陈述。合理利用时间，这主要表现在：一是提问应该开门见山、直截了当，不要云遮雾罩的，说了半天才见天日。比如辩题"**当梦想与现实矛盾时，应该坚持梦想 VS 当梦想与现实矛盾时，应该妥协于现实**"，正方一位辩手向对方提问："梦想和现实经常产生矛盾时，对方是不是常常妥协于现实"两句话，25 个字，说出来大约 6 秒；如果再简洁一点，可以省去第一句，变成"对方是不是常常妥协于现实"，12 个字，用时 3 秒。可在实际比赛中，这位辩手却是这样提问的：

> 我们知道，梦想与现实总是存在着矛盾的，因为梦想产生于对现实的不满，既然对现实不满，当然就不能妥协于现实了，如果妥协于现实，那就是满足于现实了。在我们的生活中，我们发现梦想和现实经常发生矛盾，那对方辩友是不是也要经常妥协于现实？

10 句话，112 字，用时大约 27.3 秒。以这种方式占用时间，四位辩手整个自由辩论时段总共只能发言 8.79 次，每位辩手只能站起来发言约 2.2 次。而在正常的情况下，一方四位辩手的发言总次数应在 15 次以上。通过具体的数据比较，我们可以知道过多陈述的危害性，如果想在宝贵的 4 分钟里充分展示本方的质疑和答疑水平，最好还是将时间省着点用，尽量使本方每位辩手的发言频次和时间均衡。

提问不能陈述过多，答问同样也要做到简洁。答问用时过长的主要原因在于以下两点。一是动机，想拖延时间。这主要表现在攻辩阶段，这个阶段的规则规定：提问不超过 20 秒，回答不超过 30 秒。这一下为拖延创造了可以充分利用的条件。因为不论你怎么看，拖延只要没有超过规定的时间，就算是遵守了规则。于是，

"且听我细细道来"，至于"道"出的是什么"来"？那无关紧要，重要的是把 30 秒时间"道"尽。这种拖延战术的运用多是出于无奈，一般是在难以回答对方问题的时候，企图用这种战术制造"乌贼效应"，就是如乌贼喷墨般用大量的话语把问题稀释，借以逃避对方的攻击。二是心理问题，这种情况在初次登台比赛的辩手中比较常见。因为是初次，总是担心自己说不好，于是就焦虑紧张。一紧张，焦虑挤压了逻辑，情绪战胜了理智，导致语言组织不当，说话结结巴巴，前言不搭后语。不过，只要经历了这次的紧张，减弱了心理反应的强度，往后的辩论赛就不会那么紧张了。

让我们看一看下面这个答问是怎样进行的。辩题**"轿车热促进了城市发展 VS 轿车热阻碍了城市发展"**，下面是攻辩环节：

> 反方三辩：对方辩友你说得非常好，清洁能源四个轮子的绿色轿车在西欧搞了很多年，可是一直没搞起来，为什么？因为它成本太高了，于是乎这种轿车就不热了，于是不会产生问题。对方辩友，是不是还是轿车热会产生诸多问题而您方解释不了呢？
>
> 正方三辩：其实对方所说的三大问题，一个是堵塞，另一个是环保。这两点我已经解释过了，还有一个是说如果我们一直热下去会怎么样？我们想象一下，在座诸位你们有谁的青春期是从十岁到八十岁的？你们有谁的青春期是从一米多长到五米多的？我们每个人都会经历这样一个青春期，但并不代表青春期会无限地发展下去啊。[1]

正方三辩的回应有些类比不当，轿车热和青春期没有可比性。首先，轿车热是人为现象，而青春期是自然现象；其次，即使用青春期类比轿车热，青春期只是人生中一个短暂的时期，而轿车热不可能只热一时；再次，正方答非所问，反方问的是，使用清洁能源的轿车因为成本高一直没搞起来，既然热不起来，那如何解释轿车热会产生许多问题？而正方用青春期作类比来加以回应，显然不匹配。其实，正方三辩的答问明显是在搪塞和稀释正方的问题，制造乌贼效应，看起来振振有词，其实空空如也。

---

[1]　刘想树：《论辩西政》，法律出版社，2012 年版，第 262 页。

除了浪费时间，这种过多陈述的提问和答问常常会令对方和评委不明就里，这就危险了。对方听不明白，就不会按你方的预测出牌，容易造成各说各话，这倒没多大问题；而评委听不明白，就有可能给你方的发言扣分，这可是会直接关系到本方的成败。

84 "是非"问题本身为什么也存在着是或非？

在辩论中尤其是在攻辩中，我们常常会遇到对方这样提问："请问对方辩友，××是什么？请正面回答'是'还是'不是'？"斩钉截铁，掷地有声，似乎有一种震慑力。对这类"是非"问题进行分析，我们会发现两个问题：一是这类问题往往是知识性或常识性的，即"是什么"，无需做价值上的阐述或逻辑上的推理，被问的一方似乎只能以"是"或"不是"回答，辩论空间被对方限定；二是提出这类问题的目的是使对方陷入两难困境，从而逼对方就范。第一类问题在辩论中出现的频率不是很高，前面我们已经举了一个事例，就是关于"传媒文化塑造人格还是淡化人格"，反方向正方问了一个比较专业的问题：美国法院审判中陪审团的独立性问题。正方囿于专业，只好老老实实地承认不知道。其实，关于这类问题，在准备比赛期间，教练应该将与辩题直接或间接有关的知识加以梳理，分门别类，让辩手们恶补，最终大致形成以辩题为核心的知识体系，这样才能防患于未然。

有一个辩题名为"**统考制度有利于创新人才选拔 VS 统考制度不利于创新人才选拔**"，这是自由辩论的一段对话：

> 正方二辩：
>
> 非常感谢对方三辩刚才的回答证明了我方观点。我方从来不认为统考制度本身在选拔创新人才呀！对方辩友刚才已经承认统考制度为创新人才选拔提供了一个依据，统考成绩在选拔中占40％呀！谢谢对方辩友承认我方观点。下面我想请问对方辩友，没有统考制度是否有利于创新人才的选拔？请对方辩友正面回答：是！还是不是！
>
> 反方三辩：
>
> 一场辩论赛要有明确的概念，我请教对方辩友，统考与统考制度有什么区

别呢？

正方三辩：

统考制度便是对统考的一系列规则的总和。试想一下，如果没有统考制度，没有这些规则的总和，你们高考怎么考啊！①

我们看到，首先，正方二辩的提问 140 余字，表达用时约 34.1 秒，自由辩论各有 4 分钟，那么，正方二辩的发言占本方时间的 14.2%，如果是这样，正方自由辩论的发言总次数只有 7 次，每个人约 2.3 次（三人制赛制）。其次，正方用"是"与"不是"要求对方正面回答"没有统考制度是否有利于创新人才的选拔"，这个问题问得很好，可惜后面跟了个"是还是不是"，这在很大程度上钝化了问题的尖锐性，只增强了语气的力度。再次，反方没有正面回答问题，却提出"统考与统考制度有什么区别"的问题，意在把正方的问题岔开，而正方也没有再追问，等于是放了对方一马，那么具有攻击性的问题就这样被浪费掉了。

至于第二类情况，提问方的"狼子野心"昭然若揭，开始时提一些看似很容易回答的问题。也许提问方会这样预设，对方会认为这些问题的技术含量低而掉以轻心，却一步步被引入泥淖而动弹不得。这种套路一开始效果还不错，被很多辩论队效仿沿袭而成为定式，于是辩论赛中就出现了这样的戏剧性场景：一方煞有介事地提出"是非"问题，而另一方窃喜，同样煞有介事地回答，但是，这种回答往往不是在对方的预测中，就是不进入提问方预设的陷阱。于是，提问方自己反而乱了方寸，因为没办法再按照赛前的准备进行下去了。这时，提问方也许有些懊恼：对方辩友啊！你咋就不按我们预设的说呢？这种自作多情的预设往往把本方设进了陷阱，用一句成语形容：作茧自缚。辩论本来就是一个创新性比较强的项目，老谱不断袭用，必然效果递减，你挖的那个陷阱太老套了，对手想不发现都难，肯定不会按你的设想走进陷阱，那你就守着这个株待其他的兔吧。

辩题**"现代化会威胁传统文化的生存 VS 现代化不会威胁传统文化的生存"**，这是双方质询环节的一个片段：

---

①　张德明：《千禧之播：第五届中国名校大学生辩论邀请赛纪实》，复旦大学出版社，2000 年版，第 17 页。

正方二辩：对方辩友您好！2000 年中国作家冯骥才在山东梅县杨家埠，拜访了 73 岁木板年画第十九代传人杨洛书老先生，那么请对方辩友猜一猜，他当时问了杨洛书老先生一句什么话？

反方一辩：对方辩友，我不明白，请您告诉我。

正方二辩：好的。不要紧，不要说对方辩友猜不出来，换了我，我也猜不出来。但是资料上是这样写的，他说，你有徒弟吗？这也是他走访中国各大文化遗产传人的时候问得最多的一句话，那么请对方辩友这次有根据地推测一下，他为什么见人就问这句话呢？

反方一辩：因为传统文化过去在少了徒弟的时候，很容易消亡，但在现代化的过程之中，我们可以把它记载下来，大量印刷，把它传承下去。

正方二辩：好的，对方辩友，我们来看一下真实原因好不好？事实上是这样的，这个传人是第十九代传人，前十八代都香火传承旺盛得很，为什么到这一代传人的时候就有人问这么一句话呢，那么请对方辩友再猜一猜杨洛书是怎么回答的。

反方一辩：对方辩友，请您直接告诉我吧。

正方二辩：杨洛书先生是这样回答的，他说，我有徒弟，是一个日本女娃。……您说这是不是受到威胁了呀？

反方一辩：对方辩友，如果表达出来的形式跟意念没有差别的时候，我方不觉得这样有什么问题。第二个是杨洛书老先生可以借着现代化把他的技术保存下来，让很多的中国人学习他的传统文化。

正方二辩：好的，很感谢对方辩友，木板年画是一个什么样的东西？它是一种手工艺，现代化的大机器生产，怎么能够复制这样一种不可复制的东西呢？好的，对方辩友，我们来看看冯骥才先生他们的结论是什么好么？这个例子不能说明问题，但是，他在走访了各大文化遗产传人后，最终写了一份调查报告，中间写了这么一句话，他说现代化带来的城市化进程，已经使我们六百多个城市文化不清，文脉流失，请问对方辩友，这能不能说明问题呢？

反方一辩：对方辩友，文化流失跟传统文化有没有受到威胁是两码事，其次，我方论证出来了，传统文化有一大部分是现代化保存下来的，但您方告诉我的例子是它有可能消失。

正方二辩：好的，对方辩友承认了，传统文化会受威胁，只是不是现代化威胁的是吗？对方辩友是不是认为文化有一个自身更替的过程？

反方一辩：是现代化会去寻找传统文化的根基。

正方二辩：那对方辩友，再问您另一个问题，您在立论中引了一段话说，传统文化三十年河东，三十年河西，请问现在传统文化是在河东还是河西？

反方一辩：各种传统文化有不同的时代和兴起。[①]

这一看就知道正方有备而来，把事先准备好的问题一一展开。首先请反方猜想：他当时问了杨洛书老先生一句什么话。这是一个"是什么"的问题，如果赛前没有了解过，那肯定猜不出来，而正方要的就是这个效果，这可以让对方跟着正方走。反方只好说"请您告诉我"，正方告诉他以后，又设计一个问题，让反方猜一猜：杨洛书是怎么回答的。这是一个欲擒故纵的问题，对方实在受不了了，要求对方直接告知，而正方大概觉得关子也卖得差不多了，开始进入正题。最后，正方终于把问题引向对方的立论，将对方立论中提出的"传统文化三十年河东，三十年河西"作为问题提出：请问现在的传统文化是在河东还是河西？这个问题问得很有临场性，也很有攻击性，使对方不敢贸然回答，只能顾左右而言他。这个问题应该不是赛前安排的，因为不可能知道对方会这样表述，而整个质询过程最出彩的就是这一点。从表达看，这种提问的语气比较温文尔雅，不那么咄咄逼人，似乎在和对方聊天，可这段聊天的内容却有着很强的压迫感，使对方有些茫然，不知道提问方的真实意图，直到最后图穷匕见，才措手不及。

85 设计问题为什么不能以预测对方的回答为依据？

赛前准备时，我们经常做的是，遇到一个问题，马上就想：对方怎么回应？对这种回应我们用什么去对应？然后对方又可能怎么对付……于是就这样自问自答、自答自问。曾经有一位辩手，赛前用树状结构将己方的提问与对方的回答一一展示：我方问对方一个问题，对方可能有三种回答，对这三种回答我方分别有三种应对……这样呈几何级数分布。在比赛中，他按照赛前准备的树状结构图，向对方提

① 刘想树：《论辩西政》，法律出版社，2012 年版，第 166—167 页。

第一个问题，结果对方的回答完全超出他的预料，他准备的那些问题也就废了：呕心沥血若干天，一张树状图尽成灰！

尽管会出现预测不准的情况，但预测还是需要的，不然心里没底，在场上就很容易慌张，这就好比"兵马未动粮草先行"。有一句老话："手中有粮，心里不慌；脚踏实地，喜气洋洋"。但是，这个"粮草"不能用来防灾，以备不时之需，更多的是为了壮胆。要注意，预测的问题宜粗不宜细，越细就越具体，越具体弹性就越小，万一对方的回答不在预测之中，你应对起来会很棘手。因此，赛前设计问题时不要过分想象对方具体的回应，因为这实在太难了，更不要把自己的质疑完全建立在预测的基础上，这有三个害处：一是容易自说自话，二是进退失据，三是无的放矢。

赛前设计的问题仅仅是比赛的最后选项，是用来保底或壮胆的。当你临场，尽管细心聆听，也不能找出对方可以作为问题的漏洞时，你可以用事先准备的问题抵挡一阵子，以使辩论顺利进行，而一旦你找出对方的漏洞并且形成问题时，你就不要再照搬"剧本"了。

现有辩题**"辩论赛，学理内容比语言技巧更重要 VS 辩论赛，语言技巧比学理内容更重要"**，这是其中一段攻辩：

> 反方二辩：对方辩友刚才告诉我们辩论赛的目的就是探求真理，那么你方今天的立场是抽签决定的，请问抽签决定的立场如何探求真理呢？
>
> 正方二辩：抽签决定的立场一样可以探求真理，今天我们双方只是站在真理的两个侧面来追求真理，无论从哪一个侧面来讲，它都不代表真理的全部，但是只有通过这种两方站在各一侧面进行碰撞才能够碰撞出真理，才能够启发思考，引发人们对真理的探索。
>
> 反方二辩：那我们来看一个例子，上届冠军武汉大学队告诉我们，他们在上届比赛中初赛和复赛抽到了同一个辩题的两个完全相反的立场，请问他们该用哪一个立场去探求真理呢？
>
> 正方二辩：武汉大学的比赛我不是很清楚，对不起。
>
> 反方二辩：好，对方辩友看来无法回答这个问题，没关系我们来看下一个问题，本届辩论赛的规则明确指出辩论赛是一种具有游戏性质的智能竞赛，请问真理如何在游戏中加以探讨呢？

正方二辩：说辩论赛是一种游戏，只是反映了我们要轻松面对辩论的一种态度，但是不能将语言技巧凌驾于辩论赛之上，辩论赛就是要驾驭语言而不是被语言驾驭。如果本末倒置就会把辩论赛引入歧途，造成在赛场上笑话共套话一色，喧嚣与浮华齐飞啊！

反方二辩：好，对方辩友的语言技巧实在很高明，辩论赛的目的不是辩个是非黑白曲直，而是要展现语言的智慧，请问展现语言的智慧靠什么？①

这个问题的设计就很有临场感，正方认为，辩论赛是探求真理，反方就用辩论赛赛制提问：我们双方立场是抽签决定的，如何探求真理？反方循着这个思路步步紧逼，又举了武汉大学的事例，正方以不清楚搪塞；反方还是不松口，又问本届辩论赛明确规定是一场游戏性质的比赛，真理如何在游戏中探讨？正方此时顾左右而言他，反方又提出一个问题："展现语言的智慧靠什么？"应该说，这一段攻辩比较流畅，主要就在于反方一直紧扣问题不放，不给对方回避的空间。当然，反方的问题是赛前设计的，但是，反方并没有不顾正方的反应自说自话，而是根据正方的回应适时做出调整。

86　事实为什么会成为提问的重点？

以什么作为提问的重点？这看起来很简单，其实操作起来还的确有些困难，提问的要素通常有公理、逻辑、事实。一般来说，公理的证明力度比较大，比如"民以食为天""水能载舟，亦能覆舟""一切权力属于人民"等，这些本身就是多少年来所形成的共识，不证自明。而逻辑则是通过既定的思维规律对概念、判断进行推论，比如"中学生都要学好数理化，你是中学生，所以，你要学好数理化"。逻辑的证明力度在于推理的强度。而事实作为问题，为什么常常被用于重点提问？

我们将三者做一个比较，从证明的力度来看，公理无疑是最具力度的，因为公理本身不证自明，是天下共识。但是，换个角度想一想，如果公理真的在辩论的某一方，那么对方还有什么辩论空间？比如"应该保护妇女儿童的合法权益"，反方

---

① 刘想树：《论辩西政》，法律出版社，2012年版，第29—30页。

难道是"不应该保护妇女儿童的合法权益"？再则，从可辩性来看，你方可以找出对自己有利的公理，如果对方也可以找出来，辩论就成了公理之间的较量。比如，**"人性本善 VS 人性本恶"**，这两个判断都不应该是公理。事实上，如果是真正的公理，它就不应该自相矛盾，所以"人性本善"和"人性本恶"都不是公理，只是为了取胜，双方要把一些格言证明成公理。这种情况在辩论中并不少见，双方为了证明公理在自己一方，就借用逻辑进行推理，甚至强行推理，推得了要推，推不了创造条件也要推，结果，好端端的公理被推成了"私理"。

有人也许会问，格言警句等不等于公理？这可能要视具体情况而定。有些格言比如"少壮不努力，老大徒伤悲"，反映了人生的客观规律，应该是公理。但是，有些格言因为文化原因很难确定，比如"生命诚可贵，爱情价更高"，这一句至少对我们中国人恐怕难说是公理。因为在中国传统文化中爱情的地位就没那么高，中国的传统婚姻是"父母之命，媒妁之言"，婚姻不是基于爱情，而是基于父母之命。"留得青山在，不怕没柴烧"一说，这句老话恐怕在中国人看来更像公理。还有就是历史的缘故，一些过去的公理受到了现实的挑战，有些曾经的公理现在已经受到质疑，成了辩论赛的辩题，比如**"知难行易 VS 知易行难""时势造英雄 VS 英雄造时势""乱世用重典 VS 乱世不用重典"**，等等。

逻辑可以使推论严谨，但是，再严谨也会有漏洞，这由辩题的可辩性决定。将逻辑作为问题，杀伤力确实很大，但是，如果双方都以逻辑为武器，这样逻辑来逻辑去的，势必降低辩论的可观赏性，因为逻辑的语言是很抽象、很枯燥的。现在，让我们来模拟一下用逻辑作为语言进行辩论的场景：

> "对方辩友，你方刚才提出的问题犯了四概念错误。"
>
> "我方哪里犯了四概论错误，而是你方犯了循环论证的错误。"
>
> "你方刚才判断中关于人的概念不周延。"
>
> "我方认为，本判断中人这个概念不应该是周延的。"
>
> ……

这类语言，大家听起来感觉如何？想必痛苦指数陡然增加，我想，大家可能都不愿意让耳朵受这类语言的折磨。在逻辑方面，最好的提问应该是把逻辑融入问题之中，这样，在表达上就避免了语言的逻辑化。比如前面所提到的**"经济发展优先于**

环境保护 VS 环境保护优先于经济发展"，反方二辩对正方的提问就充分显示了这一点，他以两个相反的事实使正方陷入自相矛盾之中。

我们再来看事实，常言道，事实胜于雄辩，这句话应该不是公理，因为如果事实真的胜于雄辩，那还要辩论做什么？但是，这也说明事实在证明过程中的重要性。比如辩题**"诚信主要靠自律 VS 诚信主要不靠自律"**，反方在立论中提出了这样的观点：诚信主要不靠自律，也主要不靠他律，而主要靠诚信机制，就是用利益机制对人们的行为加以制约。正方在自由辩论中模拟了这样一个事实进行反驳：当我和我的朋友在咖啡屋里喝着咖啡时，而旁边站着一位"大盖帽"，说是要用利益机约束我的诚信行为，那我怎么办？还有，正方又提出，在家人之间如何实行利益制衡机制。这样的事实，本身就是雄辩，而不是胜于雄辩。遗憾的是，这些事实反方本应该在网络上搜索到，或者搜索到了没有引起重视，让这些事实成全了对方的"雄辩"；如果反方赛前能够注意到这一点，并且加以研究，完全可以设计出应对措施，那么，场上就不会出现这样的情况。事实上，反方所推崇的利益机制确实不能制衡亲人、朋友之间的诚信问题，一是亲人和朋友不知道怎样去运行这个机制，二是如果真的运行起来恐怕会伤害亲情和友情。

把事实作为问题，可以使自由辩论叙事化而显得丰富生动，虽然公理和逻辑在证明的力度上比事实大，但是，如果双方你公理、我逻辑地辩论，那将是一场枯燥乏味的比赛，这对观众的听觉承受能力将是一大考验。需要提醒的是，我们在辩论中所用的事实大多是从网上查到的，属于第二手资料，一定要注意出处，如果不是权威媒体，那还要寻找更多的信息源进行验证。因为网上发布的消息多如牛毛，其中真真假假，一时很难分辨，所以一定要确认。不然，就会如同前面所举的某次辩论赛那样，为了证明本方立场"环境保护应优先于经济发展"，硬说法国某年夏天热死了 10 万人；而另一方为了证明经济发展可以很好地保护环境，造谣津巴布韦的经济发展很好，而实际上津巴布韦的经济已经到了崩溃的边缘。

一般来说，用事实作为提问的重点应该从这样几个方面着手：

一是选择知名度比较高的事实。这样的事实已经被公众知晓，其价值被公众所肯定或否定，用来提问往往会增加对方回答的难度。比如，国家公布的统计数据、权威媒体公布的事件，一些重大的事件或者家喻户晓的事件，比如"一带一路"、高考改革、全民医保、聂树斌案，等等。这些事实，对方不可能否定，当然对方也不可能按照提问方的意图回答，而是要做一些至少无害于本方的回应，但无论如何，这些事实的提出，无疑有利于提高本方的攻击力度。

比如辩题 **"青春贵在仰望星空 VS 青春贵在脚踏实地"**，这是一次攻辩的片段：

> 反方三辩：对方辩友，那您知道今天我们 GDP 增长指数是多少吗？
>
> 正方三辩：对方辩友您说。
>
> 反方三辩：好的，它是 9.5%。对方辩友，可见您只知道心系天下，但天下是什么状况都不知。我问的每一个问题不都是涉及天下苍生吗？对方辩友，作为一个心系天下的学子，是不是应该脚踏实地地务实呢？

反方以一个当年我国 GDP 增长指数为问题向对方发难，这是一个有明确答案的问题，正方没有准备，只能承认自己不知道。此时，反方不仅仅是说出答案，而是要趁机将事态扩大，意思是对方连关系国计民生的 GDP 都不知道，还侈谈什么心系天下？也规劝对方应该脚踏实。其逻辑是：心系天下必须知道关系天下苍生的大事，而 GDP 是关系天下苍生的大事，对方辩友竟然不知道 GDP 数据，说明对方的心系天下不如脚踏实地。在这个片段中，反方并没有仅仅就数据说数据，而是以数据为切入点，把对方不知道数据这个事实加以演绎，并且上升到价值层面，从而扩大了战果。

二是选用具有时效性的事实。可以把有些最近发生的事件作为问题，往往会增加对方回应的难度。一来是根据首因效应，公众对最近发生的事件往往有比较新鲜的第一印象，而提出此类问题，可以强化评委和观众的印象；二来是很多辩手在准备时，往往注重那些过去发生的比较重大的事件，而容易忽视当下发生的事件。

比如下面这一段攻辩，辩题是 **"解决市民不遵守公共秩序问题主要靠加强管理 VS 解决市民不遵守公共秩序问题主要靠加强教育"**：

> 正方三辩：对方辩友，我刚才自由对话的时候已经告诉您了，排队的问题就可以通过管理解决了嘛。对方辩友，我告诉您，上海《解放日报》最近一项调查显示，89.1% 的违规市民，他们知道什么是公共秩序，并且知道应该遵守公共秩序。可是他们受到教育却不遵守，对方辩友认为这种明知故犯的问题怎么解决？
>
> 反方一辩：对方辩友，无非是说明知故犯是少数情况，那么对于这些人我

们就双管齐下好了。您方今天是向我们证明中国这种公共秩序的问题全是由于
这些人的存在，是这些人的行为所导致的吗？

正方列举了上海《解放日报》的调查数据，这个数据大约是在比赛前两个月发布
的，用在这里恰如其分，有很高的时效性；再则，上海当属首善之区，其情况尚且
如此，那全国的情况会怎么样呢？

三是选用具有针对性的事实。作为问题的事实切忌游离于辩论的主题和内容之
外。比如，双方正在对某个问题 A 展开激烈辩论，而某一方却提出了事实 B 作为
问题攻击另一方，事实上 B 与 A 并不存在联系。再具体一点，比如，双方讨论的
问题是"主要用法律还是道德使市民不闯红灯"。此时正方的某位辩手用这样的事
实提问："去年我们加大了惩治犯罪的力度，结果社会秩序大为好转，这难道不是
法律在起作用吗？"显然，这个事实与双方的辩题不符，市民闯红灯跟犯罪性质不
同，怎么能混为一谈？

所谓有针对性，就是指选用的事实正好针对对方的漏洞，最典型的莫过于
2010 年"世博杯"海峡两岸暨港澳地区大学生辩论决赛。辩题**"未来世博会应以
网络展示为主 VS 未来世博会应以园区展示为主"**，正方在整场比赛中居然没有举
出一个事例，而反方在赛前查阅到下一届世博会将于 2015 年在意大利米兰举办，
主题是"滋养地球，生命之源"，这是世博会史上首次以食物为主题，将展示来自
不同国家的美食，并谋求 2050 年为全球多达 90 亿人口解决食物问题。各国可以在
米兰世博展区购买或租用一块土地，模拟自己国家的气候和土壤条件，种植本国代
表性的农作物，参观者可参与耕种、管理、收割并制作食品，而且制作出的食品还
可供参观者们免费品尝。世博会一百多年来一直是工业及科技展示，米兰世博会在
展出内容上应该是一个创新。另外，展出的方式上也有创新，米兰世博会没有围
墙，呈开放状态，这些事实对于反方来说如获至宝。下面是自由辩论的一个片段：

> 反方四辩：……那用未来的例子问您好了，请问 2015 年米兰世博会，它
> 应该以什么展示为主呢？

> 正方四辩：对方辩友，米兰世博会当然要吸取上海世博会的经验，一定要
> 保证有网上世博会，不然没有一个人会认为它是一个成功的世博会，您说是不
> 是呢？

反方三辩：对方辩友我告诉你，米兰世博会的主题叫作农业，必须要亲自去耕种。对方辩友，网络怎么体现？是不是上网偷菜呢？

正方三辩：对方辩友，网上世博会的体现方式有很多，今年的上海世博会已经可以让我们自己 DIY 场馆，难道将来不会有更多的功能在网上呈现么？

反方二辩：对方辩友对米兰世博会不了解，其实米兰世博会的主题是农业，让我们亲手耕种、亲自品尝做出来的那种食物，请问这种感受用网络怎么体现？

正方二辩：所以今天对方辩友他的判断标准是什么？在今天，网络世博会还只是个新生事物、处于萌芽状态，而实体的世博会已经发展得尽善尽美。他就说我们不可能以网上世博会为主。可是对方辩友不要小看了萌芽的新生事物，在未来可是会发展壮大的哟。

反方一辩：对方辩友不要逃避问题，您说我方不讨论未来，我们说 2015 年米兰世博会。米兰世博会以农业为主，请问您方网络如何让我去感受种、让我去感受尝、让我去感受触摸？

正方四辩：对方辩友刚才告诉我们亲手耕作才叫作真正的体验，那我就奇怪了，我今天在家亲手耕种，我也没到世博会去，难道这就不叫我的亲手耕种了？我真的很冤呐。[①]

由于正方基本上不知道有 2015 年米兰世博会这个事实，辩起来就很吃力，在逻辑上正方可以运用自如，而一旦到了事实层面就只能顾左右而言他。然而，逻辑应该以事实为前提，正方的逻辑运用再娴熟，没有事实的支撑，逻辑就是空中楼阁，只好用狡辩来支撑。常言道，以事实为依据，没有了依据还怎么辩？所以，每当反方拿出米兰世博会的事例，正方只能搪塞或敷衍，因为他们无法用相似的事实加以回应。反方也正是看中了正方的这个软肋，就一直扬自己所长攻正方之短，用米兰世博会作为自由辩论的主打，时不时用这个事实去质疑对方，从而导致对方只能频频招架而无还手之力，反方始终掌握比赛的主动权，结果，整场比赛朝着有利于反方的趋势发展。

---

① 刘想树：《论辩西政》，法律出版社，2012 年版，第 327—328 页。

87　回答问题为什么不宜回避？

在攻辩和自由辩论中，我们在向对方提问的同时，也要回答对方的提问，辩论就是在这样不断的问与答中推进。一般来说，提问很惬意，因为很多问题都可以在赛前精心准备，而且还做过很多次破坏性试验，都具有一定的杀伤力。当你提问完毕看到对方面有难色时，你的成就感油然而生。然而，好事不可能老是被你占着，你也得回应对方的提问，对方也可能和你方一样照此办理，你也有可能因为答不上来而尴尬；因为对方的提问同你的提问一样，都是单向透明，要么你知我不知，要么我知你不知。这时回答问题的辩手心理压力肯定很大，但这就是辩论，别无选择，一回生二回熟，慢慢地，强大的心脏就这样"炼"出来了。赛前准备时努力把辩题吃透，才能以坚守辩题内涵的"不变"应对对方提问的"万变"。同时，要学会临场应变，当问题难度很大时，更要学会如何正面回应，不到万不得已就不要回避，这是底线，否则，就会给评委和观众留下不好的印象，从而影响对你方的评价。什么是"万不得已"呢，那就是除了回答"不知道"再没有其他选择的时候，此时只能顾左右而言他，虽然会被评委扣分，但总比回答"不知道"要好一些，这就叫退而求其次。

下面是一则攻辩的片段，辩题：**轿车热促进了城市的发展 VS 轿车热阻碍了城市的发展。**

> 正方二辩：……您说轿车热一定会带来交通拥堵，请问北京 400 万辆轿车，上海 80 万辆轿车，哪个城市更堵一点呢？
>
> 反方一辩：……不是说轿车多，就一定会带来交通拥堵。所以今天对方辩友今天混淆了一个问题：他们把轿车热简单地看成轿车多。实际上并不是这样的，我们看到轿车数量的增加，也许是轿车热的一个表征。但实际上，它们之间并没有必然的联系。我们看到轿车热它是一个非常综合的问题，所以不能这样简单地来看待。
>
> ……………
>
> 正方二辩：也就是说对方辩友认为我们城市只要相应地修建基础设施，就

算是轿车热都能达到他的效用，这就是有利于城市发展了，对吗？

反方一辩：不对，不对。是这样的，不是说相应地修建设施，而是要修建的设施达到一个热的程度。那么这样的话，就会造成整个城市的资源都集中在轿车和它相应的配套设施这一块，就会对其他的产业造成破坏，不能均衡发展，从而我们认为轿车热不利于经济、社会、人的均衡发展，所以它不利于城市的发展。

正方二辩：好，对方辩友，全世界人均6人一辆车，中国人均40人一辆车。请您给我论证一下，中国从40人一辆，发展到人均世界水平6人一辆，这个资源消耗，挤占了其他行业，使我们没有办法发展别的行业了。

反方一辩：对方辩友，是这个样子的，我们看到，的确我们中国要朝着这样发达的水平去迈进。但是我们是不是也要看到中国存在地少人多这样的现状，我们的国家与美国、加拿大这些地广人稀的国家不一样。所以我们在思考，我们扩建道路的时候，也要考虑到道路扩建的另一侧，就是那18亿亩耕地红线是不是会被这样道路扩建所挤占？所以我认为在中国这样一个地少人多的国家发展公共交通反而是一个更可行的选择。

正方二辩：对方辩友，公共交通和轿车从来就不是并行不悖的，它本来就是相互补充的嘛。对方辩友，日本的人口密度比中国还要大，为什么日本也能轿车热呢？现在这个意思是不是告诉我们，中国穷，没钱修路，就好比穷人家的孩子没钱买衣服了，所以我的青春期是不利于我的生长的，我不应该长这么高的个是吗？

反方一辩：我也发现，对方辩友一个口误，他刚才说公共交通和轿车热并不是并行不悖的，但实际上这在我方看来并不是一个口误，因为事实上轿车热和公共交通之间的确不是并行不悖的，公共交通的大量发展就是会挤压轿车的空间，所以我方认为公共交通的发展正是对轿车热的一个限制。谢谢![①]

正方列举出北京和上海轿车拥有量的两个数据，让反方指出哪一个城市更堵，这里明显是希望以确凿的事实让反方无法应对，因为事实胜于雄辩。而反方却雄辩胜于事实：轿车多不等于轿车热。正方又提出一个问题，如果修建相应的设施，是不是

---

① 刘想树：《论辩西政》，法律出版社，2012年版，第256—258页。

轿车热就不利于城市发展了；反方赶紧解释，不是简单地修建设施的问题，而是这种修建要达到一种热，破坏了与其他产业的均衡状态，那就是阻碍城市发展了。正方又以人均拥有汽车量来说明我国轿车热不会阻碍城市发展，而反方则以我国人均耕地有限应对。正方用公交车与轿车互补，轿车热不会阻碍城市发展；反方将计就计，说公交与轿车并不形成互补，公交的大量发展肯定会限制轿车热。由此，正方总共提出了三个问题，而反方则是有针对性地逐一反驳。从现场看，双方在交锋中都有些紧张，没有完全放开，所以语言都比较拘谨，没有完全展示各自的风格。

88　为什么说辩论中最精彩的往往不是提问而是回答？

在准备辩论时，我们总希望设计出一剑封喉的问题，却或多或少忽视了自己如何应对对方出其不意的提问。殊不知，比赛中最精彩的部分不是向对方提问，而是圆满地回答对方的提问，观众的掌声往往在这个时候才会响起。如前所述，在辩论"逆境和顺境哪个有利于成才"时，当正方把孟子的名言作为论据，证明逆境有利于成才时，反方马上回应孟母三迁，此时场上响起热烈的掌声。

综观辩论赛，能获得观众掌声的往往是回答问题的时刻，为什么呢？因为提问往往是赛前预设，有备而来，临场性不强，虽然辩手努力作临场状，但毕竟是"作"而非真的"临"；当然，如果不是赛前准备，而是临场提问，那会怎么样？如果提问能抓住要害，当然也很精彩。就像前面所介绍的一样，辩题**"经济发展优先于环境保护 VS 环境保护优先于经济发展"**，反方二辩针对正方一辩立论提出的三个问题，确实很精彩，当时全场观众为之热烈鼓掌。但这种情况很少出现，可遇不可求。

根据提问的指向，对提问的回答大约可以分为这样四类：一是用事实，二是用数据，三是用逻辑，四是用理论。

首先，我们来看用事实回答。这种方式回答比较直观，有利于评委和观众便捷高效地接受。有一次辩论赛，正方问道：未来世博园区如何解决排队问题？反方不做正面回应；正方见机紧紧抓住不放，第二次又问这个问题，反方又不正面回应；正方于是第三次发问，眼见反方漏洞越撕越大，说时迟那时快，但见反方一辩大义凛然挺身而出，用陈述的口吻道：2015 年举办的米兰世博会将没有围墙，呈开放式，所以也就没有排队的问题了。一席话如同一盆凉水浇到正方刚刚燃起的希望之火上，正方哑然，这位辩手在关键时刻以关键事实拯救了本方。

其次，用数据回答。比如辩题**"轿车热有利于城市发展 VS 轿车热不利于城市发展"**，我们来看看自由辩论的片段：

> 正方三辩：好，有这么几个问题，要请教对方了。第一，对方说，发展和修路的话就要侵占农田，请问美国、日本、德国、英国，这些国家都经历了轿车热的时期，那么他们是不是通过侵占农田来解决问题的？……
>
> 反方二辩：可是美国，美国的大城市里有 1/4 的土地是道路，1/4 的土地是停车场，这样的情况，在高人口密度的中国城市能不能做到？是做不到的，而欧洲和日本韩国这样的国家是如何解决轿车热的？他们通过限制轿车的使用，来解决这些问题。

这里用了两个 1/4 的数据来回答提问，这样就很轻松地回答了对方关于美国轿车热的提问，然后指出欧洲、日本、韩国通过限制轿车使用解决问题，应该说，这个回答是比较圆满的。

再次，用逻辑回答，也就是通过推理的方式，证明观点的成立或不成立，这在自由辩论中很常见。下面是一段自由辩论，辩题是**"宁要大城市一张床的观点更可取 VS 宁要小城镇一间房的观念更可取"**。

> 正方四辩：……我请问对方辩友，你只看到了压力，看不到城市发展的潜力。我们大城市有夜大，有各种教育机构和农民工的培训组织。这些是不是我们接受再教育的一片土壤？
>
> 反方四辩：对方辩友，为什么小城镇就没有这样再教育的土壤了呢？网络如此发达，我想看北大的讲课教授，在网上就可以搜到。对方辩友，在网络覆盖如此广的情况下，教育在大城市和小城镇之间的鸿沟是不是已经被填平了呢？
>
> 正方三辩：所以对方辩友，今天谈的是一个网络制约我们发展的问题，其实不是这样，大城市拥有的这些机构，它怎么就能够培养我们了呢？
>
> 反方三辩：对方辩友，问题在于我们已经告诉你了，今天不是说大城市比

小城镇更有优势，我们就选择大城市。而是大城市只有一张床，你要疲于奔波
自己的生活，这个时候，你还有没有时间创造这些条件？这是我方问你的，今
天对方辩友，你在交通上、生活上花费了这么多时间，对方辩友，你剩下的精
力何去何从呢？①

正方提出大城市有夜大、有各种教育机构和农民工培训组织，以此证明本方观点
"宁要大城市一张床的观点更可取"；而反方则指出：在网络如此发达的今天，大城
市和小城镇之间的教育鸿沟已不是问题了。此时正方强调小城镇并不拥有这些机
构，反方则把话题拉回到辩论的主题上，指出双方是在大城市只有一张床在小城镇
却有一间房的前提下讨论，这样，反方通过演绎牢牢抓住了辩论的主动权。

最后，用理论回答。这个难度要大一些，因为一般的学术观点不宜作为论据，
它本身还需要一个检验的过程。但是，有些理论已经成为公理，或者为行业所公
认，这些理论或观点如果运用得当，其证明力度应该是这四种类型中最大的。比如
辩题**"传媒文化塑造人格 VS 传媒文化淡化人格"**，我们来看看反方是怎么运用理
论的。

> 反方二辩：好，那么我来告诉您一个理论，根据德国社会学家伊丽莎白·
> 诺埃勒-诺依曼提出的沉默螺旋理论，我们及其弱势的一方，往往会迫于强势
> 而让己方沉默和附和，请问这是不是自主性的丧失？
>
> 正方二辩：对方辩友你所说的这种自主性丧失，可不是每个人都是这样，
> 我们所谓的个体是每个人各有的个性，有些人他会丧失这种个性，有些人不会
> 丧失，有些人丧失的程度会比较深，有些人丧失的程度会比较浅。这和个性是
> 有关的，这正是所谓的塑造个性啊。

"沉默螺旋理论"已经被传媒学术界公认，自然可以当作专业领域内的公理对待。
而从现场来看，正方似乎没有听说过这个理论，这也说明他们没有查阅这些理论。
辩论传媒文化辩题不查阅相关理论，这应该是一大失误，势必在辩论中给自己留下
了隐患，一旦隐患被对方发现并且抓住不放，整个比赛的局面就会朝着持有理论一

---

① 刘想树：《论辩西政》，法律出版社，2012年版，第247-248页。

方发展，他们由此获得主动权。套用一句名言：理论一经辩手掌握，就会变成巨大的论辩力量；或者说：理论对了头，一步一层楼。

89 为什么应该重视对事例的选取？

选取什么样的事例，在很大程度上会影响到辩论的质量，尤其是在自由辩论中。我们常说：摆事实，讲道理，摆出恰当的事实可以使抽象的道理形象化生动化，使对手、评委和观众可以比较轻松地理解和欣赏。那么，如何判断事例是否"恰当"呢？可以从三个方面来判断：一是恰如其分地与对方的问题无缝对接，二是事例与观点之间具有必然性，三是事例并非个别，而是具有一定的普遍性。如果能选取到具有这三个特点的"恰当"事例，那完全可以使对方防不胜防。比如我们前面多次介绍的"米兰世博会""某大学校训""温州诚信"等事例，就在比赛中发挥了重要的甚至是决定性的作用。

一个辩题的赛前准备，肯定会涉及很多事例，这些事例五花八门、形形色色，不可能全部用上，只能选取几个作为主打事例。如何选取？要设定选取的依据。有人说，选取事例当然要根据事例内容的重要性来确定，比如国内外发生的重大事件。如果按照这个依据，那《人民日报》的头版报道就是选取的主要对象，这个说法显然不能成立。事例的选取不在于事例本身具有多大的社会意义，而在于它对本方辩论有多大作用。因此，选取事例的依据首先在于要了解本方论证的重点在哪里，并预测对方的重点是什么，然后再根据这个依据确定选取事例。比如辩题"逆境和顺境哪个有利于成才"，反方选取事例的依据是：正方队员所在的学校是在经济文化高度发达的大都市，应该属于顺境，而正方却坚持"顺境不利于成才，只有逆境才有利于成才"，这似乎是一个悖论。根据这个依据，反方选取了这样一些事例：正方所在城市每年的教育经费增长率、高校的数量以及在该市的录取率，该市广大市民为西部希望小学所捐的款项，等等。并且为对方设计了一个比较刻薄的两难困境：对方辩友明知逆境有利于成才，那为什么要跑到这座条件如此之好的大都市上学？在比赛中，反方将这些事例和盘托出，效果的确很好。假如你是正方，你将如何回应反方的这些问题？

90 为什么应该重视对事例的验证？

在辩论中，引用事例可以增加论证的充分程度。我们常常说：事实胜于雄辩，让事实说话。然而在辩论比赛中，我们常常会被对方列举的一些似是而非的事例所迷惑，由于身临比赛现场，你不可能当场验证这些事例的真假。在辩论赛中，这种情况比较普遍，而且更有趣的是，双方在场上打起了事例仗：你举一个有利于你方的事例，我也举一个有利于我方的事例。比如辩题：**"中学生上网利大于弊 VS 中学生上网弊大于利"**，正方列举某某上网查阅资料，后来创新发明获得专利；反方列举某某整天沉溺于网络，最后学习荒废，身体也搞垮了。平心而论，这两个事例都是真实的，能不能作为论据呢？如果直接这样用，显然证明的力度不够。从正方来说，他们无法否认反方提出的事实；同样，反方也无法否认正方提出的事实。这样，双方很容易自说自话，形成不了辩论必须具有的交集。

从当今辩论赛的情况看，在赛场上质疑对方事例真实性的情况还比较少，可能的原因有：一是这种情况多出现在攻辩与自由辩论阶段，这两个阶段节奏很快，即使存疑也没有时间去求证；二是自己也拿不准，怕一旦质疑不准，对方拿出铁证来，反而令自己下不了台；三是既然都这样说了，肯定有他们自己的出处，姑妄言之，姑妄听之。也许正是基于这样的原因，才使赛场上双方将事例信手拈来，真假莫辨。

怎么才能在现场对对方事例的真实性进行质疑？恐怕更多应该在赛前验证，因为赛场上没办法验证。这一下问题来了，如何赛前就知道对方有可能选择的事例？这就要求我们在赛前搜索对双方各自有利的事例逐一进行验证，也就是说，对本方有利的和对对方有利的都要验证。由于辩题的可辩性，双方在事例的选择方面是均等的，那么，就要对双方的事例进行验证。首先，对对本方有利的事例进行验证，为什么？因为对本方有利的事例就是对对方不利的，对方也可能会对其进行验证，寻找漏洞，或者补漏，或者攻击；如果没有经过验证而轻率用于比赛，一旦被对方指出漏洞那可是极其难堪与尴尬的。比如，我经常举的关于米兰世博会的事例，反方当时在网上查到后还不敢相信其真实性，于是查阅了好几家权威媒体和网站，包括上海世博会官网，最终验证真有这回事，这才放下心来。然后反方专注于对米兰世博会的主题、内容、方式等进行多方位解读，获得了大量有用的资讯，这些在后来的比赛中被反方发挥得淋漓尽致，为获胜奠定了坚实的基础。另外，赛前准备时，反方还预测正方会质疑这个事例的真实性，为此设计了应对之策，然而在辩论中，正方居然没有对这个事例进行质疑，可能他们压根就不知道有米兰世博会这件事。

对对方有利的事例更是验证的重点，因为这样的事例很可能成为对方攻击我方的利器，必须验证其真伪。如果是假的，对方在场上讲出来，那正中我方下怀，这简直等于给我方送分；如果是真的，在赛前就深入研究，寻找破解之策，在比赛中借力打力。比如辩题**"统考制度有利于创新人才的选拔 VS 统考制度不利于创新人才的选拔"**，这是自由辩论中反方的一段发言：

> 反方三辩：首先，我感到很奇怪，因为今天我是第一次听说美国也在用统考制度选拔创新人才。我要告诉对方同学，美国采用的是"三结合"的制度，即统考的成绩、平时的成绩，还有老师的评语各占一定的比例，这难道是统考制度的选拔吗？谢谢。

反方列举了一个事例：美国采用的是"三结合"的考试制度。事实上，美国确实没有全国统一考试制度，其大学入学考试同其他各种学历、职业证书考试一样，主要由两家非营利性的私人团体考试机构负责。反方开始否定美国用统考制度选拔创新人才这个事实，然后告知美国采用的是"三结合"的制度。赛后，经正方查阅，美国大学入学根本没有这种制度，显然是反方急中生智，临时编造出来的，而正方由于没有掌握这方面的资讯，即使疑惑，也不好做出回应，只好眼睁睁地看着对方在这一回合占了上风。

还有一次比赛，辩题"城市化进程中经济建设优先还是文化建设优先"，正方为了证明本方立场，竟然这样扭曲事实：上海经济发达，但文化滞后，而西藏文化发达，但经济滞后。事实上，东西部的差距不仅在经济上，文化上的差距也很大，比如说教育。最不能原谅的是，反方面对正方如此歪曲事实，竟然没有提出任何异议，就这样默认了。

91　为什么要对数据的可靠性进行质疑？

　　辩论中双方除了事例的较量，就是数据的比拼了。在赛场上我们时常看到这样的情形，你方列出一组数据，我方也列出一组数据，于是就出现了这样的问题，为什么同样的情况，数据却大相径庭？搞得评委与观众一头雾水，不知哪一方的数据可靠。

　　我们都知道，在辩论中经常引用数据，数据证明的特点就是简洁、客观、直观，让数据说话，似乎铁证如山。再则，由于数据本身具有客观量化的特点，对方对此很难组织起有效的反击。正因为数据有这些优势，所以成了辩手经常使用的利器。然而，从辩论赛的实践看，数据的使用还存在模糊地带，比如，双方引用数据基本上没有告知出处，虽然辩手列举数据时常常模拟国家统计局数据发布人的口吻，但这些数据实在有些蹊跷。比如辩题 **"城市低碳生活更多依靠科技进步 VS 城市低碳生活更多依靠观念转变"**，反方二辩就列举了这样一组数据：

　　　　反方二辩：您知不知道水电每发电 100 千瓦时就要用到 1241 吨的水泥、14 吨的钢筋，排放 8 克的二氧化碳呢？

这组数据实在令人费解，水电发电为什么需要水泥、钢筋？而且竟然要耗费一千多吨水泥，这电费恐怕一般小康之家负担不起；而且，如此耸人听闻的数据也没有讲明来自何方。类似这样的情况很多，有一次比赛，反方二辩列举了这样一个数据：中国科技大学某一届少年班中 70% 的孩子来自知识分子家庭。这个数据就有捏造之嫌：中国科技大学哪一届？70% 这个数据出自哪个媒体？什么时间？等等。这些都没有详细交代。事实上，当时确实是反方二辩随口编造出来的，可惜对方信以为真，错失了扭转局面的机会。

　　我们引用数据时很少说明出处，这很容易被评委否定，因为评委也不一定知道这数据是不是可靠。那么，宁可信其无，不可信其有。

　　比如辩题 **"解决市民不遵守公共秩序的问题主要靠加强管理 VS 解决市民不遵守公共秩序的问题主要靠加强教育"**，反方在立论中提出这样一组数据：

> 反方一辩：截至 2006 年，我国共有全国性法律 805 部，行政法规和地方性立法达到 18000 多部。

乍一听，我国怎么一下子成了法律法规生产大国？赛后正方逐一验证，发现这组数据不实。根据新华网报道，中国法学会于 2015 年 7 月 15 日发布的《中国法治建设年度报告（2014）》显示，截至 2014 年 12 月底，中国除现行宪法外，现行有效的法律共 242 件；再根据全国人大常委会法制工作委员会研究室编著《中国特色社会主义法律体系读本》附录的《中华人民共和国法律目录》（截至 2011 年 2 月底）、《现行有效的法律》，可知按年份统计截至 2008 年 1 月 1 日，共 229 部。可惜，正方在赛场上没有办法验证这些数据，只好眼睁睁地看着反方占了上风。我之所以如此详尽地列举这些真实数据的出处，就是希望我们准备引用数据时，同时列举数据的出处。

还是这场比赛，反方列举的另一组数据就比较可信了。

> 反方二辩：
> ……根据中共中央党校研究室副主任周天勇教授的介绍，中国的干部与群众比例是 1∶18，而美国统计出来的数据是 1∶94。

这组数据注明了出处，这个周天勇教授也确有其人，这至少表示引用者的自信。我在将这个数据写入本书之前，还专门在网上进行验证，结果证明是真实的。

对于编造数据，难道一点办法都没有？事实上，办法总比困难多。比如在赛前准备时，对于辩题可能涉及的数据要反复验证，最大限度地杜绝虚假数据。有一次比赛，辩题是"**应该降低刑事责任年龄 VS 不应该降低刑事责任年龄**"，反方查阅到一个类似本辩题的辩论赛文本，正方用到了这样一个数据：根据某医科大学 1987 年对未成年人的调查，现在的未成年人心智成熟的年龄比以前降低了。这不是明摆着对正方有利吗？反方于是进行验证，结果发现，该医科大学成立于 1994 年，由两所医学院校合并，应该不可能在此之前以"医科大学"的名义做这个问卷调查，显然，这组数据存疑；再进一步验证，没有发现这个问卷调查的样本数量，甚至连问卷的选项也没有，那么，可以肯定这个数据不实。比赛中，正方果然提出这个数据，反方自然当仁不让，结果可想而知。

92　诡辩为什么诡？

辩论中经常会出现这样的情况，明明发现对方说得不在理，却又不知道如何反驳。这种情况之所以出现，多半是因为对方运用了诡辩。所谓诡辩，其实就是一种狡辩，指有意把真理说成是谬误，把谬误说成是真理，用一句贬义的话来说，就是有意颠倒是非、混淆黑白。从操作上看，好像是运用正确的推理手段，实际上是违反逻辑规律，做出似是而非的推论。正如黑格尔在论及古希腊智者派的诡辩时指出的："诡辩这个字是一个坏字眼。特别是由于反对苏格拉底和柏拉图的缘故，智者们弄得声名狼藉。诡辩这个词通常意味着以任意的方式，凭借虚假的根据，或者将一个真的道理否定了，弄得动摇了，或者将一个虚假的道理弄得非常动听，好像真的一样。"[①]

比如辩题**"媒体应该引领大众 VS 媒体应该迎合大众"**，这是质询阶段的辩论：

> 反方二辩：对方辩友我想问，您喜欢的哪一类题材的电影还没有被拍出来呢？显然是没有吧！
>
> 正方二辩：对方辩友，我喜欢的是下一部电影，当然还没有被拍出来。
>
> 反方二辩：对方辩友您这样回答，让我们如何讨论呢？我想我们可以进入下一个讨论了。

正方二辩显然用了诡辩，反方二辩问的是"您喜欢的哪一类题材的电影"，这个问题的前提是：在你曾经看过的电影中，有没有你喜欢的题材的电影。结果正方二辩却回答喜欢的是下一部还没有拍出来的电影，显然是答非所问，有诡辩之嫌。事实上，正方二辩的说法本身就是一个悖论："喜欢的下一部没有拍出来"，下一部是什么电影？你肯定不知道；既然你不知道，你又怎么知道你喜欢下一部？这又形成了一个悖论。

我们不主张在辩论中使用诡辩，一方面，诡辩容易使辩论陷入胡搅蛮缠的泥

---

① ［德］黑格尔：《哲学史讲演录》第二卷，贺麟、王太庆译，商务印书馆，1960 年版，第 7 页。

淖，使辩论的社会和审美价值大打折扣；另一方面，也是对观众的不尊重，甚至是在侮辱观众的智商。

在辩论中，常见的诡辩有：偷换概念、以偏概全、循环论证。

先说偷换概念：

> A：你有烧水的壶吗？
>
> B：有。
>
> A：那借给我烧一下开水？
>
> B：你烧开水还用借水壶吗？水是开的用不着烧了。
>
> A：那我烧冷水好了吧？
>
> B：不行啊，我的水壶是烧开水的。
>
> A：那我烧开水好吗？
>
> B：开水还用烧吗？
>
> A：……

又说以偏概全：

有人遇见一位中学生，中学生说他上的数学课很难，遇见另一位同学也说自己上的数学课难。因此，这个人得出结论：所有的数学课都很难。事实上，仅仅根据两个人的感受，是不可能得出"所有的数学课都很难"的结论的。

再说循环论证：

电视剧《士兵突击》里有一段对白：

> 老马：可是什么有意义呢，许三多？人这辈子绝大多数时候都在做没意义的事情。
>
> 许三多：有意义就是好好活。
>
> 老马：那什么是好好活呢？
>
> 许三多：好好活就是做有意义的事情。（看一眼老马后再强调）做很多很多有意义的事情。

看到没有？用来证明论题的论据，本身的真实性要依靠论题来证明。为了证明"什么有意义"，所用的论据是"好好活"；那什么是"好好活"？论据是"做有意义的事"。这就是循环论证。

还比如，为了证明"安眠药能催眠"，所用的论据是"它有催眠的力量"；那么，为什么"安眠药有催眠的力量"？所用的论据是"它能催眠"。

正因为诡辩太"诡"，在辩论中突然遭遇时往往措手不及，此时最关键的是冷静应对。比如，遇到第一个偷换概念，就直接问他："你的水壶到底是烧什么水的？"他不能说是烧开水的，因为水既然开了就不用烧；他也不能说烧冷水的，因为水壶是烧开水的；他可能说是烧不开不冷的水的，那么，请问："这不开不冷的水是哪一把壶烧的？这把壶是烧什么水的？是专门烧不开不冷的水的壶吗？为什么商店没有这种壶卖？"请问："你们是在何处购买的？"这样一来，对方反而陷入了诡辩之中。这就是以诡对诡，以其人之道还治其人之身。至于以偏概全，同样的道理，如果两个人可以概括全部，那么，也有两个学生说数学课不难，可否得出所有的数学课都不难的结论？至于循环论证，那就是"好好活就是有意义，有意义就是好好活"，是不是"好好活就是好好活""有意义就是有意义"？

93　辩论中为什么常常使用归谬？

归谬在辩论中经常被使用，一来因为它简洁明快，如同匕首，短小精悍，能够直击要害；二来因为使用它耗时很短，几乎可以用本能反应来应对。归谬的具体做法就是先假定对方的观点是成立的，然后从对方的这一观点中进行引申、推论，从而得出极其荒谬可笑的结论来，使其观点不攻自破。归谬在语言上也比较生动形象，可以使话语风趣幽默，从而增加论辩的趣味性。

先举一例：

> 张同学和刘同学是大学同学，有一个共同爱好——论辩。这不，一次周末同学聚会上，两人围绕"用数字代替专名行得通吗"这个辩题，开始了一场舌战。
>
> 张：数字简洁明了，一目了然，在社会生活中使用，不但整齐划一，而且好认易记，我看应该废除现行烦琐的地名、校名、店名，专有名词都应该改成

统一而有序的阿拉伯数字。

　　刘：老兄数字取代专名这个主意不错，虽然我对汉字情有独钟，但感情归感情，理性告诉我应该赞成你的高见。

　　张：对嘛，你早就应该迷途知返了！

　　刘：是啊，只怪小弟愚钝。试想一下，若干年后，张同学同志的履历表将变成如下形式：姓名：173838；籍贯：第8省第27县第13乡；学历：第3省第99大学第3系毕业；职业：第21省第7市第6局第5科第4副科长；……哈哈，多好认好记啊！不知道的人还以为老兄是国家安全局的工作人员呢！

　　张：啊！这个、这个……

　　同学们哈哈大笑，张同学无话可说了。

针对张同学"用数字代替名字行得通"的观点，刘同学并没有针锋相对地从正面进行学理或事实的反驳，而是欲擒故纵，先赞同对方的观点，然后以对方的观点为前提，按照对方的逻辑，以个人履历表为例进行引申，使他"以数字取代专名"的想法变得荒诞不经，幽默风趣的"笑果"由此而生，这种以不"辩"应万"辩"的方法简洁明快、直击要害，胜过那些喋喋不休的阐述。

　　但是，也要注意，使用归谬要懂得适可而止，如果不论对方说什么你都以归谬应对，那就显得单调乏味，甚至会沦为诡辩。而且，严格地说，使用归谬并不表明你已经完全驳倒对方，仅仅是把对方观点荒谬化而已。所以，要真正驳倒对方，在归谬之后，还得从正面明确指出对方为什么会出现这样的谬误，或者这个谬误产生的原因是什么。归谬治标，正面论证治本，要标本兼治，从而使对方的观点不能自圆其说。

　　下面是一位辩手在自由辩论中的发言，巧妙地使用了归谬，却没有表示出半点嘲讽，而且效果出奇的好，这一点，观众的掌声就是明证。

　　正方二辩：对方辩友，那是他律来约束我呀。其实我今天到现在为止，冷静地倾听才明白，对方所讲的机制无非是拿一点他律的好的东西，再拿一点自律的好的东西，把它揉成一个团，告诉我这就是一个机制。其实就无非是我种了一个果园，其中有苹果，有香蕉，你告诉我你主要种的不是苹果也不是香蕉，主要种的是水果。（掌声、笑声）

正方二辩不是直截了当地进行归谬，而是用了一个类比，用香蕉和苹果这种我们经常食用的水果。用生活中的事物类比，形象化地指出对方是怎样偷换概念的。这里没有任何攻击，也没有任何驳斥，仅仅通过类比将对方的观点荒谬化，从而引发观众的掌声和笑声。

94 为什么会陷入两难困境？

辩论中，如果陷入两难困境那麻烦就大了，就像陷入泥淖，越辩解越麻烦，很难自拔。因此辩论时，要特别注意防范本方陷入这个困境，同时，也要留心对方陷入两难困境。为什么要留心对方？因为如果及时发现，那可是天助我也，完全可以加强攻击，使其越陷越深。否则，如此大好时机丧失，客观上放对方一马，对方也不会感谢你的不杀之恩。所以，这里要特别强调，既要防止本方陷入，也要留意对方陷入；在本方是避险，在对方则是攻击。

为什么会出现两难困境？这是因为生活中本来就有这种情况存在，比如，明天周末，是去逛街，还是去爬山？高考划线后填报志愿，是报北大还是清华？大学毕业了，是去北上广深，还是去西部边陲？这些确实会使我们权衡再三、费尽思量。当然，辩论中出现的两难困境应该比上面列举的难度要大得多，因为生活中的两难可以通过权衡利弊进行选择最后妥善解决，一般往往是次优选择。而辩论中的两难困境若是被对方抓住，肯定会被对方狂轰滥炸，而己方痛苦不堪却要强作镇定，这就是辩论。

为了使辩论精彩，往往需要给一些辩题赋予两难性质，比如辩题"**医务工作者应该向绝症患者如实告知其病情 VS 医务工作者不应该向绝症患者如实告知其病情**"，就是一个典型的两难辩题。我们先从法律谈起，从权利义务的关系看，患者有自己病情的知情权，包括自己绝症的知情权，而医务工作者有如实告知病情的义务。然而，现实生活中，并非所有的患者或者说绝大多数的患者都愿意坚持自己绝症的知情权，因为在实践中我们看到，相当一部分患者由于知晓了病情而精神崩溃，最终加速病情的恶化，这就出现了要不要告知的两难困境。我们不妨模拟一下这个两难的场景。

首先从法律的角度看，如果医务工作者根据法律法规向某位绝症患者如实告知其病情，而这位绝症患者主观上其实并不愿意知晓真实病情，那么这种告知有可能导致该患者在恐惧心理的作用下病情加重，甚至加速死亡，医务工作者的这种行为合法却不道德。

如果医务工作者出于道德良心不向绝症患者如实告知其病情，然而这位绝症患者却想拥有自己病情的知情权，最终又因绝症而死亡，至死都不知道自己的死因，在欺骗中死去，那么医务工作者的这种行为不合法也不道德。

根据这个两难困境，引发了另一个两难困境：如何知晓该患者是否愿意坚持自己绝症的知情权。如果依法向其询问："你是否愿意坚持自己病情的知情权？"则无异于此地无银三百两；如果不对其询问，又无从知晓患者到底是愿意坚持还是放弃知情权，这使医务工作者又陷入了法律和道德的两难困境。

再从道德的角度看，诚信应该是医务工作者最基本的职业道德。据此，应该如实向患者告知其真实病情；但是，我们相信绝大多数患者都畏惧死亡，但也不排除不怕死、死也要死个明白的人。

当然，这只是从辩论的角度模拟，现实中这个问题已经得到了妥善解决。请同学们设想一下，假如你是医务工作者，你准备如何解决这个难题？

辩论中，双方都竭尽全力避免陷入两难困境，当然，双方也总是企图让对方陷入两难困境。辩论本来就是零和博弈，辩论双方只能一胜一负，不可能同胜，也不可能同负。比如辩题"**逆境有利于成才 VS 顺境有利于成才**"，反方三辩这样问道：

对方辩友，听您的口音应该不是香港人，您跑到香港去读书是不是选择在逆境当中成才呢？

正方是香港某大学辩论队，但辩手均为内地学生，但他们的立场是逆境有利于成才，如此一来，便形成了两难困境。事实上，香港应该是成才的顺境，按理他们就不应该去香港读书，因为他们主张逆境有利于成才；假如他们的行为跟他们的观点一致，那么香港应该是逆境，但香港又不是逆境。这样正方便陷入了两难困境。反方的这种攻击方式固然效果极佳，但在礼仪上还是值得商榷。假如你是香港某大学队的辩手，你将如何应对反方设下的两难困境？

更令人叫绝的是，前面我们已经举例的一场比赛，辩题是"**美是客观存在 VS 美是主观感受**"：

> 正方二辩：请问对方三辩，我美不美？（笑声）

　　反方三辩：对方二辩非常美，但这个观点只代表我个人的感受，有没有人认为对方二辩不美呢？如果有人胆敢说对方二辩不美，我们要不要踏上千万只脚让他永世不得翻身呢？如果美的标准是客观的话，你何必问我美不美，你只要评价，衡量，拿自己的标准去衡量一下那个客观的标准，何必问大家你美不美呢？（热烈掌声）

正方二辩是一位女生，她的本意是为反方制造一个两难困境：正方的观点是美是客观存在，那么正方二辩是位女孩，如果反方承认对方美，则等于承认了正方的观点；如果不承认，则是对女生不礼貌，这违反了公共场所的基本礼仪。这个问题问得很精彩，而反方的应对则更绝妙。反方首先承认对方非常美，但声明这只是个人的感受，暗合己方观点"美是主观感受"；同时给对方设置了一个两难困境：如果美有客观标准，你就不用问我，你只要用这个标准去衡量就行了。

　　要使对方陷入两难困境，关键在于倾听，听出对方逻辑上的漏洞，并且及时将这个漏洞"逻辑"处理成两难困境。当然，同时也要防止己方误入两难的困境，这就要求队友之间注意协调，设置好底线，做到观点一致，逻辑互补，防止队友之间因表达而自相矛盾。

　　有一次比赛，反方提出了一个两难问题，结果正方没有正面回答，而是采取回避，因为这个问题没法正面回答：

　　反方二辩：……如果说一个单亲家庭和一个和睦家庭摆在你面前，有权利选择的话，你会选哪一个？

　　正方一辩：对方辩友请不要将问题极端化，现实是我们确实看到了很多过去的"小公主""小皇帝"在现实的冲击下无法面对竞争而被淘汰了。

也是这场比赛，正方一辩和三辩把本方的辩题"逆境有利于成才"理解为"逆境更有利于成才"，而正方二辩则坚持原辩题"逆境有利于成才"。这时反方就利用对方三位辩手对辩题的不同理解，使正方陷入两难困境之中。

95 悖论为什么悖？

传言，德尔斐神谕说：苏格拉底是希腊最聪明的人，有问题去问他。雅典的居民对此深信不疑。苏格拉底听说后，却陷入困惑："我真是希腊最聪明的人吗？我究竟比别人多知道什么？"突然，他明白了——"我知道自己无知，这就是我比所有人都聪明的地方。"从悖论的角度看，如果苏格拉底真的知道自己一无所知，那么，他至少在"知道自己一无所知"这一点上是有所知的，因此他不再是一无所知，他说"知道自己一无所知"就是假的。然而，如果他说的"知道自己一无所知"是假的，那么，是不是他"不知道自己一无所知"是真的？这一下，麻烦来了，你怎么知道他"不知道自己一无所知"……如此可以一直循环下去。

类似的悖论在生活中时常出现。人们常说："世界上没有绝对真理。"那"世界上没有绝对真理"这句话本身算不算"绝对真理"？有人曾经表示："我什么也不相信。"那他是否相信"我什么也不相信"这句话？也有人说："怀疑一切"，那他是否怀疑"我怀疑一切"这句话？如果他怀疑，则"怀疑一切"不能成立；如果不怀疑，则"我怀疑一切"也不能成立。为什么？请大家自己开动脑筋，这个思维游戏一定很有趣。

所谓悖论，学术地说，就是表面上同一命题或推理中隐含两个对立的结论，而这两个结论都能自圆其说。比如刚才所说的"怀疑一切"，这个命题中隐含两个对立的结论：我怀疑"怀疑一切"，我不怀疑"怀疑一切"，而这两个结论都能自圆其说。

在辩论中，这种情况并不少见，比如辩题**"辩论赛，学理内容比语言技巧更重要 VS 辩论赛，语言技巧比学理内容更重要"**，在辩论中，反方夸奖正方辩论的语言技巧用得很精妙，正方也称赞反方辩论的内容很充实，这看似相互恭维，实际上都试图为对方制造悖论。双方都挖空心思企图将对方言论悖论化：反方从立场出发，说正方辩友辩论中所体现出来的高超的语言技巧充分证明，语言技巧并不是不更重要，而正方的立场却是学理内容更重要。正方从立场出发，说反方辩友辩论中所表现的深厚的学理内容充分证明，学理内容并不是不更重要，而反方的立场却是语言技巧更重要。在比赛中，双方都在给对方制造悖论，同时又在极力避免陷入对方制造的悖论陷阱之中，这场比赛曾经被列为全国大专辩论赛的经典之作之一。

就在这场比赛的自由辩论环节，反方就用举例的方式给正方设了一个悖论：

> 反方三辩：……对方辩友，我倒还想问了，你说辩论赛是探求真理的，那么首都师范大学和马来亚大学辩论了这样一个辩题"**真理越辩越明 VS 真理不会越辩越明**"，最后反方得出的结论是真理不会越辩越明。也就是说这场辩论赛，反方探出一个"真理不会越辩越明"的真理，这做何解释呢？

这是在给正方制造悖论：正方说辩论赛是探求真理，那坚持"真理不会越辩越明"的一方，探求出一个"真理不会越辩越明"的真理。再把它简略一下：辩论赛探求真理，结果有一方探求出"真理不会越辩越明"的真理。请问：这"真理不会越辩越明"是不是真理？如果是真理，那是指"真理不会越辩越明"这个判断，还是"真理不会越辩越明"这个内涵？很可惜，反方的这个问题问得太晚，一问出来，主持人就宣布自由辩论结束，相当于颁给了正方免战牌，正方可以理直气壮地不回答了。

96　辩论中为什么要注意悖论？

事实上，悖论往往可以表达深刻的哲理，比如前面列举的苏格拉底的"我知道自己无知"。类似的还有很多，比如著名诗人臧克家有这样一首诗：

> 有的人活着，他已经死了；
> 有的人死了，他还活着。

这两句诗看起来很"悖"，怎么"活着的人死了，死了的人却活着"？其实并不悖，用词相同但意涵迥异，两个"活"与"死"，意涵就截然不同：第一个"活"是生物性的存在，第二个"活"却是精神性的存在；同样，第一个"死"是精神性的消亡，第二个"死"却是生物性的消亡。还有一首诗恐怕更加充满悖论也更加深刻，那就是顾城的"黑夜给了我黑色的眼睛，我却用它来寻找光明"。想想看，这首诗

"悖"在哪里？

辩论主张慎用悖论，因为一般来说，比较具有哲理的悖论往往是以书面文字的形式出现的，这样我们可以反复阅读、反复玩味。而辩论不能这样，它全靠有声语言来展示内容，而且节奏很快。如果过于有哲理，高深莫测，就可能导致对手、评委和观众都听不明白，最终弄巧成拙，同时，这种"成拙"可能会被对方抓住让你方进入这个悖论。比如有一次辩论，辩题是"**企业用人以才为先 VS 企业用人以德为先**"，反方这样问正方："对方辩友，贵校的校训排在第一的就是厚德，你怎么看？"如此一来，正方便陷入了悖论之中：正方坚持以才为先，而正方的校训又将德排在首位，暗示以德为先。坚持与本校校训不同的立场，但校训又是凝聚了全校师生员工的共识。

有这样一个段子，某评论家评论某作家的作品：

> 评论家："你怎么能这样写呢？你已是第三次在作品里作这样的描写了。难道你不知道'第一个把女人比喻为花的人是天才，第二个是庸材，第三个是蠢材'这句名言吗？"
>
> 作家："是的，你说得很对。不过你已经是第七次说这句话了。"

在这里，评论家引用名言来批评作家屡次在作品中作相同的描写，而作家也及时抓住评论家多次用这个名言去批评别人。如果评论家所讲的道理成立，那么，评论家也就是名言中所说的"庸材""蠢材"。

下面一段自由辩论，应该是比较完整地诠释了悖论在辩论中的作用：

> 反方二辩："……再次请问对方辩友，如果按照你们所说的，我们的学者都要去恪守寂寞，那在座的评委都是著名的学者，他们都去恪守寂寞了，今天谁来给我们当评委呢？"
>
> 正方三辩："对方辩友说得很好，在座的评委在给我们评判的时候，要保持自己独立的思考，这恰恰是评委恪守寂寞带来的。"

评委参加辩论赛评判工作，就是参与社会活动，就要与社会互动，这就不是恪守寂寞；而评委在评判中所秉持的独立思考，恰恰是恪守寂寞带来的。这是一个很有趣的悖论。按说，这不应该有争议，但是，双方对概念的理解不一样：反方将寂寞理解为自我封闭，不与社会往来，是一种外在的寂寞；而正方将寂寞理解为甘于坐冷板凳，坚持独立思考，是一种内在的寂寞。这个问题前面已经说过，这里就不再赘述了。

七

尾声不"尾"：分歧与意义

97 为什么说尾声不"尾"？

和其他比赛一样，辩论也有结尾，这个结尾不能戛然而止，必须专门设置一个环节，这如同打仗，战斗结束后得有人来打扫战场。听起来，四辩的职责似乎就是清扫辩论战场上遗留下来的枪支弹药、辎重粮草之类。其实不然，想想吧，双方经过几十分钟的激烈较量，唇枪舌剑、针尖麦芒、你来我往、冲突碰撞，整个过程都展示出来了，也该有个收场了。这时，评委、观众的注意力一下子全集中在四辩身上。由于是最后一个发言，四辩的每一句话将给评委和观众留下最新的印象，不论是好的印象还是不好的印象，反正都会被评委和观众记住。所以，在这个意义上，尽管总结在程序上表明辩论进入尾声，但就辩论的意义来说，尾声不"尾"。

其实，我们说总结的尾声不"尾"，并不仅仅在于它留给评委和观众最后的印象往往比较深刻，它还有一个重要功能，那就是杀回马枪。在几十分钟的辩论过程中，尤其是刚刚结束了 8 分钟的自由辩论，双方辩手都处于亢奋的状态，而唯有双方的四辩正襟危坐保持冷静，审时度势、眼观六路、耳听八方。他要在大脑里快速归纳双方的分歧，同时，也要对本方的一些漏洞进行补救，使评委和观众有一个比较完整的印象。比如辩题**"解决市民不遵守公共秩序问题重在加强管理 VS 解决市民不遵守公共秩序问题重在加强教育"**，在前面几个辩论环节中，正方的观点一直没有得到完整展示，给人一种残缺的感觉，确实"像雾像雨又像风"。由于辩论各个环节环环相扣，队友们也许专注于适时应对，没有想到本方辩论过程中的漏洞，而四辩由于要对场上的比赛进行总结，他发现了本方的漏洞或缺陷，看在眼里，记在心里，就必须在总结时加以补救，这可是最后的机会。有时候，这种补救居然还能产生力挽狂澜的效应。下面就是这位四辩的总结陈词：

正方四辩：

谢谢主席，刚才语速有点快，现在我慢慢说。

总结一下整场辩论赛，大家的争论点在什么地方？第一个争论点很简单，对于管理和教育之间的定义。我方告诉大家，管不仅有惩罚还有疏导，对方辩友说在惩罚的过程中起到了教育的功能，究竟是教育呢，还是管理呢？这种措施肯定是管理了，能不能起到教育的作用？我想也许起到了，但它只是理的一部分。比如我说那个闯红灯现象，架了人行天桥之后，人们就不闯红灯了，因为他们走了人行天桥。这个时候管理的措施，疏导的措施，给人更便捷的方式，他就不会冒险去闯红灯，也不会违背公共秩序了。这样的管理的手段，对方辩友能够接受，您不会说架天桥这样的行为也属于您方的教育吧。

第二个问题，对于瓶颈的认识。对方辩友认为，我们今天这个冲突点是在于解决当下中国不遵守公共秩序的问题，究竟瓶颈在什么地方。他们说不在管理，为什么呢？因为你法律很多，执行也很好，因为执行的人很多。可是问题在于，对方辩友，法律制定得很多，等不等于执行得就好？人很多等不等于执行得就好？比如说我刚才说重庆的一个问题，它有很多人闯红灯没有人管，后来有了交巡警，他们加大了管理力度之后，马上就没有人闯红灯了。对方辩友，这是不是说明了一个问题，有了法律有了人之后，如果不加强管理，管理的措施、管理的法律，甚至于管理人员都形同虚设呢？

对方辩友又说到教育，那我就要用宏观的数字问对方辩友了，中国当下与从事教育工作有关的人很多。在场估计有一半以上的人，要么是接受教育，要么是从事教育工作的，可是对方辩友能不能说，中国教育就比外国教育好呢？那么您方观点是不是就不成立了呢？所以我们今天讨论的问题，不在于看数量，而是在于看质量。质量不是在于教育能够教出什么，管理能够管出什么，而是切合到辩题是哪一个能够解决市民不遵守公共秩序的问题。

所以我方二辩问了对方辩友这样一个问题，他举了一个数字，如果我没记错的话，他说小学生中间有71.3％的人遵守公共秩序，而到了大学生就变成了只有 25.6% 的人遵守公共秩序。按照对方辩友的观点，他在小学的时候，他知其然了，他知其所以然了，他遵守了公共秩序，可是为什么他长大了，他就不知其然，不知其所以然了？对方辩友说，中国人到了外国之后，他仍然不遵守公共秩序，对方辩友，这种人确实有。但是我看到更多的情况是，很多人在国内的时候，他不遵守公共秩序，去了新加坡，看到吐一口痰要罚款五千新币，所以他就不吐痰了。

对方辩友，为什么在国内他不知其然，不知其所以然，到了新加坡马上知其然、知其所以然了呢？今天不遵守公共秩序的问题，不是一个简单的不知其然也不知其所以然的问题，问题在哪里？我给大家列一份数据，《解放日报》有一项关于市民遵守公共秩序的调查，有一项是："你认为，为什么大家不遵守公共秩序？"结果显示，有 93.7% 的人认为是中国人素质不高；那又要问了，"你违反公共秩序的时候，你是出于什么原因呢？"有 53.5% 的人认为是习惯问题，有 46.5% 的人认为是迫于客观环境。加起来正好是 100%。也就是说，当别人违反公共秩序的时候，你知道他是素质问题，当自己违反公共秩序的时候，就成了客观原因。

对方辩友，这是为什么？中国人现在已经不是在过去那个年代，不知道公共秩序是什么，很多人是知道了公共秩序，可在现实生活中他就遵守不了。正如我方二辩问对方随地吐痰，您方能举出多少人不知道吐痰不好，或者不知道吐痰对别人不好，或者不知道不应该吐痰呢？他知道吐痰违背了公共秩序，但是，他吐一口痰没人处罚他，没人管他；他也知道闯红灯不好，可是他闯了红灯没人管他，于是公共秩序权利义务的观念在他的心中就没有形成。

要解决市民不遵守公共秩序问题的瓶颈是什么？瓶颈是当我们知其然知其所以然了之后，到了社会当中发现，说不准我知其然和知其所以然是错的，我心中那个不能违背了公共秩序的观点，社会上并不强求我遵守。所以我们要说的是，瓶颈不是没有接受教育，而是没有加强管理。谢谢大家。[①]

由此可知，正方四辩并不是模式化地按照总结的一般结构进行阐述，比如，先指出双方分歧，然后阐述本方立场的意义，最后再升高价值，阐述双方这场辩论的意

---

① 刘想树：《论辩西政》，法律出版社，2012 年版，第 311－313 页。

义，以此彰显本方的境界。他不按套路，而是针对整个辩论过程中本方显露出来的漏洞进行修补，以及对双方纠缠不清的核心问题进行梳理。他要修补和梳理的有以下方面：

首先，由于正方在立论中对"管理"这个概念解释不清楚，被反方一直紧紧咬住不放，正方全场处于被动应对，一直持续到自由辩论结束。由此，四辩在总结中对这个概念加以阐释，尤其是通过举例，才终于使这个概念清晰明了。

接着，正方四辩将全部精力放在双方争议最大的问题"管理和教育到底哪个是瓶颈"上。正方四辩先是阐明法律文本不等于管理，执法者多不等于管理得好；然后点明"教育是瓶颈"这个观点不能成立，为此他用比较权威的数据进行阐释，同时还进行比较：一是小学生和大学生比较，小学生普遍遵守秩序，大学生遵守秩序的反而少了，以此说明教育并非瓶颈；二是内地与境外比较，市民在内地普遍不遵守公共秩序，而到了境外又普遍遵守公共秩序，回来后又普遍不遵守了。最后对这些进行归纳：如果从教育的角度看，他们都不仅知其然，而且知其所以然，但为什么在行动上却大相径庭，最后水到渠成地归结：瓶颈不是没有加强教育，而是没有加强管理。整个总结陈词思路清晰，逻辑严谨，一气呵成，赢得了评委和观众的好评。

应该说，正方四辩的这个总结陈词起到了力挽狂澜的作用。这场比赛，整个辩论过程中，反方在概念和关系上一直纠缠着正方，双方越辩越朦胧，观众和评委越听越糊涂。几十分钟的辩论，似乎在原地转圈，没有展开，也没有推进。从开头到自由辩论，反方稍微占有优势，因为他们始终抓住正方概念解释上的瑕疵大做文章，活生生地把这个瑕疵撕成了硬伤。每当正方辩论气势上升时，反方就把这个硬伤拿出来撕开，正方只得放弃攻击加以保护，气势也随之减弱，这种情况一直延续到自由辩论结束。当进入最后的总结陈词时，正方四辩如果还按套路说一些不痛不痒的话，那么，正方很有可能失去这场比赛。幸运的是，正方四辩逆流而上，抛开了赛前准备的总结材料，临场发挥，虽然语言不如背稿那么精练流畅，但正因为如此，才给人以强烈的临场感。评委点评也对他的总结大加赞赏，也因为他的这番陈述，正方才化险为夷，扭转局面险胜反方。由此可见，总结对于整个辩论的重要性。

在此，笔者也模拟一下四辩的口吻：综上所述，我方认为，总结陈词，尾声不"尾"。

98 为什么要对辩论过程进行总结？

经过立论、质询、攻辩、自由辩论等环节，辩论就如同一篇文章，写到一定的时候，就该收尾了，这样与开头形成首尾呼应，文章内容也就完整了。为了使辩论不至于平铺直叙，于是人们设计了不同的环节，从结构上为辩论的节奏变化提供保障，使辩论过程起伏跌宕。辩论的每一个环节都是辩论不可分割的一部分，是辩论的有机体，但都有自己的相对独立性，这种独立性主要表现在辩手的分工与合作上。比如，立论环节，由一辩负责；攻辩环节，由二三辩负责；自由辩论环节，由四位辩手共同承担；当辩论进行到结尾的时候，对已经进行的辩论环节总结，四辩也就当仁不让了。

对辩论的总结，就是对前面几个环节中双方的表现，从内容到技术进行梳理，指出双方的主要分歧，以及分析这些分歧产生的原因，本方坚持这个立场有什么意义，为什么有意义。当然，如果胸怀再宽一点，境界再高一点，时间也还有富余的话，也不妨超越正反方对立，诠释一下双方对垒的社会意义何在。如此这般，才算是为观众奉上一场完整的辩论赛。

辩论如果没有总结，就跟一篇文章没有结尾一样，使人感到突兀，也使前面几个环节显得散乱，无法给评委和观众一个完整的印象。事实上，总结的目的也是让评委和观众一方面了解双方辩论中的主要分歧，另一方面进一步加深对本方立场的认知或感受，当然，如果能够认同本方最好，这里，我说的是观众不是评委。

另外，总结也是对观众有一个交代，如果比赛精彩的话，观众有可能沉浸于或陶醉于高速度、快节奏的各个环节之中，有可能感受辩手们在比赛场上的唇枪舌剑。但仅此不够，还需要辩手对辩论的过程进行总结，给观众一个比较理性的印象。观众不可能听清楚辩论双方的每一句话，也不可能记住双方的大部分发言，更多的只是对某个对话场景或者某个辩手的某句话感兴趣，然后就是对已经进行的比赛的气氛的感觉和感受。就好比一部合唱，有引子，有二重唱，有合唱，当演唱达到高潮，突然安静，一位演员用独唱对整个合唱进行概括和归纳。辩论也是如此，自由辩论是整个辩论的最高潮，高潮结束，就需要将整个比赛进行归纳总结，理出一个头绪来。要让观众和评委明了，本方是怎样论证和反驳的，比赛过程中本方和对方在哪些主要方面存在分歧，本方是如何对待这些分歧的，本方为什么要坚持这个观点，坚持这个观点有什么意义，我们双方辩论这个问题的意义在哪里，等等。将这些梳理清楚，这样就相当于呈现给观众一个语音版的比赛总结文本。

99　为什么总结与立论不能交叉？

在辩论赛中，时常有这样的情况出现：四辩总结陈词的内容似乎跟一辩立论陈词相差无几，这等于是把文章的开头又放到了结尾，这样一来，总结就成了立论的复制。

总结与立论的区别可以从四个方面看出来。

第一，从结构上看，立论的结构主要有三个方面：一是概念解释，二是逻辑关系，三是阐述理由；而总结的结构主要是两个方面：一是指出双方主要分歧，二是阐述本方立场的意义。

第二，从作用上看，立论是开辟战场，展示本方观点及论证过程，让对方、评委和观众明白本方辩论的体系；而总结是打扫战场，对辩论过程进行梳理和归纳，让评委和观众对整个辩论过程有一个比较清晰的印象。

第三，从内容上看，立论重在逻辑推理，环环相扣，脉络清晰；总结重在梳理分歧阐述意义。前者在于摆事实讲道理，条分缕析，强调逻辑；后者指出分歧，说明原因，挖掘意义。

第四，从表达上看，立论语言理性平实，娓娓道来，尽量用评委与观众容易听懂的语言陈述；而总结语言分为两部分，前者以探讨的语气陈述，后者阐述意义当有一定的抒情性，以图与观众共情。

下面我们用两篇立论和总结文本进行比对。

正方：诚信主要靠自律。

（立论）正方一辩：

谢谢主席，评委，对方辩友，大家好！诚实信用历来是中华民族的传统美德，市场经济的发展对诚信的要求是越来越高。诚信水平的提升不仅关系到个人的道德素质，更关系到一个民族的道德水平。当然，在探讨诚信这个话题之前，首先还是让我们界定几个概念。

诚信即诚实信用，相互尊重，以自己的信用取信于他人，对他人给予信任。自律就是依赖自身的观念和价值评判体系而形成的自我约束。在自律之外，实现诚信的方式还有他律、宣传教育等等。正是以上几种方式的结合，才能有效地实现诚信。但究竟是何者起主要作用呢？标准就在于谁对诚信的实现起到了本源性、决定性、关键性的作用。基于此标准，我方认为诚信主要靠自律，理由如下：

第一，从诚信的本质来看，自律的作用是本源性的。诚信的本质是一种道德，是内在诚信观念和外在诚信行为的统一。人外在的行为源自于其内心的观念，正所谓内心纯则行为正，内心污则行为浊。正如蔡元培先生所说："所谓良心者，不特告以善恶之别，且迫人避恶就善也。"作为自我约束的自律恰恰是历练良心的审判官，不论是情感领域还是交易范围的诚信行为，均是源自于人内心的认可，而这种认同体现的恰恰是自律的作用。

第二，从诚信的具体实现来看，自律所起的作用也是决定性的，首先自律是对非自律手段的肯定。不论是制度性安排还是道德宣讲，都必须内化于心才能起到作用，而这个内化的过程恰恰是自律在起作用。其次，自律的程度也制约着非自律实现程度。为什么呢？我们以他律为例，当执法者不守法如何他律？当一个国家和民族本身不自律的时候又如何实现他律？试问，当一个国家的民众本身的自律程度不够，道德水平低下时，他律的作用又如何良好地体现？

第三，从诚信的缺失原因来看，自律所起的作用也是关键性的。对目前不诚信事实的大量存在，我们不仅仅要发出道德感慨，更要追寻其症结所在。为什么在法制日益健全的今天，假冒伪劣、金融诈骗还是屡禁不止？为什么在规范制度相对完善的今天，黑哨黑嘴，剽窃抄袭的现象仍然层出不穷？究其原因，还在于制度的局限性无法改变人追求利益最大化的本性。尽管外在的制约性因素可以在一定程度上规范制约人们的行为，但是解铃还须系铃人，人的本性不是用来磨灭的而是需要引导的，对利益的追求也必须在道德的指引下进行，由此我们可以看出，只有道德意识的提高，自我价值体系的建立，自我约束能力的增强，才能从真正意义上避免和抑制人与人之间因利益冲突而形成的不诚信观念和行为，而这也恰恰是自律作用的体现。

诚然，非自律手段的保障性作用及辅助性作用也不容忽视，但是保障无法取代本原，辅助无法代替主要，正本清源，我们要的不仅仅是暂时的消痛消肿，国家的长治久安，诚信观念的深入人心才是我们最终的追求。谢谢。

（总结）正方三辩：

谢谢主席，大家好。首先要向对方辩友的创新精神表示敬佩，你跳出了辩题的制约，值得我方借鉴，但是对方的这种做法仍然值得商榷。首先对方抛出了一个含含糊糊的概念——机制。大家想一下，其实并不难发现，所谓竞争机制就是竞争的机制，而诚信机制就是诚信的机制，对方是将一个总的概念当成主要成分，如此说来那什么东西是次要的呢？对方告诉我们说机制是信息的对称和利益的均等，却没有告诉我们通过什么样的手段来使信息对称和利益均等，按照你这个说法，我真的不明白到底如何去贯彻您的这个机制。他律在对方二辩的口中成为一种暴力，怪不得你把所有的强制力都当成了他律……还要请对方辩友再给我们解释一下机制是如何保障朋友交往时的利益最大化的。您始终没有办法回答机制怎么样深入社会的各个领域，各个层次。总不能说我和朋友在咖啡屋聊天的时候，你边上来一个大盖帽，说我要用机制来约束你们的诚信行为。哇，那我真的好尴尬啊！

对方辩友的这种观点，其实是把自律的一些优点和他律的一些优点揉在了一起，告诉我们说主要靠这个东西。事实上，您说的已经不是主要的，而是完完全全就靠它，您方这种立论方式实在让我方难以应对。

今天在这里要告诉大家一个事实，……今天在这里没有什么他律来约束在座的各位观众，但是我相信大家在离场之前一定会顺手带走自己身边的废纸和塑料瓶，以减轻我们工作人员的负担。自律应当从身边做起，从小事做起，诚信要做到的就是使人心口相一、做事讲真、发自内心、待人以诚，唯有靠自律，诚信才能遍及社会的每一个角落，因为也唯有如此，中华民族方能以诚信的姿态自信地站在时代的潮头。谢谢。[1]

---

① 张德明：《激扬才智：第八届中国名校大学生辩论邀请赛纪实》，复旦大学出版社，2003年版，第206—207，228—229页。

可以看出，立论与总结在文本方面有很多不同。在立论文本中，一辩先是对"诚信"与"自律"这两个概念进行解释，然后从诚信的本质、具体实现和缺失原因的三个方面证明诚信主要靠自律，立论的重点在于论证；而在总结文本中，首先指出对方的瑕疵"机制"、指出"机制"本身存在的问题，并且模拟一个事实证明机制在实现诚信过程中不具有可行性，然后阐述意义，从细节切入，将现场拉入总结陈述之中，预测观众离席后一定会顺手带走自己身边的废弃物，以此说明自律应从自身做起，从小事做起，最后将本方立场的意义升华到民族自立的高度（当然，这个意义有点高大上，超过辩题应有的高度），重点在于价值。

100 总结为什么不主张完全使用赛前预制的文本？

和立论文本一样，总结的文本也可以在赛前预制，也正因为这样，总结陈词在比赛中很容易照本宣科。比如总结文本第一部分一般是指出双方分歧，虽然可以在赛前预设，但计划没有变化快，现场往往跟实际情况很不一样，甚至完全不一样，这个时候如果你还是坚持既定方案不动摇，那就可能出现这样的情况：你深刻地指出了对方不存在的缺点和错误。如果对方后发言，对方就有可能很无辜地向你陈述：感谢对方辩友把我方不存在的缺点和错误全部深刻地指出来了，我方本着无则加勉的原则，引以为戒。对方还可以趁机表演悲情，做忍辱负重状，在突出你方无的放矢的同时，显示己方的大度和包容，甚至还透露出一点点冷幽默，这样很容易争取到评委的好印象，从而形成预期的近因效应。在这个意义上，对方确实应该感谢你方，正是因为你方列举了这些莫须有的"缺点"，才给了对方表现大度、包容和幽默的机会。

总结最考验四辩的是第一部分，指出双方分歧，虽然可以在赛前预测这一点，但往往测不准。这个原因跟立论陈词的预测一样，所以，临场倾听就成了四辩最重要的能力。这一点跟立论不一样，一辩尤其是正方一辩，根本不需要倾听，因为他是全场第一个发言。但即使是反方一辩，他虽然是第二个发言，有时间倾听正方一辩的立论陈词，但这种倾听不是他的重点，他最多在自己开始发言时顺便提一提，表示一下，甚至都不需要有任何表示。四辩的倾听跟二辩、三辩也不一样，二辩、三辩的倾听是为了适时做出反应，他们没有时间认真倾听，因为只有短短的几秒钟，而四辩的倾听可以是从开篇立论到自由辩论结束，当然，他还得参与自由辩论，有的赛制还要求四辩对一辩的立论进行质询。可以这样说，在四位辩手中，四辩是倾听时间最长的一位，如果是正方，他是全场最后一个发言的，他还得倾听对方四辩的总结陈词。当然，四辩的倾听绝不仅仅是为了知晓，他还得将倾听到的东西转化为自己总结中的内容。想想吧，要通过自己的耳朵听出对方的长与短，而且几乎同步进行梳理筛选，然后将双方最主要的分歧用最简洁的语言一一列举出来，并且加以诠释，这需要多么强大的倾听与归纳能力。

其实，在一般情况下，总结不可能完全依靠临场的倾听，这不是不相信四辩的倾听和归纳能力，而是有些部分可以在赛前预制，这主要是意义阐述部分。因为本方辩题的意义并不会因为双方现场的辩论而有根本性的改变，只有在对方改变辩题的情况下，本方关于意义的阐述才可能要适当调整。此时此刻，如果还按照赛前预制的版本陈述，就有可能给评委和观众一种四辩与现场辩论疏离的感觉，似乎四辩不是刚才辩论的参与者，因为四辩在说一些与辩论关系不大甚至没有关系的话。

在"**诚信主要靠自律 VS 诚信主要不靠自律**"这场比赛中，反方的立论剑走偏锋，完全出乎正方预料，反方在立论中是这样陈述自己的观点的：

反方一辩：

谢谢主席，对方辩友刚才的论述有理有据，声情并茂，我方深表钦佩。如果抛开今天辩题的社会意义，对方辩友也许是正确的。但是如果把辩题的社会意义考虑进来，对方辩友的论证思路是不是显得偏颇和狭隘呢？为什么是这样的？让我从头道来。

回顾历史，诚信问题由来已久，无论是儒家、道家、释家，还是基督教、伊斯兰教、印度教，无一不把"诚"与"信"的倡导，作为核心的思想之一。为了解决诚信问题，人类一手高举道德自律的火把，一手紧握法律他律的利剑，试图把自身引向诚信的彼岸。人类也曾作过诸多尝试，时而他律为主，时而自律为主，时而他律与自律并重。但是，穿越了千百年漫漫的历史风尘，今天当人们再次面对诚信问题的时候还是一筹莫展，由此，我们不禁要问，自律或者他律，是解决诚信问题的唯一选择吗？

在对以上问题做出回答之前，我们需要深入地分析一下产生诚信问题的根本原因。对方辩友认为诚信是道德方面的问题，认为这是诚信问题的"本"，只能说相对于他律的"标",这是"本",如果追本溯源的话,真正的"本"是人性,是人类趋利避害的本性。人们之所以做出不诚信的行为,根本上是为了实现一定的利益目标。我们看到,无论是偷税漏税、制假贩假,还是学术造假、贪污腐败,无一不是受利益的诱惑与驱动,所以我们说,诚信问题产生的主观原因是:人类趋利避害的本性。

诚信问题产生的客观原因是什么呢?是信息不对称。如果一个人不诚信能够不被别人察觉,杜绝失信就难之又难。反之,如果人们在相互交往中,能够很方便快捷地了解到彼此的相关情况,则不诚信行为就很难得逞。明确了产生诚信问题的主客观原因,我们才能够去选择一个更加理性而可行的解决之道。

我方认为,诚信既不能主要靠自律,也不能主要靠他律,而应该主要靠机制。这里首先要说明的一点是:为什么我们把主要靠机制作为主要靠自律的对立观点。我方认为,我们的辩论比赛,不应该只是一种口才与智慧的较量,更应该使我们的观点能够对大家有所启发,能够对社会生活有用处。在人们解决诚信问题的实践中,机制已经被作为一种特定的独立的方法被提出和应用。而且机制和自律与他律有着本质的区别。我们说无论自律还是他律,都重在"律",是对人们的一种约束行为,只不过前者是靠道德的力量,后者是靠法制的力量,而机制则是变约束为引导,能够更加圆满地解决产生诚信问题的主客观原因。我们所说的诚信机制,实际上是一种围绕诚信而进行的社会资源的分配方式,说得简单点,就是通过有效手段,增加守信者收益,减少守信者成本,同时增大失信者成本,减少失信者的收益。给守信者以鼓励,给失信者以惩戒。说得更加通俗一些:就是让不诚信的人吃亏,让诚信的人获益。

诚信机制之所以比自律更主要,是因为就解决主要原因而言,诚信机制能够让人们通过守诚信而获得利益的最大化;就解决客观原因而言,诚信机制能够通过建立个人信用体系,企业征信制度来实现交往中的信息对称。

综合以上,我方认为,诚信应该主要靠机制。谢谢。[①]

反方果然"明知山有虎,偏向虎山行",他们的这个观点显然偏离了辩题,正因为

---

① 张德明:《激扬才智:第八届中国名校大学生辩论邀请赛纪实》,复旦大学出版社,2003年版,第208—209页。

如此，才完全出乎正方预料，使得正方赛前按照对方辩题预制的几乎所有的材料包括提问与答问等均自动失效。在这种情况下，正方另起炉灶是不可能了，没有时间，怎么办？还好，由于赛前正方对辩题进行了深入解析，他们急中生智，抵挡住对方的攻击，但这对四辩提出了挑战，他赛前预制的东西也基本上作废，他要在这短短的 20 几分钟辩论过程中，一边倾听，一边谋划，同时还得参加自由辩论，这确实是"时间紧，任务重"啊！

在这里，通过前文已列的正方三辩总结陈词可知，除了最后一段是赛前设计的，前面两段都是临时组织的。首先他抓住了双方辩论中的焦点——机制，并由此展开，指出对方的失误：一是从逻辑上，这个辩题是主次比较之辩，如果机制是主要的，那什么是次要的？二是从事实层面，机制不可能自动运作，那由谁以什么手段或方式来操作这个机制？三是从效果上，如果人们的所有的社会行为都要靠机制来衡量，那诚信机制如何保障朋友之间的交往？应该说，这几点抓得比较准，直击要害，如果考虑到这几点都是临场抓的，而且层次分明，就更加难能可贵。只是最后部分失之偏颇，扬己贬彼，在将本方价值崇高化的同时，把对方价值负面化，"对方辩友否定了自律是我国几千年来传承的一个道德行为，就等于否定了我们千百年来的道德和传统"。这种做法不可取，在接下来的点评中，评委专门对此提出了意见。这一点将在下文专门阐述。

101 为什么总结陈词阐述意义不能太过高大上？

记得 20 世纪 90 年代在新加坡国际大专辩论赛决赛中，复旦大学辩论队四辩在总结陈词最后时刻引用了两句诗，即著名诗人顾城的代表作《一代人》，四辩用这首诗将本方意义阐释得淋漓尽致，富有哲理，境界崇高，感动了广大观众，尤其是辩论爱好者。于是，这篇总结陈词尤其最后两句诗成了经典，以至于后来不少辩论赛总结陈词，总喜欢镶上这两句诗：黑夜给了我黑色的眼睛，我却用它来寻找光明。似乎不用这两句诗结尾，总结就会显得没有境界，都不好意思总结陈词了。比如**"实体法比程序法更重要 VS 程序法比实体法更重要""离婚率的上升是社会进步的表现 VS 离婚率的上升不是社会进步的表现""相爱容易相处难 VS 相处容易相爱难""父母可以查看子女的日记 VS 父母不可以查看子女的日记"**，等等。实在难以想象，这些辩题怎么会跟"黑夜""黑色的眼睛""寻找光明"这些探索真理的语句联系在一起？山寨高仿还是要讲点技术含量，好像大家都忙着"寻找光明"，结果硬生生地把这两句可以流传千古的诗句活生生地给"千古"了。

一说到意义，总是顺理成章地想到要高大上，好像不这样不足以显示境界，问题是：这种高大上的境界与你的辩题是否匹配？与你方辩论的内容是否相适应？如果不考虑这些，一味拔高，结果就容易给人矫揉造作、伪崇高之感，一旦评委和观众有了这样的感觉，你给他们的近因效应就有可能是负面的。我们当然主张总结陈词中应该阐释意义，不这样就不能显示本方的境界，问题在于，显示到什么程度？如何做到适可而止？

一般来说，只要是辩题就应该有意义，这在前面我们已经阐述过。当然，纯粹搞笑的除外，比如"招女婿是招猪八戒好还是孙悟空好""文科（理科）男生比理科（文科）男生更幽默"之类，这些本来就不在正式比赛之列，只是用来插科打诨、调节气氛、制造欢乐的。现在的问题不是有无意义，而是有多大的意义，并非所有辩题的意义都是一样的，有的辩题意义重大，比如偏重价值的；有的辩题意义一般，比如侧重生活的，所以，这要具体辩题具体分析。

相对来说，价值类或政策类的辩题其意义比较宏观，也可能比较重大。比如**"实现中国梦，应该先富民 VS 实现中国梦，应该先强国"**，这个辩题一看就是关系到国计民生的大事，四辩在总结时，就要考虑适当从宏观上阐释意义，但也要注意不要过于高大上。比如"我们今天谈论实现中国梦，就是为将来在全球实现共产主义打下良好基础……"，实现中国梦仅仅是社会主义初级阶段的一个过程，与全球共产主义隔了好几个阶段，如果忽视这个阶段性，这种跳跃式的阐释意义就会显得空洞。

比如**"科技越发达人越自由 VS 科技越发达人越不自由"**，这个辩题的意义应该从哲学的角度去挖掘，工具、人与自由，这些永远都是哲学的主题，总结时就不能简单将科技道德化。比如正方强调科技为人类造福，于是把人类的自由、幸福全部归于科技；而反方则阐述科技使人类产生工具依赖，异化为工具的附属物，更为恐怖的是，科技失控将导致人类灾难。双方这样的阐述意义目的性太强，将意义立场化，显然有失公允。

比如辩题**"未来世博会应以网络展示为主 VS 未来世博会应以园区展示为主"**，我们来看看双方总结陈词的意义部分：

正方四辩：好，谢谢主席，再次问候各位，今天我们双方八个人语速都太快了，我现在来慢慢讲。……我们的子孙后代如果想感受这样的世博会，究竟应该用怎样的方式？如果一届世博会的成功，仅仅在于当时当地当时的人们所带来的一种心灵感触的话，那不是一次完美的世博会。而未来的世博会，我们要想让它成为最成功的世博会，也只有依托网络，让它永远寄托在那个虚拟的空间内。谢谢。

反方四辩：谢谢主席，各位好。对方四辩你说的东西有点多，如果待会儿有疏漏的话，还请您谅解。……人有一种返璞归真，世博会带给我们的不仅仅是知，而是通过知他人了解自己。我们不仅要了解自己的文化，也要了解别人的文化，才能真正找到自己是谁，我们人类究竟朝哪走。谢谢大家。

正方四辩表明对未来网络展示的预期，他认为完美的世博会不应该仅仅给人们带来当时的"一种心灵感触"，而应该让"世博会依托和寄托于网络空间"，平心而论，这个意义低于应有的高度。严格地说，"依托和寄托于网络空间"只是对方设想的未来世博展示的方式，没有体现价值，所以谈不上意义。而反方四辩从文化与哲学的角度进行阐释，紧扣园区展示，从园区展示联想到人类通过知他人而了解自己，不仅了解自己的文化，还要了解别人的文化，如此才能真正给自己定位。应该说，这个意义是一步步推理出来的，与内容紧密联系，所以既有高度也有深度。

前面列举了一种总结的方式，就是将本方立场意义过分拔高，以此在价值上压低对方，这种方式很不可取。因为对方的意义也是辩题赋予的，而且双方的意义是均等的，如果压低对方，就应该回答这样的问题：对方的辩题是否存在如你方所说的负面价值？如果存在，那这个辩题的可辩性何在？因为我们知道，任何辩题都应该具有可辩性，这种可辩性不仅体现在内容上，也体现于价值上的平等。

比如辩题**"诚信主要靠自律 VS 诚信主要不靠自律"**，正方的总结就有扬己抑彼之嫌：

正方三辩：

谢谢主席，大家好。……今天在这里要告诉大家一个事实，中华民族是一个历来诚信的民族，更是一个自律的民族，对方辩友否定了自律是我国几千年来传承的一个道德行为，就等于否定了我们千百年来的道德和传统。

这一下给对方扣了一顶沉重的帽子：否定了我们千百年来的道德和传统，这还得了？按照这个说法，反方已经不是辩论输赢的问题了，而是数典忘祖、背弃优良传统的大是大非的问题！这可是个道德问题甚至是政治问题。其实，对方只是不承认"诚信主要靠自律"，而这也是辩题规定的，并没有任何不妥，结果正方将反方立场负面化，由此矮化甚至贬低反方。事实上，这种做法既不可能在事实上压低对方，也不可能以此抬高本方，因为评委心里自然有杆秤，而且，评委往往对这种做法也比较反感，比赛结束后评委在点评中，就专门指出了正方的这个问题。

102 总结陈词为什么不主张过多抒情？

一般来说，辩论是讲理的，不是抒情的。总结陈词的目的，是向对方和评委及观众陈述本方与对方在辩论中的分歧，以及对这些分歧的解读，自然不应该激情四射或者充满喜怒哀乐。当然，规则并没有明确规定不能抒情，所以，抒不抒情主要在于辩手个人。有的辩手是性情中人，在总结陈词时情不自禁，来几句以"啊"开头或结尾的句子，直抒胸臆；也有的辩手"腹有诗书气自华"，来一两句唐诗宋词，增添一点意境，这些都未尝不可，可以一展自己的个性与风格。

事实上，总结是辩论的几个环节中最有可能抒情的环节。如前所述，总结的内容分为两个部分，一部分属于指出双方分歧，这属于说理的部分，抒情的空间不大。你怎么也不可能这样表述："啊，亲爱的对方辩友，蓝天作证，大海为据，我们双方是惺惺相惜，可是很遗憾，我们之间的分歧虽差之毫厘，却失之千里。"我想，如果观众听到这样的表达，会不会消化系统不适。因此，第一部分一般不需要"自作多情"。而总结的第二部分是阐述意义或价值，这里有了可能抒情的空间。一般来说，意义或价值不可能用逻辑来证明，因为这多少带有一些感性的成分，这就有了抒情的空间，当然，这也要根据辩题和辩手而定。有的辩题本身有情感含量，在总结时可以适当抒情，当然，这种抒情，更多是以有情感的哲理性语句镶嵌其中。这样，在哲理中讲抒情，在抒情中讲哲理，比单纯的直接胸臆现场效果要好得多。

比如辩题"**人性本善 VS 人性本恶**"，反方的总结陈词如下：

谢谢各位。一个严肃的辩论场需要一个严肃的概念。对方多次问我们人性怎么样，始终没有问我们人性本怎么样。我想请问对方，人性是什么和人性本是什么是同样的概念吗？你们如果连这个概念都没有建立基础的话，那么你们的立论从何而来呢？我们多次问对方善花里面如何结出恶果，对方说要浇水，要施肥呀。那我就不懂了，大家都承蒙阳光雨露的话，为何有那么多罪行横遍这个世界呢？难道这个水，那个肥还情有独钟吗？为何要跟善的人作一个潇洒的"吻别"呢？

今天我们本着对真理的追求来同对方一起探讨这个千年探讨不完的话题。无论是性善论的孟子也好，还是性恶论的荀子也好，又有哪一家、哪一派不要我们抑恶扬善呢？抑恶扬善正是我方今天确立立场的一个根本出发点。下面我再一次总结我方的观点。

第一，只有认识人性本恶，才能正视历史和现实。回顾历史的时候，我的内心总感到痛苦而颤抖。从希波战争到十字军东征，从希特勒的奥斯威辛集中营到日寇在华北的细菌试验场，真可谓是"腐败与贪婪齐飞，野心共暴力一色"。以往的人类历史，可以说是交织着满足人类无限贪欲而展开的狼烟与铁血啊！可见，本恶的人性如果不加以控制的话，将会给这个世界带来什么呢？

第二，只有认识人性本恶，才能重视道德、法律教化的作用，才能重视人类文明引导的结果，培养健全而又向上的人格。在历史的坎坷当中，人类并没有自取灭亡。尤其是在面对彬彬有礼、亲切友善的新加坡朋友们面前，我们更有理由相信，人类明天会更好。这其中我们要感谢新加坡孜孜不倦地建立起他们优良的社会教化系统。人类的文明是在人类智慧之光照耀下不断茁壮成长的。饮水思源，借此我们要感谢那些在人类教化路途中洒进他们含辛茹苦汗水的这些中西先哲们。正因为从他们的理论智慧当中，从他们的身体力行当中，人们才有可能从外在的强制走上理性的自约，自约人的本性的恶，从而培养一个健全而又向善的人格。可见，人性本恶，并不意味着人终身成为恶，只要通过社会的教化系统就可以弃恶扬善，化性起伪啊！

第三，只有认识人性本恶，才能调动一切社会教化的手段来扬善避恶。光阴荏苒，逝者如斯，在物质和科学技术突飞猛进的同时，人类的精神家园可谓是花果飘零。在这个时候，我们要警惕，人性本恶这个基本的命题。可喜的是，在东方的大地上，我们说传统文化的发扬光大，已经从一阳来复开始走向了新的春天。我们也相信，通过传统文化的精华，必将使人类从无节制的欲望中合理地扼制并加以引导，从他律走向自律，从执法走向立法，人类才可能挽狂澜于既倒，扶大厦之将倾。"黑夜给了我黑色的眼睛，而我却要用它来寻找光明！"谢谢各位！[①]

这一篇总结文本中，除了最后两句诗，还有两句比较诗化的语言，一是"为何要跟善的人作一个潇洒的'吻别'呢?"这个"吻别"是用张学友的一首歌名，其中有这样一句"我和你吻别在无人的街"；二是"腐败与贪婪齐飞，野心共暴力一色"，这是套用王勃《滕王阁序》中的两句诗"落霞与孤鹜齐飞，秋水共长天一色"。如果细细体会，虽然这两句话用了诗一般的词语，但这可不是抒情，只是把说理的语言形象化甚至诗化，或者说，借助文学语言将抽象的逻辑生动化，这样，可以使评委和观众以审美的心态接受你所阐释的理念。

从反方辩题"人性本恶"来看，这个总结完全可以大抒特抒其情，可以通过善恶对比进行，相当于忆苦思甜；如果泪腺发达，甚至还可以做到声泪俱下。但是，这是辩论场，是讲理的地方，辩论不相信眼泪，当然，眼泪也不相信辩论。反方四辩的这个总结陈词，前面部分侃侃而谈，谈的都是道理，由于恰到好处地使用了修辞，使得这些道理具有审美情趣。而结尾处，顾城的诗用在这里真是恰如其分、天作之合，既充分体现了本方观点的意涵，又给观众以巨大的回味和思考的空间，同时引起观众强烈的情感共鸣。其实，从文学的角度看，这两句诗本身并不抒情，用在这个总结的结尾处却能拨动观众的"情"弦。

103 一直到辩论结束，为什么双方还是没能达成共识?

在现实生活中，辩论虽然也有说服的动机，也能将对方说服，原因是被说服的一方往往处于信息不对称的状态：一是事实不对称，比如有人反对当今的中小学教育方式，其根据是他认为现在的中小学还在死记硬背，但事实上早已不是这种情况了；二是理论不对称，不知道有否定自己观点的理论，比如有人信奉对孩子尤其是

---

① 李彩英，《大学生演讲与口才》，首都师范大学出版社，2022年版，第288-289页。

男孩子就是要棍棒教育，殊不知，这是违反了未成年人保护法；三是逻辑上的不对称，有的人不懂逻辑，或者错用逻辑，被对方纠正。比如这句话：走进我们的教室，你就能听到细微的朗读声，显然，这里"细微"和"朗读"相矛盾。当然，生活中有的辩论也无法达成共识，因为双方的观点不同往往是基于立场的不同，这个立场来自各自所处的社会地位、个人阅历、利益诉求等。在这种情况下，要说服对方放弃自己的观点几乎不可能，除非你可以改变他的观点背后的社会地位和利益诉求。

作为比赛的辩论却不是这样。双方要辩论的问题是事先精心设计的，首先必须考虑辩题信息的对称性，不然，就没有可辩性。而且，辩论双方真正的目的不在于说服对方，而在于使对方难以甚至不能自圆其说。为此，双方在辩论的各个环节展开攻击，这种攻击以质疑对方为主要方式。只有这样，才能形成交锋，才能唇枪舌剑，这也是辩论赛能够吸引观众的一个重要原因。其实，观众并不在乎双方谁能说服谁，只是在乎这场辩论赛过程的精彩与否，而精彩主要体现在双方相互之间的攻击和防守。双方唇枪舌剑看似据理力争，其实直到最后谁也没有说服谁，可观众却看得津津有味，而评委评判的依据，就是双方在使对方不能自圆其说方面所做的努力和达到的效果。

记得有一次某学校举办辩论赛，比赛进行到自由辩论环节，反方三辩在整个自由辩论过程中一直呆呆地看着对方，似乎是在利用沉默权思考诗和远方。比赛结束后，教练问他为什么不发言，他突然眼睛发亮，一脸崇拜地说道："对方三辩说得太好了，我都服了他了。"一位攻击型辩手，竟然被对方说服得哑口无言，这种情况完全可以载入辩论赛史册，在我二三十年的教练生涯中可是破天荒划时代的一次，所以显得弥足珍贵。在那位辩手看来，道理比立场更重要，但是，如果都像他这样，辩论赛恐怕就"辩"成了故事会。

正因为双方不可能达成共识，所以总结时需要指出双方主要的无共识之处，也就是所谓的分歧点。为什么？因为双方要给出没有达成共识的原因，这样才方便评委和观众加深理解。有人可能会得出这样的结论：双方绝不可能达成共识，是辩题所决定的。当然，在大多数情况下，双方的确基本上不会达成共识，但也不排除在个别情况下，可以在某些宏观背景或非主要问题上达成共识。在比较型辩题的辩论中就有可能达成或部分达成共识，比如辩题"**天灾比人祸更可怕 VS 人祸比天灾更可怕**"，总结时，双方都可以大大方方地承认天灾与人祸对人类社会来说都很可怕：

天灾难以预测，比如地震、海啸，一次重大的天灾可以使人类辛辛苦苦多少年创造的文明倒退若干年；同样，人祸也很可怕，外患、内乱对人类文明起着消解的作用，比如两次世界大战。如果哪一方四辩在总结里这样理解和阐述，就有可能给评委和观众展示出超越双方立场的气度和境界。此时的总结，已不仅仅是对辩题的阐释，更是从社会普遍性的角度进行挖掘和升华。遗憾的是，具有这样格调的总结在比赛中并不多见，更多的还是站稳自己的立场，针锋相对地进行"我对你错"这种指责式的总结。

104 总结陈词为什么要阐述意义？

　　一场辩论赛，不可能仅仅是辩论技术的比拼，其中应该还有值得挖掘的东西，这种东西就是所谓的意义。也就是说，一场辩论赛，双方争论下来，总会生发出一些对社会对人生的感悟，总结时就应该把这种感悟阐述出来，以提升本方的境界。当然，总结陈词中的意义最根本的还是来自辩题，一个辩题必须有社会意义，不然，即使有可辩性，也会使人觉得无聊。比如一些搞笑的辩题"找女婿是找孙悟空好还是找猪八戒好""学长更需要女友还是基友"，这些辩题就没有什么社会意义，纯粹是搞笑娱乐大众的。

　　一场辩论，通过立论体现深度，通过总结展示高度。所谓深度，就是本方对辩题逻辑的把握程度；所谓高度，就是对这场辩论意义的感悟程度。虽然辩题由抽签决定，但是抽签只是决定立场，不决定你方对意义的解读。有人以为，辩论不过就是语言游戏，不存在什么意义，这其实是一种误解。辩论可以作为一种游戏，比如前面提到的以娱乐搞笑为指向的辩题，但是，作为面向大众的辩论赛，其辩题都应该具有严肃的社会意义，如果以游戏的方式进行，就属于恶搞，将正面价值荒谬化，这是不可取的。

　　比如辩题"**美是客观存在 VS 美是主观感受**"，反方三辩的总结陈词如下：

　　　反方三辩：

　　　好一场唇枪舌剑的自由之辩！不过我们仔细分析，对方口若悬河之下，对方非但不能自圆其美，而且还有几点非常明显的美中不足之处。

　　第一，对方的立论基础无非是说：美可以脱离人的主观意识而存在，所以对方辩友才告诉我们，这本唐诗集拿到了国外，就算这个人没有看过，也会觉得它是美的，如果这本唐诗集从来就没有人看过，有没有人觉得它是美的？如果对方二辩，没有人去欣赏她的话，有没有人觉得她是美的呢？其实，对方论证的是美可以脱离一部分人的主观意识而存在，那是因为另一部分人主观上认为它美，我们也知道了。我们从来没有见过西施、貂蝉是什么样子的，为什么我们现在一提到西施、貂蝉就想到了美呢？那是因为美就是人们主观上流传下来的口碑，这个时候，美是主观的普遍性。

　　第二，对方又把美和善混为一谈，想要论证他们的辩题。对方又说美和丑其实是可以统一的，如果真是这样的话，那么美可以有一个不以人的意志为转移的作用存在，因而它对人应该有影响，不过如果我没有感到它的美的话，它对我的影响是什么呢？它的美的作用又在哪里呢？

　　下面我总结我方观点。

　　第一，客观存在的事物只有融入了人的主观想象与情感才会显得美。从山川河流到花鸟鱼虫，从春夏秋冬到风云雨雪，我们看到，客观的事物是不以人的主观意识为转移的，正所谓"天行有常，不为尧存，不为桀亡"，而有了人的主观想象，才有了"山舞银蛇，原驰蜡象，欲与天公试比高"。

　　第二，我们认为，审美的标准和结果，会因为人们的客观生活经历和他们的文化背景而不同。我们看到，很多人喜欢维纳斯的雕像，维纳斯的雕像风靡西方世界，但我们中国的老婆婆却可能要给她缝上坎肩儿才能心安理得。楚王好细腰，唐皇爱丰满，那么在情人眼中，无论如何，对方都如西施一般沉鱼落雁。这个时候我们看到，美其实是源于人们的主观想象和内心情感，是人们借助于客观事物来表达人情冷暖。

　　第三，我们强调美是主观感受，因为这反映了人追求自由的价值信念，人的肉体受制于客观，从而人的精神就追求无限的驰骋空间。我们爱生活，因为生活的故事上下五千年，叫人浮想联翩；我们爱自然，因为"万类霜天竞自由"，那是生命的礼赞！

　　综上所述，我方认为，美丑无对错，审美无争辩，因而我们才强调美是自由的象征，我们来自五大洲的辩友，才能胸怀宽广地唱一首：一心情似海，感动天地间。谢谢！（热烈掌声）

最后在阐释意义时，反方三辩将意义分为两层：

第一层是强调本方立场的意义，把本方的"美是主观感受"价值化为"追求自由""追求无限的空间"，然后回到"我们"，爱生活，爱自然，生命在自由获得意义。反方将本方立场"美是主观感受"与追求自由衔接，这一下从审美升华到哲学，在现代理念中，自由具有最高的价值和意义。有这样一首来自匈牙利的诗，一百年来一直为中国人所津津乐道："生命诚可贵，爱情价更高。若为自由故，二者皆可抛。"

第二层则是阐释双方辩论的意义："美丑无对错，审美无争辩，因而我们才强调美是自由的象征，我们来自五大洲的辩友，才能胸怀宽广地唱一首：一心情似海，感动天地间。"在这里，反方超越了本方立场，站在全人类的高度，提出美是自由，主张美的普遍性，强调美的社会意义，给人高屋建瓴的感觉，应该说，这是总结陈词的上乘之作。

105 总结陈词为什么要强调近因效应？

大家都可能有这样的经历：你的同学、老师或家里的人跟你长时间说话，你记得最清楚的是他们后面讲的话，而对前面的话多半印象模糊。这就是我们常说的近因效应，也就是说，当我们经历一件事或一个过程时，对末尾部分的记忆效果优于前面和中间部分，而且信息前后间隔的时间越长，近因效应越明显。原因在于前面的信息在记忆中逐渐模糊，从而使最近的信息在适时记忆中更清晰。

正如立论要讲求首因效应，一辩立论陈词就比较注重营造良好的"第一印象"，同样，总结陈词作为双方最后的发言，也要讲求近因效应，需要特别重视最后留给评委和观众的印象。根据近因效应，辩手们最后的发言往往容易被评委和观众记住，而前面部分有很多模糊甚至被遗忘了，而这最后的发言很新鲜，刚刚进入大脑，挤占了前面信息的记忆空间，所以容易给人留下深刻印象，当然也因此而影响到了评委的打分。所以，在陈述时，应尽量避免出错，这是最基本的要求，否则，被评委记住后会影响评分。当然，也不能就此而曲意迎合评委，确实有的辩手在总结时对评委大肆吹捧，以为这样可以获得评委的好感。殊不知，这样的吹捧会将评委置于一个尴尬的两难困境：评委如果判你们负，则有可能被解读为评委为了避嫌，只能以判负来自证清白；如果判你们胜，则有可能被解读为评委对你们的吹捧很受用。不论评判结果如何，评委都偏离了他们的初衷：中立。事实上评委不会喜欢甚至会讨厌这种讨巧，认为这是精致的功利主义而降低对你的评价。因此，辩手要树立正确的理念，不要为了讨好评委而总结，而要把精力专注于阐述，只有这样，才会使本方的辩论一气呵成，用自己归纳出的价值意义打动观众、打动评委。

要获得理想的近因效应，首先是注重外在形象，包括着装、姿态、表情、语气，着装一般为正装（男式或女式），或者衬衣，以示庄重；不可着装随意，比如T恤、短裙之类，有轻佻之嫌。站立不一定要站如松作昂然屹立状，一般要根据自己的站立习惯，站不了太直也不必勉强，否则容易分散精力，但腰不能太弯，作深度鞠躬状，不知道的还以为是在忏悔什么。手势也很重要，我们平时说话都要用到手势，甚至卧谈会到激动时也会将手伸出被子挥舞。总结时更应该注意手势的功能，但千万不能做成领袖挥手状，你不是领袖；也不能做振臂高呼状，这不是群众集会。如果这样，那就是对评委和观众的不尊重。表情也是如此，这跟立论的表情不一样，立论主要是陈述，表情最多是微笑，甚至可以不微笑，总的来说，表情平淡。而总结除了在指出双方分歧时表情平和，后续部分的阐述可能需要适当的情感投入，比如面部肌肉松弛一点，如果辩题有情感含量，则需增加陈述的情感性；如果内容严肃，则表情可以稍微收敛一些，面部肌肉可以收紧一点。

至于语气尤其重要，有声语言表达总是离不开语气的，尤其是总结陈词时。在指出分歧的时候，声调不能过于高亢，不然，似乎在严厉谴责。语气应该平和，但不宜柔和。当然，内容肯定不能平淡，应该用平和的语气阐释厚重的内容。阐述意义部分可以适当调整语气，因为这部分阐发意义，语气可适当高一些。在结尾的时候，如果用哲理语句，可以作深沉状；如果是抒情的语句，可沉重，可激昂。

106 为什么总结时不能对对方用"犯错"一类词语？

一些辩论赛上，四辩一发言便义正词严地指出：对方辩友犯了如下几个方面的错误；更有甚者，称对方辩友犯了一（几）个致命的错误。这下如何是好？仅仅因为抽签，就犯了一（几）个性命不保的错误？事实上，不论对方出现什么漏洞，包括错误，最好不要在总结时以"错误"的概念指出。这一方面是出于礼仪，另一方面也是出于辩论的性质，辩论没有对错之分。下面我们来看看这段总结陈词：

> 正方三辩：谢谢主席，大家好。今天的辩论赛，对方始终犯了一个致命的错误，什么错误呢？他们强调了人的主观能动性，这一点很好，我们也赞成。但是，在论证逆境的时候，他就是说逆境中一些好的东西，都是关于人的主观能动性，是战胜逆境带来的好处；而说顺境的时候呢，他又说顺境带来的不好的东西，是人的主观能动性所造成的。所以顺境本身是好的，这样用双重的标准在辩论赛中进行理性的分析是不是有点欠缺了呢？所以我们说这是一个致命的错误。

坦率地说，反方确实存在使用双重标准的事实，这个双重标准甚至是反方在整场比赛中的立足点，正方很敏锐地抓住了这一点，算是抓住了反方的要害。正方在反驳中用事实加以说明，整个理由充足，论证充分。本来，顺着这个要害阐述下去，正方将产生比较理想的近因效应。然而，遗憾的是，正方在阐述中用了"致命的错误"这一概念，这确实不应该，因为错误与否需要经过实践检验，在"错误"前面还加上"致命"，似乎已到错误晚期抢救无效。这可能有些言重了，不过就是观点对立，即使论证中出现瑕疵，也不至于触犯了天条。事实上，这场比赛中反方也确实有诡辩之嫌，正方需要的就是把这个诡辩具体揭示出来，让评委和观众鉴别，这比给反方戴上一顶"错误"的帽子强多了。由于正方不当地使用了"致命的错误"这个概念，反而产生了负面的近因效应。从接受的角度，人们对负面的东西比较容易印象深刻，正方的这个论断，负面效应大于正面效应。

从理论上说，双方的观点是由抽签决定的，观点肯定不应该存在错误；从操作上看，即使对方犯错也应该具体指出，而不能用这种评价性语言进行指责。二者立场不一样，与你方观点对立并非一定错，有的观点尽管可能有错，但最好还是从逻辑上证明这个观点不能成立，而不能用"犯错"这样的评价。还有就是，论证的过程、所用的依据、对概念的界定等，即使有误，也不应该简单上纲上线，而应该概括地或具体地指出来，至于评价，这是评委的工作，还是"物归原主"吧。

如果正方三辩把这段文字改成这样，可能比原来的效果要好一些：

> 今天的辩论赛，我方和对方存在一个重大的分歧，就是对方在判断上使用

了双重标准。他们强调了人的主观能动性，这一点很好，我们也赞成。但是，在论证逆境的时候，他就是说逆境一些好的东西，都是关于人的主观能动性的，是战胜逆境带来的好处；而说顺境的时候呢，他又说顺境所带来的不好的东西，是人的主观能动性所造成的。所以顺境本身是好的，这样用双重的标准来在辩论赛中进行理性的分析，是不是有点欠缺了呢？

107 为什么总结可以将双方的共识加以阐述？

辩论可以针锋相对，却不应该水火不容；双方是对立的，不应是对抗的，也并非要处处针锋相对。就某些辩题而言，双方还应该达成一定的共识，乍一听，似乎不可思议，其实这很正常。一般比较类型的辩题，双方都有共同之处，比如，"**天灾比人祸更可怕 VS 人祸比天灾更可怕**"，共识就在于双方都承认：天灾与人祸都可怕。"**在人际交往中，情感外露比情感内敛更重要 VS 在人际交往中，情感内敛比情感外露更重要**"，共识就是：在人际交往中，情感外露和情感内敛都重要。"**大学以传播知识为主 VS 大学以培养能力为主**"，共识就是：大学既要传播知识，也要培养能力。"**中学实行封闭式管理利大于弊 VS 中学实行封闭式管理弊大于利**"，共识是：中学实行封闭式管理有利有弊。这些共识不是辩手自己发现的，而是辩题本身规定的。既然这样，在总结中就有必要将这个共识加以简短陈述。

如辩题"**现今社会，企业用人应以才为先 VS 现今社会，企业用人应以德为先**"，下面是正方四辩的总结。

正方四辩：好，谢谢主席！各位好。看看对方辩手刚刚最后一句话说了什么？只有心态改变，财富才会改变，所以对方辩友今天讨论企业用人以什么为先，只是在于以什么样的心态才能获得更大的财富。可是这是需要我们讨论所考虑的问题吗？不仅仅是这样，我方一辩在立论说了什么？我们今天讨论企业用人应该以什么为先，不仅是企业挣得财富，而且是让企业挣得财富的同时让消费者得到更大的幸福。我想，这才是我们双方想要达成的一个共识吧。所以，对方辩友在总结陈词中告诉我们，在现代社会有了财富的时候要思考，思考我们缺少了德，所以今天应该以德为先。不知道大家听没听说过这样一句话，二十一世纪什么最贵？人才。

……

这个辩题是比较类型的，企业在用人方面和德都不可或缺，只是从排序上，考虑应以才为先还是以德为先。正方四辩的发言正好应了辩题内含的共识：企业用人既要看才能也要看道德。

是不是只有比较类型的辩题在总结时才可以提出双方的共识？这也不一定，其他类型的辩题也可以提出共识，主要看辩题中有没有形成共识的因素。比如，辩题**"中国当前应当加快城市化进程 VS 中国当前不应该加快城市化进程"**，从类型来看，这是一个矛盾型辩题，我们来看看正方四辩的总结。

> 正方四辩：谢谢主席，再次问候在场各位。非常感谢对方辩友刚才慷慨激昂的结辩。我们达成了这样一个共识：中国目前的发展存在一些问题，我们的教育、医疗、社会保障、环境、交通等方面的问题，不仅让城市人民受到影响，同样，那些 2.4 亿怀揣着梦想来到城市寻找一片生存空间的农民兄弟们，他们的生活似乎也不能得到满足。所以对方辩友其实与我方一样，都在致力寻找一条可以解决问题的途径。今天我方与对方的最大的争议就在于对城市化的理解不一样。我方不是像对方辩友夸赞的一样太聪明了，而恰恰是我方与对方辩友没有站在同样一个平台上。
>
> ……

这个辩题楚河汉界，壁垒森严，完全没有交叉点，按说，很难形成共识，结果正方四辩竟然找到了双方的共识：中国目前的发展存在一些问题，如教育、医疗、社会保障、环境、交通等问题，我们都在致力寻找一条可以解决问题的途径。双方最大争议就在于对城市化的理解不一样。这短短一段话，就把共识和分歧说得清清楚楚、明明白白。

我想起了一个营销方面的故事，说是有两位卖鞋子的商人去非洲，他们都发现并且承认这样一个事实：非洲人赤脚不穿鞋。基于同一个事实，两人得出的结论却截然相反：一位觉得这里没有市场，因为这里的人不穿鞋；一位觉得这里大有市场，因为这里的人不穿鞋。

同学们可以比较一下，如果将上面正方四辩总结中的共识拿掉，再与原文比较，哪一个总结陈词的内容更丰富，境界更高。

八

坐山岂止观虎斗：内行评门道

108 为什么要把点评作为辩论的组成部分？

当正方四辩总结完毕，这场辩论赛就告一段落，但这并不是说比赛结束了。比赛还有重要的参与者——评委，他们始终伴随比赛，因为他们要对比赛进行评判，而此时他们要交出评判的结果，还要派出代表，对这场比赛给出第三方的点评。

在某种意义上，是评委决定了比赛的胜负。有意思的是，虽然评委的作用如此重要，但一般关于辩论的著作，都没有把评委点评作为辩论的一部分，认为辩论的主体就是教练和辩手，台前是辩手，幕后是教练，辩论就是辩手在教练的指导下进行的竞技比赛。其实，辩论赛的参与者应该是辩手、教练和评委。关于教练和辩手，此处不赘述，这里要说说点评为什么应该成为辩论的组成部分。

一场辩论赛，辩手们是在评委的目光下进行辩论的，他们在比赛中的言行均在评委的评判范围内，评委就是通过这些参与到辩论的整个过程的。从程序上看，每场比赛，首先要介绍评委，包括他们的头衔，意在表明他们的权威性。比如，主持人这样介绍：下面隆重介绍今天莅临比赛现场的评委，×××先生（女士），××大学教授，曾经担任过××全国辩论赛评委（曾经担任过××学校辩论队主教练）。这样的介绍意在表明这位评委有学养、很专业；如果再接着介绍：××学会常务理事（会长、副会长）、博士生导师，则表明该评委的学术地位高。这从两个方面向辩手和观众暗示，该评委的学术水平和辩论专业水平均毋庸置疑。

比赛结束，评委打完分就要点评，这是比赛的一个环节，也是辩论赛不可分割的一部分。评委点评的内容就是双方在比赛各个环节中的表现，用比较的方式进行评判。这种评判有两个作用，一是给双方辩手指出优点与不足，因为当局者迷，辩手此时头脑温度很高，很难在短时间内冷静反思，评委则是旁观者清，这样的点评能让双方了解本方在比赛中的情况，当然也包括双方的教练。二是这种点评同时向观众介绍了辩论中一些比较专业的东西，既提高了观众对辩论的认知程度，也起到了普及辩论知识的作用。

一般来说，比赛结束，观众和辩手最想知道的是比赛结果，而此时评委的点评延缓了比赛结果的及时表达。这可不是为了卖关子或吊胃口，而实实在在是辩论的需要，因为双方都需要从第三方知道自己在比赛中的表现。双方的教练做不到，虽然教练不上场，但是幕后策划和指挥者都有着强烈的倾向性，孩子是自己的好。观众虽然跟任何一方均无瓜葛，但不能保证对辩论认知的专业水平，而且也不是指定的评委，但是，有些比赛为了让观众也能参与，还专门设立了观众点评的环节。

我们可以做一个反向假设：如果一场比赛没有点评，也就是说，没有裁判站在第三方立场上对整个比赛做出专业的评判。当最后一位辩手发言完毕，主持人本来应宣布评委退席评议，由于不需要点评，这种环节就省略了。为了不至于冷场，其间就搞一些小节目小活动，几分钟后，工作人员交来比赛结果，主持人当众打开，宣布某方获胜。这样的比赛你不觉得缺点什么吗？比赛双方和观众只是从胜负结果判断出评委的态度，而无法得知评委对双方比赛的具体评判以及技术分析。

由此可见，点评是辩论赛不可分割的一部分。

109 为什么说评委决定比赛？

我们常说，辩论赛比的是双方的实力，实力强者胜，但是，哪一方实力强？这得由评委说了算。所以，在这个意义上，评委决定了一场比赛的胜负。

前面部分我们基本上说的都是辩手应该如何，在这一部分，我们专门说一说评委的事。碰巧，我也是几十年如一日地担任评委，而且是对从全国大赛到班级比赛都有过点评。

担任评委需不需要资格？从辩论现实看，似乎只要是有点资历或级别的，都可以做评委。所以，辩论赛评委往往是领导和老师，因为他们有能力（不然怎么做领导），有资历（不然怎么做老师）。平心而论，他们确实在认知水平和能力方面比一般的辩手强，足以应对一般作为单位文化或教学活动的辩论赛的点评，因为这样的比赛重在参与，图的是快乐，所以输赢往往在于评委的感觉。但是，到了比较专业的比赛，要求就可能有所不同，评委的评判不能仅凭感觉，更应该凭理性，即辩论的专业性。有时候，辩论双方旗鼓相当，输掉比赛的一方下来后，会请求评委从专业的角度对其辩论表现进行评说。如果评委的评说不专业，用一些形容词搪塞，可能会引起辩手不满，甚至会跟评委辩论起来，如果评委不能拿出确凿的事实和逻辑，势必会引起一些不必要的纠纷。

从这个角度看，评委决定比赛，最重要的是让双方队员都认可评委的评判，这个认可除了需要评委的自律，还在于技术上对评委的信任。这个技术就是指评委对辩论的理解和掌握程度，评委不一定要有参加过辩论赛的"前科"，但应该有参与辩论的经历，因为这样的经历可以加深对辩论的感受和理解，这是评委最重要的体验。窃以为，评委应该具备以下几个方面的认知或能力。

第一，了解辩论赛的流程以及每个环节设立的意图，环节与环节之间的内在联系。辩论赛的制式很多，各有各的特点，作为评委，在评判之前要了解该比赛的赛制。比如，有一种赛制，在一辩立论陈词后，设置了对方四辩对一辩的质询，其意就在于增加一辩临场发挥的机会，因为一般的赛制，一辩只负责陈词，有的加上攻辩小结，然后"南郭先生"似的参与自由辩论，而且，有些一辩的陈词不是一辩亲自撰写，而由他人代笔。现在增加质询这一环节，就逼使一辩必须认真深入挖掘辩题的内涵，以免被对方问住。评委在聆听这一环节时，就应该听出质询方是否根据对方一辩的立论提问，因为有的质询往往是赛前预制的；此外，评委还得听出来被质询方的一辩是否正面回应了对方的质询。

第二，了解辩题的类型及内在逻辑关系，尤其是辩题类型，前面我们一直强调，对辩题类型的判断往往决定辩论的走向，这应该是评委的基本要求，如果不抓住这一点，就有可能抓不住要领，导致整个评判过程缺少"纲"。现在辩论界关于辩题分类有不同的标准，但不论什么标准，辩论都必须循着类型进行，不然，辩题分类就成了多此一举。前面我们曾经举过一个事例，正方将本方辩题"逆境有利于成才"理解为"逆境更有利于成才"，即把对立型误解为比较型，如此一来，差之毫厘，失之千里。评委如果能把握这一点，将会促使辩手们对辩题类型不敢掉以轻心，因为这已经列入评委的评判之中，如果出错，将会南辕北辙，胜负易手。

第三，要善于判断双方列举论据的真伪。在比赛中，往往有这样的情况，某一方甚至双方都举了一些所谓的事实或数据，现场比赛中，对方辩手不可能停下比赛来验证其真伪，此时评委如果具有"火眼金睛"，在很大程度上可以有效杜绝虚假事实、数据出现，因为谁都不愿意因为这种事而被扣分。正如前面我们所列举的那场比赛**"经济发展优先于环境保护 VS 环境保护优先于经济发展"**，双方都列举出了不真实的事例作为论据，而双方均未发现对方的事例为虚假。此时，如果评委能够及时发现这种情况，并且适当扣分，在点评中对此给予说明，要求引以为戒，将在很大程度上杜绝此类事的发生。

第四，能判断出提问和答问的针对性。这种情况不是个例，往往提问不是针对对方的漏洞，而是赛前的准备，于是问题与对方的发言没有直接关系；同样，回答也多是赛前准备好的，于是答非所问。对于这种情况，应该酌情扣分。因为如果任其发展，辩论中的质询、攻辩和自由辩论就失去了临场性，完全变成了有备而问、有备而答，也就是你说什么、问什么均无关紧要，我只是按我赛前准备的问和答。为什么会这样？因为双方不是根据场上的变化相机而动，而是按照赛前的安排步步为营，这样保险，不会出错。如果评委不对这种现象扣分以及在点评中指出来，那么这种现象绝不可能自行消失甚至有可能大行其道，从而消解了辩论。

第五，由于评委手握"生杀予夺"大权，这对评委的客观理性提出了很高的要求，唯有秉持中立，才能使比赛双方感受到公正。

110　为什么说评委的点评对辩论具有导向作用？

其实这个道理很简单：比赛的胜负由评委决定，评委决定胜负的标准带有评委的认知偏好，比赛不能违背评委的认知偏好，否则会影响评分，从而影响比赛结果，评委的点评向大家透露了评委的评判偏好。

有些辩手甚至教练都不太重视评委的点评，以为不过是一种固定的仪式。当然，我们也不能否定，个别评委点评不专业，甚至对辩论的理解还不如辩手，他们的点评确实难以引起辩手和教练的注意，故而不能起到引导的作用。但是，这种情况主要存在于层级不高的比赛，比如班级年级比赛等。一般来说，层级越高的比赛，对评委的要求也越高，比如省市级全国级的比赛，评委往往不仅具备学养，而且比较专业。所以，我们不能因噎废食，随着辩论的发展，现在很多评委都是当年的辩手，他们的点评自然就比较专业。

在我的教练生涯中，评委的点评确实对我的辩论理念产生过影响，有的甚至是颠覆性的影响。

有一次我率队参加全国性比赛，第一场比赛，我方内容和气势均压倒对方，获胜应该是大概率，结果也不出意料。可是评委点评时，却委婉地指出我们队的气势过于强盛，有以势压人的感觉。我很震惊，因为当时我对辩论的理解就是要以气势压过对方，要义正词严，誓死捍卫真理。听了评委的点评。回去后我认真反思，渐渐觉得评委的话有道理。首先这种气势就是对对方的不尊重，虽然口口声声称对方为辩友，可言辞却匕首投枪，完全把对方当敌人，于是我痛下决心，逐渐改变了辩论的风格，学会用儒雅的方式表达强盛的内容。

还有一次，评委点评我们的比赛，说我们不太倾听对方的发言，似乎在比赛之前，心中就有了一个现成的文本。确实是这样，即所谓按照赛前准备的方案比赛，这样可以将辩论尤其是自由辩论分成几个模块，做到进退自如、有条不紊。很久以来，我们一直以为这样做具有实效性，可以提高比赛成绩，队员也容易掌握。可是，我却没意识到，辩论是博弈，如果听不进对方的发言而自说自话，这个博弈就不能进行，辩论也就没有临场性，辩论真的就成了按照剧本进行的一场模拟比赛的表演，其实，现在这样以辩论赛冠名的表演还不少。评委的这番点评点醒了我，于是我将训练重心从发言转移到倾听，从注重攻击转移到注重回应。当然，这种倾听首先是态度，但更重要的是习惯，这需要在多次比赛过程中慢慢养成；同时，这也是能力，要听出对方的破绽，这可不是想听就能听得出来的，需要长期比赛的实践。

我根据自己的辩论生涯，说明重视评委点评的重要性。由于评委是第三方，不带有倾向性，其点评比较中立，也就比较客观。评委提出的双方的优点和缺点，尤其是缺点，往往是参赛者平时所没有发现或者没有引起重视的，毕竟当局者迷，经评委点评，有助于我们改正陋习。这么多年来，我们的辩论队能够取得比较理想的成绩，一个重要的因素就在于，每次比赛教练和队员都能悉心听取评委的点评，这可是不可多得的发现自身问题的机会，谁愿意放弃呢？

111 为什么不能仅仅从技术角度评判比赛？

有人认为，评判比赛，必须保持中立，包括价值中立。这话有一定的道理，如果评委有倾向性，那就失去了评判的资格。说到这里，又涉及概念问题，这个倾向性如果是指不偏袒任何一方，那么价值中立是必需的标配；但是，如果理解为不对场上队员违规行为以及其他失德行为做出评判，这显然是不正确的。在这个意义上，评委不仅要对双方辩论的内容和技术进行评判，还要对双方对规则以及伦理底线的遵守进行评判。

如果一位辩手攻击对方动机，甚至对对方人格进行负面评价，尽管这种攻击和负面评价并不影响他的技术发挥，甚至，正因为有了这样的攻击和负面评价，使技术发挥更加淋漓尽致，这种情形也必须扣分，因为在一种绝对正确的技术之上，还有一个绝对正确的伦理原则。正是评委将规则和底线的遵守纳入评分范畴，才使我们的辩论越来越儒雅，越来越文明。

当然，作为评委，必须对辩手的两种行为进行评判，一是技术，二是守规。而且，技术肯定是主要的，所以辩论赛又称竞技辩论，但是，技术必须保证使用者以文明的方式使用，这不是简单的手段和目的的关系，也不是谁比谁更重要，而是二者不可或缺。如果仅仅以技术为标准，则难以养成文明的辩论之风，因为气势强盛往往会使对方发言受到影响，从而形成"沉默的螺旋"，而如果只关注礼仪或伦理，则辩论又成了礼仪展示。

就目前情况而言，辩论在非技术方面还存在着这样一些问题：一是礼仪的形式化，有的甚至言不由衷。比如，"对方的辩才令我敬佩不已，但是，对方犯了一个致命的错误""对方辩友，你方的观点表面上虽然正确，但实际上是无稽之谈""你方的态度着实令我方敬佩，但是，你方的论证水平确实不敢恭维"。像这样的表达，虽然没有违反规则，毕竟没有攻击对方动机和人身，但显得有些虚伪，评委听起来就会很不舒服，势必影响其评判心理。二是语气，有的辩手语气咄咄逼人，尤其是质询和攻辩环节，坚决不给对方喘息的机会："对方辩友，请回答：是，还是不是?!""我这是第三次请你正面回答我方的问题！""不要回避问题，请直截了当回答！"这样等于直接告诉评委我在以势压人。三是姿态和表情不雅。比如用手指直指对方、眼睛看着台下或主持人，就是不看对方，而此时正在和对方一对一攻辩，当对方发言时表现出轻蔑的微笑、发言时低头看着桌面，等等，这些都会被评委认定为不尊重对方，至于会不会影响到评分，大家应该想得到答案。

上述所列举的仅仅是辩论中的一些比较常见的行为，往往有的辩手认为跟辩论无关，仅仅是个人习惯而有意忽视。其实，只要评委还不是人工智能，那么这些非技术问题势必会影响到评委的心理，从而影响到评委的理性判断。

112 为什么点评要进行分类？

我们说评委的点评是辩论赛的一个组成部分，但也有辩手告诉作者，他们的比赛点评却没有这种感觉，听起来味同嚼蜡。其实，出现这样的情况也很正常。就如同辩论赛本身，有的辩论很精彩，有的就很一般，甚至个别也是味同嚼蜡。在目前的情况下，辩论赛对点评还没有统一的要求，评委基本上凭个人对辩论的理解和偏好进行点评，从趋势看，以后点评会越来越专业化。这一方面得益于辩论赛水平的提升需要更为专业的点评相互映衬；另一方面现在的评委年轻化了，而这些年轻评委多是当年的辩手，这也为点评专业化提供了丰富的人力资源。我们这里对点评进行分类，依据是评委的个人爱好和对辩论的理解，大致有这样三种类型：

第一种是礼仪型。这种点评往往带有仪式感，即用概括的方式对双方的比赛进行肯定，但不会指出具体哪些地方值得肯定，为什么值得肯定。通常的点评格式是这样的：感谢双方辩手为我们奉献了一场精彩的思想盛宴（这个宴是怎么个盛法），双方唇枪舌剑你来我往（怎么个枪与剑、来与往），正方沉稳大气，坚如磐石；反方灵活机智，随机应变（没有举出具体细节）。这种点评比较格式化，可以用于大部分比赛。当然不属于本书中所说的点评，因为这种话并没有对辩论双方的具体表现从技术层面进行评判，只是从价值层面进行肯定，所以，不会对辩论的发展产生影响。

第二种是感想型，即不直接对比赛过程进行评论，而是抒发自己评判比赛的感觉和想法，格式主要是：看完这场比赛，我有很多想法。看到这些年轻的辩手充满了朝气，他们雄辩滔滔，充分展现了我国青年大学生的风采，我们需要大量这样具有思辨能力的接班人和建设者。或者：辩手的精彩表现使我想起我的大学时代，我特别喜欢辩论，报名参加，结果落选，成为永远的遗憾。你们很幸运，能够站在这个舞台充分展示自己的青春，自己的才华。你们是时代的弄潮儿，也是幸运儿。时代造就了你们，你们造就了时代。这类点评比较能打动观众，因为观众大多感同身受，但也不在本书的点评范围。因为所谓观感，就是观看后的感想，而从辩论赛角度，辩手需要的点评不应该只是谈观感，而应该不带有个人倾向地对辩手们的表现进行专业技术的评判。

第三种是专业型。这种类型跟辩论赛匹配，辩论的技术专业，点评自然要求专业。这类点评很少有主观色彩，陈述多是事实而极少情感，语言基本不用形容词，少用成语和修辞。点评时简要陈述双方比赛各个环节中的特点和不足，详略适当，比较突出的则详，反之则略。一则因为点评时间有限，一般在 5 到 8 分钟之间，长了累赘，短了听不明白。但是，点评的时间一般比赛规则中没有明文限定，这点得靠评委自律，当然也有的评委点评口若悬河，但这是小概率事件，绝大多数评委都能够在短时间内完成点评。

现在，由于辩论赛水平的提升，对第三种类型点评的需求量越来越大。这其实是相得益彰的好事，点评促进比赛水平提高，比赛水平提高反过来又对点评提出更高要求。而对于观众，点评可以帮助观众了解整场比赛的精要和瑕疵，从而提升观众对辩论的认知。作为辩手，此时想必最急切的就是听到主持人宣布结果。其实，如果有心的话，听听评委的点评也许对自己更有帮助。在辩论活动中，很难听到来自第三方的点评，更多是教练的教导和队友的争论，而评委站在中立立场对双方进行点评，其实是帮助双方发现问题，这些问题平时是很难发现的，只缘身在此山中。

113 为什么点评比赛重在"点"？

所谓点评，就是点与评，"点"是指出双方的长处和短处、特点和不足，也就是双方主要表现，而"评"则是对双方的表现进行评论。比赛点评是某一评委（现在也有这样的制式，每位评委轮流点评，内容为：公开表明自己把票投给哪一方，并且说出赞成一方和不赞成另一方的理由）对整场比赛的主要表现做一个简要的评判。一般来说，点评以点带评，点是评的基础，评是点的升华。那么，这个"点"

就是要对双方的比赛做中性的技术分析，这个所谓的中性，在表达上就是少带或不带情感，用比较的方式对双方每个环节中的表现进行陈述，并且做出技术上的评论。"点"主要包括如下四个方面。

一是"点"内容，包括辩论中的逻辑、学理、事例、数据等的运用。比如：双方对辩题逻辑关系的理解是否到位？在运用过程中是否有变化？学理本身是否需要证明？如果需要证明，那么这个学理能不能作为论据？事例和数据来源是否给出出处？出处是否权威？事例和数据是否有违常理？比较专业的评委，能够听出内容方面的不当或谬误，并且在点评的时候一一道出，但不做价值评价，只列陈述事实。这一部分内容比较多，不可能面面俱到，重点是：事实论据和逻辑的运用。

二是"点"临场反应。这包括两个方面。一是问，如果问得有针对性，可适当加分，比如前面所举的**"经济发展优先于环境保护 VS 环境保护优先于经济发展"**辩论赛中对正方立论的质询，这种提问完全是临场的，体现出辩手的倾听能力。二是答。如果回答同样也有针对性，这种加分的幅度应该高于提问，最典型的事例就是"美是客观存在还是主观感受"攻辩中，正方女生的提问和反方男生的回答。这充分表现了双方尤其是回答方的反应能力。当然，这是评判的样板，只是希望引导辩论朝着这个方向发展。如果提问没有针对对方的漏洞或破绽，就很容易使评委感觉到赛前预制，那势必影响评分；同样，答问如果没有针对提问，回避或顾左右而言他，则扣分。更高的要求是：提问和回答是否有创意？有创意可以直接加分。其次是列举的事实是否真实，评委根据自己的经验判断，如果不能判断，则不在评分之列。面对对方明显的虚假不实，不能反击，则做适当扣分。

三是"点"配合。点的对象主要在自由辩论环节，这个环节包括两个方面：一是队员的补位，二是双方发言的频率。先看补位。某位队友提的问题，对方回避或敷衍，其他队员是否及时跟进；某位队友的发言被对方抓住漏洞，其他队友有没有及时解围，这个前面已经举过事例，如"未来世博会应以网络展示为主还是以园区展示为主"，正方两次提问，反方均回避，如果再回避，就会被评委扣分，此时正方一辩挺身而出，圆满地回答了这个问题，为本方解了围。

再看双方发言的频率。自由辩论每方四位辩手均必须发言，但每方每位辩手不能连续两次发言，必须间隔一段时间。几乎所有赛制对自由辩论设定的时间都是 8 分钟，每方各用时 4 分钟。大致统计一下，每方发言总共大约在 15 次，每次发言用时约 16 秒。配合整齐，一个很重要的标准就是双方队员发言的次数越接近，整齐度就越高。比如一辩三次、二辩四次、三辩五次、四辩三次，这应该算是配合比较整齐的了，因为很少有每位队员发言次数一样的情况。比如一辩一次、二辩六次、三辩五次、四辩二次，这个对比前面应该是不整齐的，如果其中某位队员在整个自由辩论环节均保持沉默，那就是很不整齐的。这应该是整个辩论评判中，唯一可以依据量化的标准打分的环节。

四是"点"表现。这些表现包括：语言、语气、表情、姿态。这些方面如果表现得太负面，势必被扣分。语言问题主要是用语不文明，比如使用贬义词描述对方，针对对方使用负面语言、对对方动机和人身进行贬损。语气主要指在场上说话时的音量、节奏等，那种高分贝音量不受评委待见，很容易给人声嘶力竭的感觉，而且对对方也不文明礼貌；节奏方面，一是语速如高速列车，使评委听觉器官不堪重负，二是节奏始终如一，没有变化，容易使评委产生听觉疲劳。表情不一定给人如沐春风，也不需要苦大仇深，这种过于入戏的表情不太适合辩论。姿态方面，关于站，并不一定要站如松坐如钟，但是站有站相、坐有坐相，不能东倒西歪；不能用手指着对方说话，不准叉腰抱手。另外，有次比赛，某位女四辩戴的长耳坠很别致，如果评委对饰物的注意超过了对她发言的注意，这自然影响了近因效应。当然，这些在评委评判中所占比重不大，但如果表现不良，也会直接影响到评委的印象，从而间接影响到评委的评分。

114 为什么说评判要根据比赛环节进行？

评委如何评判比赛？这应该是辩手们甚至广大辩论爱好者关心的事，毕竟，评委是决定胜负的关键。了解到评委评判的方式，可以帮助调整我们辩论的方式，在这个意义上，评委是辩论的指挥棒。一般来说，评委的评判应该与辩论进程同步，这也是为什么大部分比赛的评分表上都设计了每一个环节的分数，这表明评委必须对每一个环节进行评判。下面就是某大学辩论赛评分表。

第××届××大学校园辩论赛评分表

所持立场＿＿＿＿＿＿＿＿＿＿＿＿＿

队伍名称＿＿＿＿＿＿＿＿＿＿＿＿＿

序号	评判项目	分值	得分
1	立论	15	
2	驳论	20	
3	立论补充	5	
4	攻辩	20	
5	攻辩小结	10	
6	自由辩论	40	
7	教练提问	10	
8	总结陈词	30	
9	团体配合	25	
10	语言风度	25	
11	合计	200	

评委签名＿＿＿＿＿＿＿＿＿＿＿＿＿

每一个环节都有相应的分数，评委按照自己的标准将分数填写进表格，这样一目了然。

首先是立论，这是重点，因为"立论为本"，立论怎么样将在很大程度上影响甚至决定后续的辩论。点评立论拟从这样几个方面进行。

一般立论结构是：背景简介、概念界定、关系厘定、理由列举、底线设置等。如果是问题型辩题，立论开头应该用一两句点出本辩题的背景，比如**"科技进步增强人类的安全感 VS 科技进步降低了人类的安全感"**，双方都应该在立论中点出这个辩题的背景，这样才能使评委知道双方立论的大前提，不然，就会被认定仅仅是依据形式逻辑列出一个抽象的大前提，这可能会影响评分。接着是概念界定，这种界定不能完全照搬辞典或百度百科。要界定的是这个概念在本辩题中的内涵，比如"科技进步"，如果只看百度百科，科技进步的内涵包括两方面内容："一是科技活动自身的规模与水平的提高；二是科技对经济发展及社会环境影响力的增强。"这个定义显然不能用于本辩题，因为它没有切合本辩题的实际。从评判的角度看，对"科技进步"的界定应该置于人类对它的感觉这个层面。如果照搬辞典或百度百科，而且与辩题内容关联度不高，那就有可能被扣分。

概念界定完毕，接着就是关系厘定，评委需要知道辩手对这个辩题逻辑关系的定位，这点很重要，前面我们已经陈述过。比如，这个辩题是对立关系，如果理解为矛盾或比较关系，将使整个辩论偏离辩题，甚至会南辕北辙。这应该是评委评判的重点。然后就是理由，这是立论的重头戏，因为本方的观点全靠这些理由来支撑。第一，每条理由都是一个分论点，理由后面的文字都是能够证明这个分论点的；第二，理由与理由之间不能产生交叉；第三，应该有学理或事例或数据作为论据。

然后是质询。现在很多赛制都设立了这个环节，目的在于使双方关注立论，在此之前，立论基本上是点缀，因为不会有谁专门去追问。现在通过设立质询提升了对立论的重视。这个环节的评分有两个方面：一是提问是否针对对方立论？二是回答是否针对对方提问？如果没有，甚至按照赛前的准备，那就将扣分。

再次是攻辩。设立这个环节的目的在于：双方单挑，这对二辩、三辩的赛前准备和临场反应是一大考验。评判的标准是：从提问的角度，如果质询部分的问题的回答不满意，需在攻辩中再提问，以保证问题的延续；反之，则问题必须与辩题紧扣。从回答的角度，必须正面回答对方，不得回避且不得拒绝。攻辩小结必须是对整个攻辩阶段双方的情况进行总结，这个总结是在为四辩提供材料。

又次是自由辩论。这是整个辩论赛中唯一的集体行动，评判的要求是：如果前面攻辩中的问题没有得到令人满意的回答，可以延续到这个环节继续。也许有人会问，那自由辩论环节的问题没有得到回答呢？那就延续到总结中作为对方的瑕疵指出来，我想，作为对立的一方，不会拒绝这样的好事吧。这个环节最常见的不足就是：叙述逻辑化，缺乏事例，枯燥乏味；问题没有针对性，不顾对方的变化，完全按照赛前的安排；提问夹杂陈述，回答冗长，无端占用大量时间。

最后是总结。这个环节的评判根据总结的结构分为两部分，一是指出双方分歧，尤其是指出整场比赛双方的主要分歧，这些分歧评委应该已经记录在案了，就看四辩是不是如实提出。也有的总结指出双方并不存在分歧，这将被扣分，因为说明这位辩手没有认真总结。另一个就是阐述本方观点的意义，是否拔得太高或没有阐述，但是这一点也不是固定的，要看辩论的需要。有的比赛整场模糊不清，某方四辩这个时候就可能不是阐述意义，而是梳理本方的辩论路径，拨开迷雾，给评委一个清晰的辩论结构。这个在前面我们已经举了事例，那个辩题是"解决市民不遵守公共秩序问题重在加强管理还是加强教育"，当时正方四辩将后半部分的阐述意义用来理清思路，终于说服了评委。

115 为什么评委不太喜欢听到这些词语？

当年，韩退之先生在《答李翊书》中曾说过："惟陈言之务去，戛戛乎其难哉！"辩论也是如此。辩论久了，有些表述就成了定式，有些语言就被约定俗成了，这本来无可非议，比如礼貌用语"请""谢谢""对不起""对方辩友"等。但是，有的语言词汇听起来确实有"陈言"的感觉，而且，这类词语逐渐成为辩论赛的标配，似乎不说这些就显得不专业。然而，从评判的角度，某些词语确实有些八股。收集起来，大约有这样一些词语，下面我们一一进行解读。

（1）"需根解损"

即需要、根属、解决、损益，再具体一些，所谓需要，就是要求解决的问题，所谓根属，就是需要知道背后根本问题在哪里，所谓解决，就是解决问题的方案，所谓损益比，就是解决方案对应可以收获正面影响和负面影响情况对比。这四点是政策辩论的核心议题。

而所谓政策性辩论，就是以一项政策或行动计划是否必要、是否可行等为关注重心，这类辩论往往出现于立法、决策以及各种谈判活动之中。

其实，此辩论非彼辩论，这个所谓政策性辩论，并不是我们所说的大学生辩论赛的辩论，所以，制定或者评估一项政策、计划、方案，必然要"需根解损"，但是，大学生辩论如果也这样"需根解损"，那辩论就没办法进行了。我们以辩题"我国刑法应不应该废除死刑"为例，如果从政策性辩论的角度，正方就要考虑到我国现阶段国情或者社会发展对于废除死刑的要求（需求性），这个要求的深层次原因何在（根属性）？用什么方式实现废除死刑的要求（解决）？如果废除了死刑，社会将产生什么的结果（损益比）？而反方的思路也应该如此，只是立场不一样。如果大学生辩论以这种方式来进行，恐怕很难形成交集，更无法进行零和博弈，结果很有可能演变为议会式的辩论。

从辩题分类来看，所谓政策性辩题是按照辩题的内容划分的，这种划分对于政策设计者或许可行，而对于大学生辩论来说不太可行，因为辩论是双方的博弈，辩题体现的是双方的逻辑关系，而非内容上的矛盾。所以，如果按照我对辩题的分类，这个辩题应该是矛盾型。即正方持肯定立场，反方持对正方的否定立场。关于这类辩题的解读，前面已经有所介绍，此处不赘。而且，从大学生辩论实践看，这种"需根解损"的政策性辩论往往注重论证本方立场，而攻击不力，也就难以形成交集。

因此，我方认为，"需根解损"不适用于大学生辩论赛。

（2）"以上，我方得证。"

这个句式常见于立论或一些陈述之中。首先，"得证"这个词在百度和商务印书馆版的《现代汉语词典》中均未查到，可以推断，极其罕见，至少应该属于生僻词。其次，联系上下文，这个"得证"应该是"得以证明（论证）""已经得到证明（论证）"的意思。这种句式有点格式化，一般安排在陈述的最后，其实，从评判的角度，这句话是多余的。因为你方是否已经证明，是否论证充分，这些都由评委评判，完全没有必要浪费时间说这句话。如果评委连"得证"都需要提醒，那评委的资格就值得怀疑了。所以，建议这个句式不要出现在辩论的陈述中。

（3）"感谢对方承认我方观点。"

事实上，对方不可能承认你方的观点，这是一种强加于人的表现，对方的陈述可能有跟你方相似之处，而你这样做的目的就在于给评委一种印象，对方至少在观点上已经认同我方了，不论有意还是无意。这种方式很容易引起评委的不良感觉，评委不需要被提醒，你要相信评委的判断力。你这样做结果可能是弄巧成拙。其实，你完全可以这样表达："对方的某个观点跟我方的似乎并不矛盾，请对方解释一下，好吗？"这样的话，等于将了对方一军，让对方负有解释的责任，而且，如果对方解释就可能露出破绽，因为这个问题完全出乎对方预料，需要对方临场发挥。

（4）"谢谢我们双方达成共识。"

辩论是零和博弈，双方在立场和观点上绝对不可能达成共识。你方这样说的目的，一方面是给对方造成压力，使其产生这样的错觉，以为本方不小心说错了话，于是产生紧张焦虑，影响军心，从而扰乱了思维；另一方面给评委暗示，对方已经认同了我方的观点，这样评委就可以据此评判对方失误，于酌情扣分。

其实，这种行为很不明智。首先，如果对方思维正常，就绝不可能跟你方达成共识，除非是失误（包括口误），如果是这样，那也没有必要说成是达成共识，还要虚假地说"谢谢"。正确的做法应该是:"对不起,对方辩友,你方的这个观点怎么跟我方的有些相似,这是为什么呢?"这样,既能引起评委的关注,也是一种质疑,把解释的责任推给对方,这一点跟上一个处理办法相似。

(5)"你方是怎么论证的?"

这种质疑太过笼统,问题太过开放。我们知道,问题开放度越大,回答起来就越容易,当然也就越模糊。这样的问题实际上给了对方一个展示的机会,对方完全可以如数家珍——道来,这种展示的对象,不是对方而是评委,让评委加深对本方论证过程的印象。如果你觉得对方的论证有问题,就把问题具体指出来,比如辩题**"舆论之于司法利大于弊 VS 舆论之于司法弊大于利"**,正方立论的论证中没有列出舆论之于司法的弊,此时反方如果这样提问:"请问对方辩友,你方是怎样论证你方观点的?"那么,对方完全可以按照自己的理解或者喜好陈述。但是,如果换一种方式:"请问对方辩友,你方的辩题承认舆论之于司法既有利也有弊,那么请问,你方觉得舆论之于司法的弊在哪里?"可以比较一下,看看哪种方式更有利于评委评判。

(6)"对方辩友您跳场了。"

如果发现对方的发言已经不在你预设的范围内,就会说出这句话。所谓跳场,就是跳到了下一个"场",这个"场"似乎也是辩论专用词。"场",是相对自由辩论而言的,就是赛前把用于自由辩论的问题进行分类安排,即分为一个一个的"场",这种分法的好处在于将问题条理化,围绕某个问题,几个回合之后,就转移话题,名曰"转场",又围绕另一个问题进行质疑和答疑。看到没有?这种方式的自由辩论会是什么样子?僵化、死板,完全按照剧本说话,违背了自由辩论的本质。

这个所谓的"场",原本是为了划定范围,但用于自由辩论,就使临场发挥变成了机械的自说自话。所谓"转场",不过是按照既定方案跟着套路走;而"跳场",就是跳出了原来划定的辩论范围。其实,对方说什么完全是他的自由,至于对方有没有转移话题,这是评委需要判断的,没有必要刻意提出来。如果想让评委加深印象,可以这样说:"对方辩友,刚才的那个问题你还没给出答案,能否给我们说一说?"这样,语气委婉,内容实在,更重要的是,评委听起来也很清楚。

116　遵守规则为什么被列入评分项目？

竞技比赛不仅要比实力，也要比遵守规则，因为规则与成绩直接挂钩，它不会告诉你"应该"遵守，而是白纸黑字写上违反规则将被扣分，而且细化到每一条。因此，遵守规则不仅是一种伦理、一种修养，更是一条不可逾越的红线，唯其如此，比赛才能正常公平地进行。作为竞技，辩论也是如此，辩论有不同的赛制，但都有关于规则的详细说明和扣分制度，评委就根据这些条款进行评价和打分。

一般来说，辩论的规则主要有三个方面。一是时间规则，规定了每个环节发言的时长。比如立论，有的规定时长3分钟，到2分30秒，就有短促铃声提示，让发言者注意，时间到铃声响起，则必须停止，否则扣分。不仅是立论，任何一个环节都有时间限制，甚至有的环节还对提问和答问规定了时长。这一方面表明公平，不会因为某一方强势而多占用时间，另一方面也是为了使辩论简洁明快。发言时间已到，如果继续发言，则要酌情扣分，那你就只能"言有尽而意无穷"了。

二是频次规则。这项规则主要用于辩论赛的重头戏——自由辩论，这个环节总共8分钟，差不多占整个辩论时长的1/4。评分表还专设一个栏目"整体配合"，分值10分到15分。如何判断辩手在自由辩论中的整体配合呢？很简单，那就是每方四位队员在这个环节中发言的频次越接近，说明整体配合程度越高，评委就是根据这个来评分，这应该是整个辩论评分中唯一可以量化的标准。当然，要做到四位辩手频次完全一样是不可能的，但是一般规定了下限，即每位辩手至少发言3次，如果做到了，可以不扣分。但是，在辩论实践中，往往存在这样的情况：一方的某位队员几乎承包了本方的自由辩论，舌战群儒，其他队员只是陪衬，一枝独秀的结果是整体配合分数被拉下来了。

三是礼仪规则。每种辩论赛制都有关于文明礼貌的要求，有的是"应该"，就是提倡，比如，提倡文明用语，姿势得体，语气平和。但是，如果不这样将怎么样，那就适用"必须"，即将一些不端行为列入扣分对象。比如以贬义词攻击对方，或者对对方人身进行贬低，等等，均在扣分之列。辩论虽然倡导理性文明，但辩手都是有身有肉的凡人，容易冲动、激动，由理性变得感性，将对手情绪化为敌人，于是负面形容词就被大量使用。以前规则只是"应该"，评委只是在点评时表明对这种表达方式的不提倡，后来，为了净化辩论，就使用"必须"，把这一条列入评分项目，一下子，这类现象就成了个例。

此外，还有礼仪姿态等。双方着装必须整洁大方得体，尤其是说话的姿势。不要以为说话姿势无伤大雅。有一次比赛，参赛双方均为公务员，比赛中，占有优势一方的一位女队员右手叉着腰，左手指着对方，怒目圆睁，声嘶力竭，这引起了观众和评委的反感，结果被扣了很多分，最终以微弱的劣势败下阵来。对于这种现象，虽然规则没有明文规定，但是评委可以凭主观印象打分。

前面我们说过，辩论使人文明礼貌，这首先得益于制定"必须文明礼貌"的规则，以此强制参赛双方"不得不"文明礼貌。一开始可能觉得别扭，但是，将个人语言习惯和个人趋利避害的本性进行利弊权衡，自然会选择遵守规则。久而久之，文明礼貌就成了习惯，即使没有规则强制，双方都会"不由自主"地文明礼貌，最终养成一种素养和气质。由此，我们可以得出这样的结论：规则使人文明，文明来自规则。